俞姿婷
何超群 —— 著

我不是傻白甜

不演宮心計，也要懂點小心機

何謂精緻女子？舉止從容優雅，遇事不慌不忙。
她們善於發掘自身獨特的美，過上有品味、有情調的生活；
她們善於充實內在、打理外在，從裡到外散發出無窮的魅力。

崧燁文化

目錄

第一章　女人有詭計，愛情甜蜜蜜

目錄

第三章　有「心計」的女人懂打扮

目錄

目錄

目錄

前言

每個人都在經歷著人生，每個人都在追求著幸福，追求幸福是女人的權利，享受幸福是女人的希望。幸福是女人生命中永恆的主題，每個女人都在用一生的時間和精力追求著自己的幸福。結果有人得到了，笑傲人生；有人卻是竹籃子打水一場空，追求了一輩子，直到生命盡頭都還是沒有得到幸福。

那麼幸福到底是什麼呢？

一百個人可能會有一百種不同的答案，不同年齡的人、不同階段的人、不同閱歷的人都會有不一樣的心境，但這絲毫不影響女人們對幸福生活的嚮往與追求。

對於現代女性來說，每一個女人都在設計自己的人生，都想實現自己的夢想。然而，幸福需要自己把握。我們都曾在春的大地上播下幸福的種子，也渴望在夏的季節裡辛勤的耕耘，那我們又怎能不期待在秋的季節裡收獲人生的幸福？

人生就是一種修練，是尋找幸福的過程。而當妳掌握了人生的詭計，妳會發現，幸福並不像妳想像的那麼困難。正如哲學家沙特所說：「人的命運就掌握在自己的手裡。」世界上從來都沒有救世主，一切只能靠自己，必須靠自己。而想要讓自己走一條幸福的捷徑，女人必須掌握一些人生的小詭計。

前言

西施和貂蟬之所以為後人所熟知，不僅與她們的美貌有關，還與她們會正確運用詭計密不可分，正所謂「英雄難過美人關」，在這兩個美人的手中，詭計被演繹得出神入化，最終國家易主，梟雄敗亡！

靠詭計獲得最大成功和幸福的女人，非武則天莫屬，她工於心計且心狠手辣，為成大事連女兒都不放過，但反過來想想，如果沒有運用詭計，她早就像一棵小草被折斷了，又豈能成為千古第一女皇？

人們總認為工於心計的女人城府深、動機不單純、善於使詐和耍手段，其實，詭計只是一個成熟女人必備的智慧。

為此，我們精心策劃編寫了此書，從甜蜜愛情、婚姻家庭、梳妝打扮、精明理財、為人處世、社交口才、駕馭職場、休閒娛樂八個方面對於女人獲取幸福的小詭計進行層層剖析，書中沒有枯燥乏味的理論，也沒有陳腔濫調的說教，有的只是生活中一個個耐人尋味的小故事，透過一個個平凡的小故事啟發女人應該如何去追求自身的幸福。幫妳做一個成功、幸福的女人是編寫本書的宗旨。

希望天下所有的女性朋友都能透過閱讀本書收獲幸福，收獲成功，收獲快樂！

第一章　女人有詭計，愛情甜蜜蜜

作為女人，應該好好談一次戀愛，戀愛是女人享受幸福的開始，更是女人對自己的一種考驗和昇華。在物質和愛情之間，做出最好的選擇，在如火的戀愛中保持理智，在享受浪漫的同時，更要享受戀愛的幸福，這是女人必備的幸福小詭計。

戀愛有謀，動情靠手段

愛情不需要什麼粉飾，需要的是相互間默默的關心，相互聆聽，相互傾訴，而不僅僅是一種形式上的浪漫。

辦公室新來了一個叫麗萍的職員。她的辦公桌就在陳亮辦公桌的對面，陳亮一抬頭便看見麗萍那長髮披肩、優美動人的身影。

麗萍二十多歲，是一個性格爽朗的女孩。她喜歡穿運動衫和牛仔褲，喜歡笑，喜歡吃零食。麗萍來到辦公室還不到一個星期，便和辦公室所有的人都混熟了——除了座位對面的陳亮。

陳亮是一個性格靦腆，和女孩說不到半句話就會臉紅的人。每次麗萍拿著零食問陳亮吃不吃時，陳亮都趕緊搖頭。碰了幾次釘子之後，麗萍就不太理陳亮了。

其實，在陳亮的心裡還是滿希望能和她說話的，但每次陳亮坐在辦公桌後悄悄看著她姣好的背影發呆被她回頭發現時，陳亮都面紅耳赤，更不要說主動跟她講話了，就連與她那雙會說話的大眼睛對視一下的勇氣也沒有。

有時候，陳亮真恨自己為什麼會這麼膽小。越是這樣想，陳亮上班時就越容易走神，工作上也出現了好幾處不該有的差錯。

正在陳亮不知怎麼辦的時候，有一天，麗萍的座位忽然空了，一連兩天都不見她來上班。陳亮的心裡頓時不安起來，悄悄一打聽，才知道她生病住院了。晚上，陳亮買了一束香水百合和一些水果，躲在醫院門口，看見探望麗萍的同事們都走了，才敢走進醫院。

在麗萍的病房門口，陳亮的心怦怦直跳，但還是鼓足勇氣推開病房的門，看見病床上的麗萍正在安詳熟睡，這才鬆了口氣。

輕輕放下手中的東西，陳亮呆呆的看了麗萍一會兒。她睡得正香，略顯蒼白的臉上蕩漾著少女迷人的微笑。一張櫻桃小嘴抿得緊緊的，似乎是在極力忍著不讓自己笑出聲來。

陳亮真希望她這一刻能夠忽然睜開眼睛看他一眼，但又害怕她真的醒過來。她若用那雙會說話的大眼睛看著他，他又該和她說些什麼呢？

陳亮心中忐忑不安，躡手躡腳的向外走去，邊走邊回頭看她那張美麗的臉，一不小心，頭撞在了玻璃門上，十分狼狽。

「嘻！」就在這時，麗萍忽然「撲哧」一聲笑出聲來。

陳亮回頭吃驚的問道：「妳……妳並沒有睡著？」

麗萍歪著頭調皮的笑著說：「我若不是假裝睡著了，你敢進來嗎？」

陳亮的臉一下子紅到了耳根，打開門像個被發現的小偷一樣似的逃跑了。

幾天後，麗萍病好出院，陳亮的心情卻再也不能平靜了。

陳亮清楚的發現自己已經不可救藥地愛上麗萍了。而麗萍呢？從此以後也對陳亮親近多了，買零食總少不了分給他一份，還常跑到宿舍向他借瓊瑤的小說看。

暗戀一個人實在是一件痛苦的事，好多次陳亮都想告訴麗萍他喜歡她，可是話一到嘴邊他就口吃起來，怎麼也說不出口，他真想打自己幾個耳光。

最後，陳亮實在忍受不了了，就寫了一封情書，把想說的心裡話全寫在裡面了。第二天下了班，陳亮躲在公司門口，看見麗萍走出來，他二話不說便衝過去把那封揣在口袋裡已被他捏出汗水來的情書往她手裡一塞，掉頭便跑了，身後遠遠的傳來了麗萍不斷的「喂！喂！」聲。

跑出好遠，他的心還在怦怦直跳。

第二天晚上七點半，麗萍打電話約陳亮到附近公園門口，說有話要對他說。

陳亮知道有戲，興奮得差點跳起來。結果在石花公園倆人見了面，看著身著洋裝打扮得漂漂亮亮的麗萍，他一緊張，老毛病又犯了，臉紅耳赤，半天說不出一句話。

麗萍又好氣又好笑，讓他在石凳上坐下之後，看著他說：「陳亮，我想問問你，昨天下了班你為什麼無緣無故塞給我一千元呢？」

「什麼？」陳亮差點跳起來，「昨……昨天我給妳的是一千元？」

「我，我……」他又說不出話來了。真該死，怎麼會在這麼關鍵的時刻犯這種致命的錯誤呢？不過他一聽說她並未看到他寫給她的情書，緊張的心情頓時舒緩了不少，說話也不那麼結巴了。他腦子飛快旋轉，自圓其說的說：「哦，是這樣，我知道妳剛來公司，開銷比較大，怕妳錢不夠用，所以就……」

「就借一千元給我？」

「正是，正是。」

麗萍看著他如釋重負的樣子，忽然笑了起來，說：「你真是雪中送炭，我剛租好房子，現在正缺錢呢。你身上還有錢嗎？再借我五百元好嗎？」

「好！好！」他一聽，趕緊掏錢。

不久後，發了薪水，麗萍將錢還給了他。為了表示感謝，還請他看了一場電影。

一來二去，他和麗萍混熟了，跟她說話再也不口吃了。

幾個月之後，麗萍就在不知不覺中成為他的女朋友。

一年後陳亮被升遷為公司經理，他們的婚禮也在這一天舉行了。

婚後，他們一直生活得很幸福。

有一天，妻子麗萍在浴室洗澡，叫陳亮幫她拿一件衣服。他打開她的衣櫃，發現角落裡竟藏著一本瓊瑤的小說，他隨手一翻，從裡面掉出一封信來。

他撿起來一看，竟然是自己幾年前寫給她的那封情書。

他心裡一震，衝進浴室一把抱住了她……

由此可見，愛情需要設計，設計過的愛情才會鮮活，因為愛情有時也需要小詭計。

巧用知性美，征服好男人

什麼樣的女人才是美麗的女人？渾然天成的自信、滿腹詩書的書香、溫柔得體的裝扮、協調平和的人際關係等，構成了美麗女人的全貌。這樣的女人，必須經過時間和生活的歷練，經過醜小鴨向白天鵝的蛻變，就像陳年的老酒一樣，歷久彌香。

知性是成熟女人的專利，經歷多了，故事也有了，這便是財富。有了財富，女人的心便少了許多茫然和焦躁，無形中流露出一種歲月歷練後的美麗與智慧。

一九三〇年代，林徽因在北京總布胡同家中的「太太客廳」裡，結交了當時不少有才華且傑出的人才，不只是人文學科的學者，連許多自然科學家都對那裡流連忘返。因為她身上既有人格的魅力，又有女性的吸引力，更有知性的影響力。當時的《晨報》曾對林徽因有過這樣的評價：「林女士態度言吐，並極佳妙。」

知性女人還懂得給男人空間。

由於林徽因風姿綽約，許多人都向她投來愛慕的目光。從學識上來說，林徽因對徐志摩很是欣賞。徐志摩的精美詩句，像春天裡的一縷清風給她帶來滿懷的溫柔，但是林徽因雖然具有浪漫氣質卻也不乏理性。她內心明白，愛一個人，首先需要尊重一個人，要給對方留有餘地。她尊重徐志摩對人生道路和感情的選擇，但是睿智的林徽因潛意識中已經意識到徐志摩身上並沒有成熟男人所具備的那種沉穩莊重，相反的，他追求的是浪漫，這與現實有很大的差距。於是，林徽因選擇了與自己有共同愛好的梁思成。

這就是知性女人的明智。尊重別人，愛惜自己，既溫柔又灑脫，使人感到輕鬆和愉悅。

知性女人，就像某句廣告所說的那樣：「有內涵，有主張。知性女人有靈性，而且『智勇雙全』。她可以無視歲月對容貌的摧殘，她雖然與魔鬼身材、輕盈體態相差甚遠，但她懂得運用智慧把自己打扮得精緻且品味高尚。」

知性女人是有知識、有品味、有女性情懷的美麗女人。她們興趣廣泛、精力充沛、重視健康、獨立進取，努力追求自我價值的實現。她們像田野裡清新的花，不是為了飛舞不定的蜜蜂和蝴蝶而盛開，而是為了平平靜靜的萌芽、生長和綻放。知性女人是靈性與彈性的結合，她們經歷了一些人生的風雨，因而懂得了包容與期待。高雅的知性女人像一杯需慢慢品味的清茶，散發著感性的魅力。做一個知性女人，那是一種涵養、一種學識、一種魅力的氣息，由內而外散發出來。時間在她身上像是彈了一個巧妙而圓潤的跳音，只會將她出落得更加迷人。

知性女人熱愛生活、熱愛世界，猶如一棵草綠化了大地，一滴水滋養了綠芽。知性女人的這種美麗美在於恬靜，不為外界的誘惑所動，就算是風生水起的得意處境，也依然和煦恬淡。

一個真正「知性」的女人，不僅能征服男人，也能征服女人。因為她的優雅舉止賞心悅目，待人接物落落大方，她用身體語言告訴妳，她是一個時尚的、得體的、尊重別人、愛惜自己的優秀女性，她的魅力和處世能力同樣令人刮目相看。

保持純真善良的本性，迷死「傻」男人

一個女人，無論多麼漂亮、多麼聰敏，倘若她有一顆惡毒的心，那無論如何也難以讓人心生好感；相反的，倘若她並不漂亮也不聰敏，但她的目光中卻時時流露出善良，那就會讓人又由得喜歡了。很多成熟的男人都知道「女人不是因為美麗才可愛，卻因著可愛而美麗」。

《莊子》裡的一個關於醜女和美女的故事，可以解釋這個問題。

有一個人投宿到一家客棧。店主人熱情的接待他，並向他介紹自己的家人。這個人發現主人有兩個小妾，一位楚楚動人，一位相貌醜陋。

奇怪的是，店主偏偏寵愛那個醜女，而冷淡那位美女。他便向店主打聽緣由。店主告訴他，那個長相漂亮的女人，自恃美貌卻總是輕視他人，我越看越覺得她醜；而這個看起來醜陋的女人，心地善良，通情達理，令我越看越覺得可愛，所以，現在我一點也不覺得她醜陋。

說到這裡，正好那位漂亮的小妾昂首挺胸的走過來，主人連看都不看她一眼，對這個客人繼續解釋道：「瞧她這德行，實在令人生厭，她哪裡知道什麼為美？什麼為醜？」

這個故事詮釋了一個女人「美麗」的真正涵義。

女人真正的美麗，是內外兼修的美，是外在與內心和諧統一的美。這是任何一個成熟男人都懂得的。

男人在選女友時，第一都是先看身材和臉蛋，人品、性格和脾氣通通不管，但當考慮到妻子人

選的時候，女人的美就不再那麼重要了，他會綜合考慮其他的很多因素，比如她的性格、人品等。

也就是說，女人美麗的外表只是瞬間吸引了男人的目光，至於他的目光能停留多久，那就要看這個女人的其他魅力了。正如德國詩人歌德說過的：「外貌之美只能取悅一時，內心之美方能經久不衰。」

當一個女人真正擁有善良美德的時候，她才是最美麗的時候，這樣的女人就像一塊閃閃發光的寶石，不僅照亮了自己，更照亮了別人的心靈。

對一個女人來說，真正的美麗是從心開始的，如果一個人只有外在美，而沒有內在美，就好比是正數乘以負數，結果還是負的。如果一個女人只懂得追求外表的美麗而不懂得追求心靈的美麗，那是非常可悲的。一個真正美麗的女人對美的追求並不只著眼於容貌與身姿，而更重視的是心靈的美。當一個女人運用心靈的力量如同運用化妝品那樣得心應手時，她會真正變得更加美麗。

有一次，醫生分別對自私的女人、小資的女人和善良的女人說，如果妳的生命只剩下三天，妳會在這三天裡做什麼呢？

自私的女人說：「我會去享受生活，花光所有的錢，好好打扮自己。」

小資的女人說：「我會好好旅遊，去看看海，去爬爬山。」

善良的女人說：「我會像什麼也沒發生一樣，好好陪著我的親人走完生命最後的路。」

女人一旦擁有一顆善良的心，就會變得善解人意，飽含感情。她可以犧牲自己的利益而去成全別人，可以生活儉樸卻心志不變，也可以委屈而不失自尊。善良的女人不會輕易埋怨，不會牢騷滿腹，她在默默工作的同時也不忘理解、體貼他人。

優秀的女人必須是善良的。因為善良是這個世界上最美好的一種情操，是人類先天具有的崇高的天性——「人之初，性本善」。

善良是做人最基本的品格，如果女人善良，她就是美的。這種美雖然不會馬上讓人察覺，但這樣的女人卻最是耐人尋味，越是相處越是受到吸引。

當然，善良也是有原則的，雖然心軟也是一種善良，但妳的善良必須有點鋒芒，不是所有的問題妳都要「一肩扛下」。要分清楚它值不值得去「扛」，能不能心安理得的去「扛」。

因為善良而受傷害的人，往往懦弱，甚至是無知。當他們發現問題的時候，總是不願意往壞處想，不願意去面對並解決問題，所以就以一種犧牲的精神將善良淋漓盡致的發揮，因為在他們的心中，總是認為「善會戰勝惡」。「善會戰勝惡」當然是真理，但是，善良的妥協往往會被「惡」所利用，而這樣的「善良」付出的代價也會很大。一再犯這種簡單而的錯的話，善良就脫離了本質上的純潔，更不能成為所謂的理由。所以，只有冰雪聰明又善良的女人才是女人中的極品。

女人如果既善良又聰明，當她遇到一個好男人，那就是真正幸福了；但女人如果缺少判斷力，只有善良忍讓而沒有勇氣抗爭和改變，再遇上一個不負責的男人，那可就是最大的悲劇了。

有些女人，在遭受傷害後成為最「毒」的婦人，其實，那往往是女人拿善良做賭注卻又滿盤皆輸的結果。還有些女人，受功利驅使，將女人善良的本性捨棄，變得勢利、貪婪又狠毒。

很多漂亮女人刻意呵護自己肌膚的嫩白，注重自己的一顰一笑，但偏偏卻忽略了內在的修養。

雖然外表的漂亮可能會給人帶來直接的誘惑，但這種誘惑卻常常只是暫時的，最終會讓人發現這漂亮的外表裡面所隱藏的淺薄與無知。漂亮的臉蛋雖能得到他人一時的青睞，日久卻難免讓人生膩，最終被淡忘。

優秀的女人必須是善良的，只有用心靈才能感覺到美的存在，因為美同樣源於一個人的心靈，內心的善良是這種美的先決條件。之所以把善良看得如此重要，是因為善良是這個世界上最美好的情操。

每個女人都應該知道，除了外貌，當初妳是憑哪一點將他「征服」的。是妳的純真、活潑可愛，還是勇敢、堅定不移？是妳的感情細膩、溫柔多情，還是開朗豁達、寬宏大量？

他欣賞妳的這些優點並對妳產生了深深的眷戀——這就是妳的個人魅力所在。

搶個好老公帶回家

陶晶瑩有首歌唱道：「十個男人，七個傻，八個呆，九個壞，還有一個人人愛，姐妹們跳出來，就算甜言蜜語，把他騙過來，好好愛不再讓他離開。」的確，現代社會好男人不多了，每個女人只要遇到一個好男人就希望能將他變成自己的伴侶。可是，很多時候，情場如戰場。愛人的心往往需要用戰爭來贏得，所以怎樣征服男人就成了女人最為關心的話題。所謂「知己知彼，百戰不殆」，古人的戰爭智慧，也可以在愛情中加以應用。

第一招：先下手為強

只要確定妳對他有好感，而他對妳也有一點好感時，就要開始為自己積極的製造相處機會。時不時的向他尋求幫助，接觸的機會多了自然勝算的機會就比別人大。但記住相處時不要過分的顯示自己的弱小，有時候適時表現一下自己的強項，會迅速的提升妳在他心中的形象。

第二招：溫柔可愛攻勢

懂得裝傻和撒嬌的女人絕對不會吃虧。女人在戀愛中想要的是男人寬厚的肩膀給她安全感，而男人在戀愛中渴望的卻是女人的溫柔。所以，聰明的女人在男人有話要說的時候，懂得做一個忠實的聽眾；在男人不開心的時候，懂得做一個耐心的安慰者。不管妳在別人面前是以什麼樣的形象出現，當妳和他在一起的時候，千萬別忘記展露妳溫柔的一面。

第三招：眼淚攻勢勢不可當

俗話說「愛哭的孩子有糖吃」，雖然動不動就哭鬧的女孩令人討厭，不過在必要時，哭可是必不可少的武器。很多男人天生有保護弱者的本性，也不想接受「見死不救」的良心譴責，所以，適時運用眼淚攻勢，可讓男人的自尊心得到滿足。

第四招：「習慣性存在」攻勢

不一定要刻意為他搬家或更換工作地點，只需更巧妙的時常出現在他的視線和生活裡就可以，不但要引起他的注意，還要變成一種「習慣性的存在」。如果是同事或同學關係，可以從討論公事和作業下手，無論如何都要先設法取得他的LINE帳號。

第五招：女人本性吸引法

不要總是做一個善解人意的女人，有時候，適當的壞一下可以讓男人更加喜歡妳。因為女人一壞，其本性就會發揮得淋漓盡致，而男人最愛的，也就是這些本性。太理智的女人往往是不討人喜歡的。

第六招：巧妙暗示揭迷霧

萬一局勢不利或情況不明，可以從他周遭親友下手，家人或同事從旁多美言幾句，加上力挺妳的話語時，很快便能促使猶豫搖擺的他下定決心。

第七招：弄假成真

很多時候可以自抬身價，故意邀請他佯裝成妳的男友幫妳驅逐其他異性追求者，然後找機會依偎著他、挽住他的手說：「你看！我們真的滿像一對戀人的。」這招應對某些遲鈍型的男性絕對有效，會讓他產生「不如就試試看吧」的念頭。

第八招：適當擺擺架子

男人都有一個通病，那就是太容易得手的東西往往不會珍惜。所以，當男人追求妳的時候，可以適當的擺擺架子，這會給他一種若即若離的感覺，這樣他的胃口也就吊起來了，讓他在不知不覺中加深對妳的感情。

第九招：才華征服男人心

雖然男人們在第一眼的時候會被女人的美貌所迷惑，但這並不代表他們會和一個腦袋空空的女人在一起過一輩子。時間久了，再美也有看膩的時候，所以在恰當的時候展現妳的才華，讓他覺得有妳這樣一個女朋友是一件很有面子的事情時，就離進入婚姻不遠了。

像選股票一樣選男人

當妳疲憊和軟弱時，當妳孤獨和寂寞時，當妳哀傷入骨時，當隨便一片落葉都可以將妳擊倒時，妳是否渴望有一雙可以信賴的臂膀擁妳入懷，在他的懷裡，妳的一切都化作了一聲軟弱又滿足的嘆息，生命如輕煙一般沒有了重量。

我們都只是凡夫俗子，我們都有追求真愛的熱誠，卻沒有一眼望見未來的本領。作為女人，感情很珍貴，所以每一次付出都要給值得愛的男人，愛情應帶給妳幸福和快樂的感覺，生活上讓妳充實和開心。不要讓愛情將自己弄到一塌糊塗、很受傷的地步，所以不要愛上不該愛的人，也不要拿自己的幸福做任何的賭注。

很多人年輕的時候不懂得什麼樣的男人可以託付終身，懵懵懂懂的就付出了自己的真情，等到自己醒來，弄懂了男人的心，才後悔當初的輕率。所以，女人對一個男人付出感情時，一定要擦亮眼睛，像選股票一樣，把感情託付給值得愛的男人。

一、懂得尊重妳的男人

現代社會好男人的標準是：尊重女性。一個尊重妳的男人，他對妳的愛會比對妳的要求多。他尊重妳的決定，在妳的事業上是一個支持者，而不是一個絆腳石。在妳六神無主的時候，他為妳出謀獻策，幫妳度過難關。

二、有責任感的男人

男人應胸懷大志，有「國家有難，匹夫有責」的氣節，也有「先天下之憂而憂，後天下之樂而樂」的胸懷，這樣的男人一定是個好老公，他會尊重愛情，忠於職守。和這樣的男人建立家庭，妳不會在虛無縹緲的感情世界裡旋轉，他對家庭有責任感，對孩子有責任感，對妳和父母也有責任感。

三、家人、朋友都欣賞的男人

俗話說：「薑還是老的辣。」長輩們歷經風雨，閱人無數，眼光自然比妳雪亮。當一個男人能夠贏得妳的朋友、家人的欣賞時，他會是性格溫和的人，深懷一種和善之心，易於親近，處處顯示一種體貼、關懷的善意。他不是一個非常易變的人，不會讓妳覺得很難了解和相處。

四、有誠意的男人

當一個男人很有誠意的追求妳時，雖然他不屬於妳十分喜歡的類型，但是他有妳理想型的優點，而且沒有妳理想型的缺點，卻有他自己的優點，這樣的男人妳就要考慮付出感情。

五、關愛體貼的男人

懂得憐香惜玉的男人是最能打動女人的，雖然說女人都崇拜陽剛氣概的男人，但女人同時又需要實實在在的疼愛和呵護。體貼就像一隻纖纖細手，知冷知熱，知輕知重，只需被這麼一撫摸，受傷的靈魂就癒合了，昏睡的青春就醒來了，痛苦的呻吟變成了幸福的鼾聲。體貼更像一首綿綿的詩，緩緩、輕輕的被吟詠出來，飄到妳的身旁將妳包圍，讓妳感受到一種寬容，一種歸屬感，一種美。

六、真心愛護妳的男人

若男人真心愛護妳，就會尊重妳的生活與興趣。他寧可不點自己喜好的辛辣菜餚，而陪妳吃清淡養顏的新鮮蔬菜。他會對妳提出很多的要求，但都是合情合理的，且對妳都是有好處的。

七、胸襟開闊的男人

這樣的男人不計前嫌，得理饒人，寬宏大量，特別是對自己的女人更能給予理解體諒，這樣會使得許多矛盾容易化干戈為玉帛。胸襟開闊的男人表裡一致，絕不是表面一副大度風範，私下卻是小肚雞腸，那樣必然會走入另一個極端。兩人發生爭執，通常是他最先讓步。他會耐心聽妳說話，如果妳是對的，他也能夠承認錯誤；即使是妳不對，他也願意原諒妳。有話可以好好講，不會動不動就拉下臉來，對妳使用冷暴力。也不會為一點小事發脾氣或賭氣自虐或虐人。總之，一個胸襟開闊的男人會容得下女人的許多缺點，只要女人不要太過分。

八、有自己愛好的男人

男人如果有愛好，他必定要犧牲自己的時間和精力投注於此事，而且這種關心是有絕對主動的，不用催促，不用提醒，他會比誰都上心。有愛好的男人，工作之餘，生活充實，不會閒來無事每天胡思亂想，只要身邊有自己的愛好，就很難精力再去注意其他女人。於是便從杜絕了因為大量閒暇時間加上精神空虛而導致的泡妞事件，兩個人的感情就不會有第三者出現。

九、對感情無怨無悔的男人

一個男人一輩子注定會有幾次戀愛，他在不斷的實踐中獲得經驗讓自己完善起來。「專一」的定義並非他只能一生愛一人，而是每愛一個人的時候都一心一意。如果他曾經有過刻骨銘心的感情經歷，並為此真心付出過，至少可以證明他是個深情、勇於承諾的男人，一個願意為感情破裂承擔部分責任的男人，不管他有過多少次戀愛，我想那絕對不是他主觀上的過錯造成的。女人選擇了這樣的男人，只要現實條件不是那糟糕，是可以「從一而終」的。

十、不會因為朋友而忽略妳的男人

他有他的社交圈，但是不會因此把妳晾在一邊，他能夠獨立思考和行動，而並不是唯朋友是從。在與異性交往時，他也能掌握好分寸。

十一、妳最想傾訴的男人

當妳遇到困難時，最想找的人就是他，因為他是妳忠誠的聽眾，他不會將妳私密的、不為人知的話傳播出去，也不會譏笑妳的無知。在他那裡，妳可以暢所欲言，無所顧忌，不會因為表達內心深層的想法而擔心遭到嘲笑或傷害，他能給妳一種信賴感和安全感。

十二、深愛妳的男人

不管妳是不是他的初戀，不管他以前有沒有戀愛過，或許妳不是他今生唯一的愛，但過去的已經不重要，重要的是他現在對妳深情，他對妳的愛超過了妳對他的愛，他能專一的愛妳，適時的給妳驚喜。

選擇了具有以上品格的好男人，妳的愛情就會甜如蜜。

內心獨立，外表溫柔

溫柔是個美麗的詞彙，一個特別適用於女性的詞彙。再怎麼獨立的女人也不能少了溫柔氣質。溫柔就像雌性激素一樣，代表著女人的第三性徵——女人味。

溫柔，對於一個女人來說，是一種誘人之美，是一種高尚的力量。

有這樣一個笑話：

有一位丈夫在外面有了外遇，妻子問他：「那個女人有什麼好，值得妳去愛她？」

丈夫說：「她愛我，我每天晚上從窗口爬進她的房間，她就過來擁抱我。」

妻子說：「好吧，今晚妳也從窗口爬進來，我也來擁抱妳。」

晚上當丈夫從自家窗口爬進家門時，妻子果然過來擁抱他。可是丈夫一不小心頭撞到了掛在窗沿上的籃子，籃子裡的花生撒落滿地。

「該死的。」妻子罵道，「都是妳，耍什麼浪漫呀，把花生也弄撒了。」

丈夫幽幽嘆了一口氣，說：「這就是妳和她的不同，要是她，才不管什麼花生不花生，而會問我頭碰痛了沒有。妳就是不會溫柔體貼人。」

陰柔之美是女性美的最基本特徵，其核心是溫柔，溫柔像春風細雨，像嬌鶯啼柳，像皎潔的月，更像蕩漾的水。女性之美，就美在「柔情似水」。

用一個「水」字來形容女性的柔美，真是一語道破了其中妙韻。《紅樓夢》中的賈寶玉說過：「女兒是水做的骨肉。」所以人見了便覺得清爽。

大觀園裡的姊妹丫鬟們，他都覺得她們像清澈的水一樣照人心目，一個個都顯得高潔純真、溫柔嬌嫩。在他面前，這些女兒展現了一個猶如水晶一般明淨的世界。女作家梅苑在《美人如水》一文中說，女人有點似水柔情，才有女人的味道。

可見，女性的誘人之處在於有似水的柔情，在於溫柔。世上絕少會有哪個男人喜歡女人的野蠻、兇悍、粗俗。正如一位詩人所說：「女性向男性進攻，『溫柔』常常是最有效的常規武器。」

一代女皇武則天，十四歲入宮的時候曾是唐太宗的宮女，當時武則天正值荳蔻年華，柔情纏綿，很能討皇上喜歡。初幸之日，唐太宗便為之傾倒。此後，幾乎夜夜召她侍寢。唐太宗深愛她的嬌小稚嫩，特別喜歡她那種一般妃嬪所不具備的特有的嫵媚，愛憐的稱她為「媚娘」。但唐太宗後來卻相信術士的話，認為武則天身上有妖氣，將來要奪取大唐帝國李氏王朝的統治地位，因此，唐太宗一時發怒，要將武則天殺掉。後來又覺得不妥，便逼武則天削髮為尼，出家做了尼姑。

武則天當然不肯就此了結一生。她必須想辦法重新回到宮中，去過「人」的生活，況且她還有更高遠的目標去實現。在唐太宗那裡肯定已經沒戲，她便把主意打在太子李治身上。

其實，未出家之前，武則天在宮中與太子李治就已眉來眼去。只是李治礙於她是父皇的寵妃，不得親近。

武則天出家的庵名叫感業寺。這裡，與歡宴無歇的宮廷判若雲泥。每當她走進禪房，她的心中便升起難言的悲涼。從閨秀到皇妃，由得寵到為尼，她經歷了人生的大起大落。她此時雖然年紀還

第一章　女人有詭計，愛情甜蜜蜜

很輕，但曲折的人生經歷，讓她早早變得成熟，她苦苦思索著自己的過去、現在和未來，她終於找到了拯救自我的根本。她心想，嫵媚、柔順、嬌豔，不正是自己爭寵的武器嗎？

她要用「情」字作為武器，充分發揮女人的優勢，以達到盡快殺回宮中的目的。在唐太宗逝世兩年的祭日，李治來到感業寺。進香完畢，當武則天奉召來到李治面前的時候，李治不禁大吃一驚，他看到，武則天娉娉婷婷，姿色不減當年，只是眉宇間隱藏著無限惆悵。她行禮過後，半晌無言，默默流淚。李治心軟，往昔的舊情，今日的重逢，使他對眼前人的憐愛頓增。他親手為武則天拭去臉上的淚水，安慰說：「朕未嘗一日忘情，只因喪服未滿，不便傳召。今日到此，便是為了重續舊情。」

武則天在溫柔的外表下有著一顆冷靜的心，她並沒有馬上乞求皇上傳召，而是情深意篤的向李治述說了別後的情懷，傾訴了她的思念、痛苦和愁悶。柔情似水，蜜意纏綿，武則天把女性的溫柔、嫵媚表達得淋漓盡致。李治早已柔腸寸斷不能自拔。他向武則天表示一定爭取盡速降旨，召她回宮。

皇上起駕的時間到了，可他卻戀戀不捨，武則天的嫵媚、柔順，讓他心醉神迷，尤其那多情的眼神、燙心的眼淚，更讓李治蕩氣迴腸，不能自已。

在一個白雪皚皚的冬日，皇帝親自派人將武則天接回宮中。回宮前，武則天一年多來第一次認真坐在梳妝台前整理儀容。望著銅鏡中仍具魅力的面容和神奇般又長出來的滿頭烏絲，她露出了得意的笑容。

宋代大詩人蘇軾曾說：「君子所取者遠，則必有所待；所就者大，則必有所忍。」武則天的復歸，是她向更高權力邁出的關鍵一步。作為一個既無背景又無權勢，生活在一個男權世界裡的女人，她的本錢僅僅只有柔情，只有把自己的優勢表達出來，才有出頭之日。

然而，不幸的是有許多女人並不知道溫柔是女性特有的力量，也不知道溫柔是一種可以克剛的武器，她們害怕失去自己在男人心目中的地位，為了維護這種地位，她們常常拋棄溫柔，對男人頤指氣使，動輒大聲呵斥，顯示出女性粗暴的一面。可想而知，這樣的結果只會適得其反。

但溫柔並不是怯懦和軟弱。相反，軟弱的女孩留給男孩的不是溫柔，更多的是同情。雖然不可否認，有時同情也是一種愛，但建立在不平等的基礎上的感情，很難說會修成正果轉變成真正的愛情。

有個女孩很溫柔，但是面對愛情的時候她的溫柔卻幾近軟弱。她的男朋友本來脾氣很好，可是面對軟弱的她，卻經常發脾氣，甚至當著她的家人和朋友的面罵她：「豬頭，妳怎麼這麼笨？」他認定了她不敢怎樣，果然不出他所料，女孩心裡雖然委屈，卻因為生性軟弱和害怕失去愛情，一再忍讓著。他們的交往維持不到三個月就結束了，還是那個男孩主動提出分手的。他囂張的對別人說：「甩她就像隨手甩掉一包垃圾，她根本不會有什麼抱怨。」這讓女孩痛心不已。

太過軟弱的女人，很容易讓男人覺得好欺負，也很容易讓男人肆意蹂躪她的愛。溫柔是應該的，但請不要錯把怯懦當做溫柔！

溫和與柔順是美妙的，像水一樣流動著並滋潤著妳的性情。只是，在奉獻溫柔的時候，不要忘記自我，不要忘記一個女人所應當堅守的女性的立場。

一位在臺北的打工族，在其他同伴紛紛陷入現代都市的浮躁與繁華當中迷失自己的時候，她依然保持著清清純純的鄉下女孩的本色。

在她的宿舍裡，其他女孩幾乎都結交了男朋友，只有她依然是「單身貴族」。她告訴家鄉的一個女孩說，我不會喜歡臺北的男人，因為我的根不在這裡。我北上只是想賺點錢，一些寄給家裡，一些留著給自己置辦嫁妝。我今後當然是要找男朋友的，但我會回家鄉找個本分的男人。像其他的這些姐妹，有的不甘心在生產線上做藍領，絞盡腦汁想去結交有錢人，但這樣能永遠幸福嗎？我只想靠自己努力工作賺錢，然後回家過平靜的日子……。

無疑的，這種能夠站在現實的根基上清醒審視自己的有主見的女人，也不失為男人眼中可愛的女人。

女人要有獨立的人格和尊嚴，哪怕是在愛情中亦是如此。唯有這樣，愛情才會平等，幸福才會永恆！

愛情也需要小詭計

在情感多樣化的今天，女人很容易愛上一些莫名其妙的男人，因為不懂得取捨，所以常常受到傷害。愛情是雙方面的，需要共同的付出和經營。如果妳不想再敗給壞男人，就要懂點心計。

下面是一些值得學習的心計，供女孩們參考：

1 男人都怕女人死纏爛打，但喜歡用同樣的方式來對付沒追到的女人。
2 在感情的帝國裡，男人絕對是個昏君。女人只要懂得奉承，他什麼都會答應。
3 女人不要在男人面前表現得太聰明，因為懂得欣賞聰明女人的男人不多，和她們在一起，男人總覺得缺乏安全感。
4 女人不要對男人太好，因為男人一般不太重視對自己太好的女人。
5 男人很快就可以喜歡上一個女人，但不會輕易深愛一個女人。
6 擁有可以超越友誼界限的紅顏知己是男人的夢想之一。
7 男人認為戀愛和結婚是兩回事，很多時候，男人拖延結婚，根本原因就是他認為身邊的女人不是理想中的好妻子。
8 男人對妻子的要求，可能比對戀人更低，但在外形上、在性格上卻要求更高。
9 男人一般不喜歡太強硬的女孩子，他們寧願把精力花在事業或其他地方，也不願將精力用在征服女人方面。

10 多數男人都難以忍受的女人類型是：喜怒無常的，揮霍無度的，說話做事毫無分寸的。而最受不了的女人類型是：不給男人面子，在別人面前嘲諷、笑話他的。

11 當有喜歡的女人在場時，男人會有如下表現：話比較多，顯得聰明點，比平日慷慨大方，喜歡說一些有關自己成就的得意話題，會刻意顯露平時少見的好心腸，多說一些自以為好笑的話引得大家發笑。

12 男人都有愛當英雄的自大心態，所以男人很容易愛上向他訴苦的女人。

13 一個男人同時是大男人和小男人的化身。大男人的他，希望女人完全遷就他，令他放心；小男人的他，意識到自己懦弱無能的一面，猶豫不決。說穿了，他們很多都是嫉妒心重的小氣鬼，又像孩子般容易被哄騙。

14 男女關係中，女人需要男人告訴她，他願意為她犧牲一切。而男人則需要女人告訴他，他很能幹。

15 男人內心隱藏著狩獵心態，喜歡追捕，一旦得到後就要馴服她，讓她變成可在家飼養的乖乖寵物。

16 在戀愛中女人喜歡說分手，男人十之八九會當真，趕緊投降。不過聽多了他們也會麻木，並重新評估女人在他心中的價值。

17 有過戀愛經驗的男人都知道，女人是不能不騙的，像「我愛妳到永久」、「妳永遠是我的心肝寶貝」、「什麼時候需要我，一個電話我就立刻趕來」、「妳是我的終生摯愛」這種必須要說但永遠堅持不了的「甜言蜜語」，一定要說，誰叫女人這麼愛聽呢？

18 男人追求女人的時候願意捨棄一切自由，一旦追到手了，就會越來越感到自由的可貴。

19 男人自以為是多情的動物，但在女人面前，他們常常是不折不扣的薄幸。

20 在男人心底，親熱到哪個程度，就是和女人的戀情發展到什麼程度。

21 男人每隔一段時間，就有情緒和體力跌到谷底的幾天，不想見任何人，只想躲在自己的世界中盡情發洩。

22 男人希望身邊的女人明白，帶著同一個女人去所有地方，實在是一件很乏味的事，所以和其他女人適度約會，是調劑和放鬆，完全可以沒有其他企圖。

23 男人不願聽心上人過去的戀情，因為一想到自己愛的人之前和其他男人有過肌膚之親，就難以忍受。

24 女人在意男友以前的女友，男人卻在意女人離開他後找個什麼樣的男友。如果分手後仍是朋友的，他還會時不時批評她的男友。

25 男人一旦愛上一個女人，他會很少問她的過去，不太關心她以前的事情，因為男人較注重女人的外表——外表就是現在。

26 男人遇上舊情人多半會自作多情，以為與自己有過感情的人，內心總會保存一份情，幻想愛過他的女人會永遠愛他。女人只會美化眼前的男人，男人卻不自覺的美化逝去的戀情。所以男人比女人更認同分手還是朋友，不管是甩人還是被甩，男人多半願意與前女友繼續保持聯絡。

27 面對兩個同時愛上自己的男人，女人會在徘徊中做出選擇。而男人不會為此煩惱，因為他希望能同時追上兩個！

28 男人對女人的愛總是混合了生理衝動，親熱前他覺得女人什麼都好，之後卻可以毫無半點留戀，但為了不背負太多罪惡感，他們可以裝作溫柔的在事後繼續吐露纏綿的情話。

29 男人很容易被女人吸引，但他分得出那種渴求是出於性還是愛。

30 女人主動示愛，對男人來說，唯一的損失就是縮短了那段朦朦朧朧、若有若無的浪漫過程。

31 沉默是男人總結出的吵架中對付女人的最有效的武器。

32 男人害怕結婚——其實真正害怕的不是婚姻，而是婚禮的煩瑣過程和女人的挑剔要求。

33 男人愛上一個女人，不一定對她有強烈的親熱衝動，反倒對一些他只是喜歡而不愛的女人衝動更大一點。

34 女性較容易將自己的心事說給朋友聽，但男人恰恰相反。遇到煩惱，他們找個別好友傾訴時，也不會說得很完整，總會給自己留一點面子。男人的傾訴都是經過包裝或刻意切碎的，不讓一個人知道全部。這也是女人很難了解男人的原因——他們根本不想被人澈底了解。

35 男人相信證明自身出色的重要表現之一是擁有更多女人。事業上越出色的男人，往往需要更多女人的仰慕和傾心以展現他的卓越成就。

36 男人在分手問題上拖拖拉拉，其實是想把去留的難題丟給女人，減少自己的內疚感。

37 想完全了解一個男人，最好別做他的戀人，而做他的朋友。

38 男人表面上不拘小節，其實內心和女人一樣，計算得清清楚楚。

39 男人看到自己喜歡的女人與其他男人稍微熱情一點，即使是朋友般的擁抱或親吻，心裡也會不舒服，知道她被人追求更會妒忌，因為男人骨子裡就是一種不服輸的動物。

40 男人年紀越大，擇偶越隨心所欲，乃至不顧他人的任何想法。

41 男人看待婚外情比女人實際，因為他有更多機會產生婚外情，而且他心裡明白——花心隱藏在男人的天性中。

42 男人要變心，其實和女人是否注意保持美麗儀表沒直接關係，那只是他的藉口之一。當他厭倦了一個女人，不管她多漂亮，只要是她以外的任何女人，他都覺得比她有吸引力。

如果把愛情看做一枚硬幣，一面是男人，另一面是女人。他們很複雜，誰也離不開誰，而且誰都不能夠一眼看穿對方。愛情的定義是時代的產物，而今天這個時代，社會將愛情視為婚姻的基礎。所以，女人一定要懂點戀愛心理學的小詭計。

演繹愛情「苦肉計」，引心目中的他上鉤

女人在遇到一個自己心儀的男人時，一定不要輕易讓他逃掉。聰明的女人會主動創造機會，而不是只在等待機會。她們享受求愛的整個過程，這個過程浸透了她的耐心和技巧。如果女人追男人，要記住耐心和高明的技巧很重要。

故意跌倒，這是女孩子最常用的一招了。在妳即將跌倒時，他若使出渾身力量拉妳入懷，那表示你們的感情前進了一大步。

梅香長得秀氣、漂亮而性格內向。

她在一家外國企業工作，典型的白領階層。在她的心中藏著一個祕密，她愛上了她的上司湯瑪斯，一位英俊而富有的美國人。

可是，湯瑪斯的周圍鶯鶯燕燕環繞不斷，像梅香這樣的女人實在是引不起他絲毫的注意。

怎麼辦呢？望著湯瑪斯的一舉一動，梅香有些黯然神傷。

「我想我是真的愛上他了。」她感到自己就要被洶湧的愛意逼瘋了，「我是否應該主動一些，讓他感受到我的心意呢？」

就是這樣的一番思考，梅香開始一改往日的消沉自閉，她展開了一系列的行動。

某日，一夜的秋雨使天氣驟然寒冷，清晨的風中仍裹夾著細細的雨絲。湯瑪斯像往常一樣開著他那輛銀灰色的勞斯萊斯，悠閒的開往公司的停車場。

到了，再轉一個彎就是了，湯瑪斯放慢了車速。

就在這時，從轉彎處突然閃過一個身影，那身影走得是那樣的匆促，以至於湯瑪斯還沒來得及進入狀況，就把那人撞倒了。湯瑪斯連忙下了車扶起了地上的人。

一張略帶蒼白的面孔映入了湯瑪斯的眼簾。湯瑪斯有一瞬間的窒息，那因痛楚而蓄滿淚水的雙眸像一泓深幽的潭水。可是他忽略了這一刻的心動，因為鮮紅的血液正順著女人白皙的手臂流下來。

「怎麼樣，傷得嚴重嗎?要不要叫救護車?」湯瑪斯著急的問。

「哦，我想不會太嚴重，如果你能帶我去醫院的話。」女人冷冷的說。

「噢，這樣啊，好吧。」湯瑪斯有些驚愕。這女人有點面熟，好像是他公司裡的人員。不過這麼漂亮的女人自己不應該沒有印象啊，她可真奇怪，有點……冷冰冰的，不像他周圍的女孩子，一個個又嬌又嗲。

「還好，只是手臂和大腿外側有輕傷。」醫生冷靜的說。

這讓湯瑪斯鬆了口氣，畢竟，這美麗的女人差一點在他車下香消玉殞，那樣的話可真讓人不忍心……慢著，不忍心?湯瑪斯望著眼前嬌小而冷漠的女人，對自己心頭泛起的憐惜之情感到震驚，這可是他以前從未有過的情緒啊。

湯瑪斯扶著女人，在醫院長長的階梯上走著，有一刻，他有一種想要抓住手中這個女人的衝動，直到永遠……。

多年以後，湯瑪斯明白了那一刻的心情，那叫做「一見鍾情」。

第一章　女人有詭計，愛情甜蜜蜜

後來的事，不說大家也知道了，梅香成功的製造並把握住了這個機遇，贏得了湯瑪斯的心。這一切都是她的「預謀」，她算準了湯瑪斯每天上班的時間，並且注意到他每到那個駛往停車場的彎路時會把車速放得很慢很慢。

梅香利用精心織就的「苦肉計」得到了湯瑪斯的愛情，後來與其建立了美滿幸福的家庭，再後來她在國外成就了一番大的事業。

當然，我們在深佩梅香的勇敢機智之餘，並不提倡這樣誇張的冒險精神。畢竟，類似於跌倒這樣的「苦肉計」不一定要流血。梅香的故事只是啟發那些渴望愛情、有心上人的女人，如果想獲得甜蜜的愛情，就要營造一些與對方相識相知的機會，只有讓對方了解妳，才有可能鍾情於妳。

女人不「壞」，男人不愛

如今的「壞」女人成了男人的夢中情人。聽聽有個男人是怎樣說的：「我不喜歡一成不變的生活。我喜歡有情調的女人，她是那麼富有魅力，充滿生活的樂趣，和她在一起，我是那麼放鬆。所以，我喜歡這樣可愛的『壞』女人。」壞女人的「千姿百壞」，讓很多男人流連忘返。

托爾斯泰筆下的安娜．卡列妮娜就是一個典型的「壞」女人。

說安娜「壞」，是因為她作為一個有夫之婦和孩子的母親卻又去愛上年輕軍官佛倫斯基，成了背叛家庭大逆不道的女人。然而從女人的角度來看，她是一個真正意義上的女人。因為她的丈夫並沒有把她當做一個真正的女人來愛，所以在形同死灰的愛情中，她是這段婚姻中的一個虛設的符號。

安娜之所以令佛倫斯基神魂顛倒，就在於她敢愛敢恨，為了展現女人的愛的價值，她不顧一切，衝破當時種種宗法禮教的禁錮和樊籬，在佛倫斯基面前不斷散發誘惑並真誠執著的將這種誘惑兌現成無畏的愛。從人性角度講，儘管安娜背叛家庭，但她本能的展現了女人的美：嫵媚而不失真摯，渴望而不乏優雅。

在二十一世紀的今天，現實生活中仍不乏安娜這樣極致「壞」的女人。她們一旦找到愛的感覺，就不顧一切的以她們那「壞壞」的氣質與身心去俘虜男人，從男人那裡尋找女人的價值。這樣的「壞」女人有愛意，有力度，也有刺激，這種柔中帶剛的女人會讓男人銷魂，哪怕只是過程，男人也願意奉陪。

第一章　女人有詭計，愛情甜蜜蜜

要想抓住新好男人就要學會誘惑之術。下面是精明「壞」女人的誘惑之術，希望想收獲愛情的女人能活學活用。

一、柔情似水

當女人披上溫情的外衣，就會顯現出令男人無法自拔的魅力。每個男人都渴望被自己的女友或伴侶體貼關懷，尤其是在成功的男人情緒低迷的時候，對他表現出柔情似水最為有效。切記不要溫情體貼過了頭，想把男人的任何事情都了解清楚，結果會讓男人覺得失去了自由。

二、喜歡電影

喜歡電影，這是一種情趣。喜歡電影的女人，多半都有很多夢想。有夢想的女人必定是可愛的，精明的「壞」女人可能不懂怎麼寫深刻的影評；她們有時候可能僅僅是為了看帥哥而去看一部電影；她們可能更不懂分辨導演、燈光與攝影手法的好壞；但是聰明的她們需要男人的陪伴才敢看恐怖片！

三、掌握一兩樣樂器

喜歡音樂，最好能掌握一兩樣樂器。想像一下，坐在潔淨的大廳，妳一身潔白長裙，綰起優雅的髮髻，《給愛麗絲》、《夢中的婚禮》在纖纖細指下悠揚的流淌，這時候的妳在他眼中的氣質會是高雅的。

四、率性而為

有機會與新好男人一起出外遊玩，例如到海邊，說明妳已經與他的距離比較近了，這個時候是妳進一步抓住他的心的最佳時機，試著面對野性的大海展現出妳最率真的喜愛。

五、羞澀朦朧

女人臉上的紅暈，就像是清純羞澀的花朵。朦朧的羞澀，魅力無窮。康德說：「羞怯是大自然的某種祕密，用來壓抑放縱的欲望；它順乎自然的召喚，但永遠同善、同德行和諧一致。」羞澀之色猶如披在女人身上的神祕輕紗，增加了她們的朦朧之美。這是一種含蓄的美，同時又是一種蘊藉的柔情。「猶抱琵琶半遮面」的女性羞澀的神韻不僅能刺激男人豐富的想像力，甚至能使他們著魔般的動心動情，如醉如痴。可見，女人緋紅的臉頰是吸引男人的一張最為有力的王牌。

男人的好奇心極強，成功的新好男人也不例外，遵循上述的「五大誘惑之術」來接近妳心中的他，必可刺激他的「獵人本能」，妳就能化主動為被動，使他願意更近一步的接近妳。

聰明女人操縱男人的「招式」

女追男已不再是什麼丟人的事，女追男的戀情中，女人如何最快狠準的捕獲男人心，實在是一件充滿技巧的事情。只有妳掌握了這種技巧，才能掌控男人，甚至操縱男人。

第一招：語言暗示

「明天是禮拜天，我要做什麼呢？」用一副心不在焉的模樣自言自語著。實際上是故意製造機會讓男性趁機相邀。這句話就表示：「明天我有時間陪妳。」這是將此事實通知對方的好方法。

男女兩人一起加班時，男性說：「太晚了！妳先回去吧！實在辛苦妳了！」如果妳想讓他感動，哪有男性不行動的？

這是使用語言的暗示方法。但切記暗示的行為過分明顯的話，將被視為輕浮的女性，反而招致相反的結果。

第二招：動人的甜笑

妳看中的男人越冷漠，妳就要笑得越可愛。

一張誠摯可愛的笑臉是最吸引人的。當妳追求男人時，大可不必濃妝豔抹，也不需要任何矯飾。妳愛笑，純樸的微笑，就是妳獨特的風格。不論是初次見面的男人，還是很熟悉的男人，微笑都會讓他對妳產生好印象。對男人來說，一個女人溫柔的微笑相當有魅力，比很多語言都珍貴。妳親切、自然的微笑，會讓男人有一種似曾相識的親切感。男人會從妳的微笑中，感受到妳傳遞的訊息，從而增加信心，主動來追求妳。

第三招：做個多謀深慮的「哲婦」

女人，從少女到少婦，從天真少女的浪漫到成熟主婦的現實。這需要一個角色轉變過程，但這個過程並不容易，在這個過程中，女人要學會做一個「哲婦」，學會與男人相處，學會與男人交流，學會理解男人，學會體諒男人、關心男人等。

不僅如此，作為一個優秀的「哲婦」，還需要懂得男人，知道男人想什麼、要什麼，這樣才能「知己知彼，百戰不殆」。

作為一個優秀的「哲婦」，需要懂得愛男人。知道男人需要怎樣的愛，用什麼方式去愛，而不是一味順從。

作為一個優秀的「哲婦」，需要懂得支持男人。在男人的一生中，事業、家庭、個人追求具有同等重要的位置。成就男人等於成就自己。

作為一個優秀的「哲婦」，需要懂得教育自己的孩子，成就自己的孩子。

有人說：「聰明女人激勵男人，才情女人吸引男人，智慧女人成就男人，善良女人鼓勵男人，潑辣女人修理男人，精明女人累死男人。」我個人認為，女人的容貌漂亮與否並不重要，最重要的是女人的內涵與美德。內涵和美德再加上外貌三者合一，才是美麗而聰明的女人。因為有內涵就有智慧，有智慧就懂得怎樣做女人；知道如何做女人，就懂得怎樣去愛、去欣賞自己的男人，如何教育自己的孩子，做好男人的賢內助。所以，聰明的女人要學會做個「哲婦」。

第四招：做個槓桿女

「槓桿女」比起別的女人具備以下四大優勢：

1　自身的魅力讓男人無法拒絕。槓桿女的魅力有內有外，重點是內在的美。開朗樂觀的性格，聰明不狡猾的頭腦，獨立不孤僻的生活方式，這些都是吸引男人注意的優勢。

2　成就男人的成功將給男人自信。槓桿女為男人創造機遇，贏得成功的果實，這大大增加了男人的自信，尤其是她們的男人可能原本都很平凡，在與她們的相處中逐步的提高自己，直到獲得完滿的結局。

3　獨立的生活能力使自己不怕被拋棄。槓桿女將男人捧起的同時，也會注意同步進步以保持自己的地位，這樣男人就不會因為地位的懸殊而看不起她們，更不會將她們拋棄。

4　樂觀的心態讓她們左右逢源。槓桿女具有樂觀的心態，生活不好時，她們不會自怨自艾；生活富足時，她們也不會驕傲自滿。

第五招：溫柔體貼，態度可人

溫柔是女性的本色和天性，女性通常都富有同情心，比較懂得關心和體貼他人，比較容易讓人接近，這些都是男性們自愧不如而心馳神往的。英國詩人羅伯特．白朗寧說：「它是最美的美容標本，是金錢所難買到的。它是柔軟的枕頭，它是沉靜細膩的聲音，只要妳聽到一次，就會終生難忘。」柔情似水，水似乎是柔弱無力的，但水可以穿石，以柔可以克剛。所以說，溫柔是女性的可愛處之一，缺少溫柔的女性，就像花朵沒有芳香，是不招人喜愛的。

總之，一個女人以其特有的智慧和善良與老公攜手共進，她能讀懂男人在各個時期的需要和想法，跟得上男人的步伐，並能不斷的提升自己，配合老公在家庭和事業上共同進步，幫助老公在人際生活中樹立更好的形象，在男人失去目標和勇氣的時候幫助他找到方向，在男人驕傲時能及時幫他穩定住重心。這樣的女人，不僅僅在生活和婚姻中和丈夫心意相通，而且在事業上也能幫助丈夫、支持丈夫，讓老公在每一天都自信滿滿。

第一章　女人有詭計，愛情甜蜜蜜

第二章　耍點詭計，輕鬆鎖牢身邊的他

無論新時代女性的呼聲如何的高漲，我們都不建議一個女人只顧家庭不顧事業，或者只顧事業不顧家庭。家庭好比是地基，而事業就好比大廈，地基牢固，大廈才會屹立不倒。沒有家庭，何來事業？所以，一個幸福的女人，一定要會耍點詭計，鎖牢身邊的他。

女人的修養是一種擋不住的誘惑

俗話說：「爸好好一個，媽好好一窩。」從這兩句話中，我們可以看出一個女人在歷史、社會、家庭中的作用。而在當今社會中，作為一個好妻子，她所起到的作用也是巨大的。女人的修養是一種擋不住的誘惑，是一種簡單純淨的心態，是一種寧靜而致遠的境界。

年輕的女人雖然在風華正茂時可以毫不費力的依靠外表來吸引他人的注意，但如果她們因此而忽略了對自己修養的培養，等到年老色衰時才想到要去彌補，那就太遲了。而那些平凡不起眼的女性，只要她們注意培養自己的修養，無論到了什麼年紀，她們身上依然會擁有一種讓人無法抗拒的獨特魅力，這份魅力讓她們備受歡迎。

一位中年主婦察覺到自己的丈夫經常在家裡誇獎他的女助手，她心裡有些疑惑。於是開始每天描眉畫眼，梳妝打扮，甚至不惜花費了一大筆錢去做美容。雖然她花費了一番心思，但她發現丈夫對她的精心打扮依然視若無睹，仍舊每天大談特談自己的那位女助手。

妻子沉不住氣了，試探著開始打聽女助手的背景。於是丈夫邀請妻子和他一同去探望那位女助手。一見面，妻子大為吃驚，女助手和她想像的相差甚遠，這位女助手既不年輕也不漂亮，而是一位頭髮已經斑白、身材已經發福的普通婦人。但從她的言談舉止中透露出的典雅、自信、超然、樂觀、機智，無不感染著周圍的人，甚至這位妻子也抵擋不住她的魅力，十分急切地想和她交朋友。

這時妻子終於明白了，修養的美賦予一個女人的魅力是任何打扮都無可比擬的。

女人可以不很漂亮，但不能沒有修養。在高雅女性的重要特質中，修養可以說是最高的追求與境界，它賦予女人一種神韻、魅力、氣質和品味。有修養的女人衣著時尚，妝容精緻，神采飛揚，風姿綽約；有修養的女人平和內斂，從容嫻雅，不矯揉造作，不喜張揚；有修養的女人，會遵從自我意願的做選擇，氣質品味會自然流露。

一個修養與智慧並重的女人，懂得把美麗淬鍊成自信，把年齡化為寬容，把時間凝為溫柔，把經歷寫成厚書。她們在歲月的淘洗中日漸綻放出珍珠般的光華，時間和經歷甚至可以成為她們驕傲的資本，在輕描淡寫中微微一笑，流露出令人難以抗拒的溫柔與從容。

那麼，一個女人如何才能更有修養呢？

一、對人說話不要尖酸刻薄

有些女人往往在別人得罪她之後就會說話帶刺，以冰冷面孔待人，這樣的女人不僅給人一種沒有修養、心胸狹窄、自私自利的感覺，而且還會讓人心生厭惡之感，很難交到朋友。

二、智慧博學

「女子無才便是德」的時代早已經成為過去，才女在當今時代更是一個備受推崇的寵兒。一個女人知識廣博，與她在一起交談有說不完的豐富話題，天文地理、科技人文信手拈來，與這樣知識廣博的女人在一起聊天絕不會令妳感到無聊。

三、說話誠懇，不過於賣弄自己

說大話、吹牛者，常常給人的感覺是外強中乾，他們這樣誇大其詞地說話是為了滿足自己的虛榮心，想要引起他人的注意，但這樣的說話方式，不僅不會被他人注意，反而會給人留下浮躁、虛華的一面，有修養的女人一定不要在說話的時候誇大其詞，惹人生厭。

給老公的口袋裡留點錢

「掏空老公的口袋」，「男人有錢就變壞」，「嚴控老公的皮夾」，長輩的諄諄教誨縈繞在耳邊，這似乎是婚姻生活中亙古不變的真理。可是，這些真的是「真理」嗎？事實證明，有剝削就會有反抗，有管制就會有對策，「私房錢」從而應運而生。可見，「管」不是辦法，「掏空」更不是良策，如果夫妻二人時時提防對方，步步小心，那麼又何來家中之樂呢？

現實生活中，許多夫妻都有各自的工作、興趣、人際關係，需要應酬、開銷、出門辦事。特別是丈夫，如果他在交際時囊中羞澀，那麼自然會大丟面子，於妻子臉面也尷尬。那麼，聰明的妻子們應該怎麼做呢？

一、實行「AA」制

當代人都追求個性張揚，人格獨立，只有保證有獨立的生活空間，包括物質空間、經濟空間，才能有人格的獨立自由可言，才能長久保持夫妻感情的美好與和諧。

現代社會中，夫妻共同賺錢的家庭占大多數，夫妻間如果能夠打破資產共有的觀念，按兩個人的收入狀況和興趣愛好分配各自應承擔的家庭理財責任，開誠布公的實行「AA」制，就能做到既協調了家庭收入的合理分配，又能使夫妻二人坦誠相待、經濟獨立。

當然，這裡所說的打破「共產」，實行「AA」制，並非絕對的分割二人財產，而是指夫妻對家裡的所有錢財各自都有一定相對獨立的支配權，掌握一定的自由度，以使彼此不至於為區區瑣事或零用錢之類的事發生爭吵，乃至大動干戈。

二、先民主後集中

「先民主後集中」的原則有別於一般家庭所實行的先將全部收入集合在一起，然後再按不同需求由個人分別支出的「先集中後民主」原則。這種原則強調的是實行先將自己的收入按各自所需支出，然後再合到一起的辦法。這雖然僅僅是體制上的不同，但卻是觀念上的更新，重點在於夫妻雙方合作關係的密切與否。這樣的財務關係，可以讓雙方擁有更為持久的戀愛感覺。因為是各自負擔，彼此便擁有一定的寬鬆度，會保持戀愛時互贈禮物的習慣，會對另一半的贈與充滿感激，而且會想到在恰當的時候予以回報。這樣，婚姻生活才會多姿多彩。

三、難得糊塗

很多已婚的男人都會對結婚後財政大權的移交抱怨不滿，他們經歷了由結婚前的「單身貴族」到結婚後每月要將所得的收入如數上交老婆的「佃戶」的巨變，心理都會很不平衡。有的無限懷念單身貴族時期，有的則抱憾「終生」，因而引發圍城中戰火頻燃。這種情形的產生主要來自於妻子「精明」的經濟管制。

聰明的妻子不妨糊塗一些，給丈夫一些空間，給丈夫一定尊嚴，只要妳的心如明鏡，又何怕他的「暗度陳倉」。難得糊塗，往往會得到更多的來自丈夫所給予的快樂與幸福！

控制男人的野性

男人是只貓，女人就是魚。貓的天性愛偷腥……。的確，男人一不小心就會出軌。曾經有人統計過男人為什麼會出軌，好多網友都回答：第一，外界誘惑太多；第二，男人的花心和占有欲決定了一切。

然而男人的出軌，給妻子帶來了巨大的痛苦，因為這畢竟是女人在婚姻中深為恐懼的瘟疫。它能觸及人性底層最恐懼、最容易引發痛苦的「背叛」情結，給當事人帶來難以平復的巨大心理創傷。大多數女性在外遇面前，會脆弱得不堪一擊。但即使是痛苦，作為人妻者也必須要面對，而且要坦然地面對，用自己的智慧在保證美滿家庭的前提下，將事情處理到最好。美國前總統柯林頓夫人希拉蕊在這方面做得就十分出色。

丈夫的豔遇曝光製造出轟動全世界的醜聞，希拉蕊做出了最明智的選擇：沉默。這種沉默是對待丈夫的，也是對待所有人的。她不想對著全世界大哭大鬧，因為她知道所有的人都在等著看這個笑話呢。而也正因為她，柯林頓才有了下台階的機會。

希拉蕊公布了和柯林頓曾經有過的生活：「我們聊天，我們做日光浴、在臥室、在廚房裡聊些雞毛蒜皮的事。我們喜歡躺在床上看電影。」面對柯林頓和陸文斯基的緋聞在全世界鬧得沸沸揚揚，希拉蕊為了恢復平靜的生活，沒有表現出絲毫的怨恨和痛苦，責無旁貸的以妻子獨特的身份「證實」丈夫的「忠誠」。她宣布：「我相信我比世界上任何人都了解他。」

這種態度讓全世界人都看到了希拉蕊是一個多麼明智的女人。

當然，很多女人並不一定能像希拉蕊那樣明智。在現實生活中，經常見到的是很多女人的小聰明。多少個女人因為自己的小聰明而把自己推向了痛苦的深淵。她們在小聰明的指使下，翻看丈夫的公事包，探詢丈夫的行蹤，查閱丈夫的手機資訊，試圖為自己的猜想找到蛛絲馬跡，當她們把這些想法付諸行動的時候，也就由小聰明變成愚蠢了。在一些破裂的家庭中，真正的元兇很大程度上就是女人的小聰明。就這樣，在自己的無意識中把自己優秀的丈夫推給了別的女人。小聰明讓女人在一些事情上只會想像和猜想，最終讓女人鑽入牛角尖，而智慧的女人在一些事情面前會去分析，去尋求最佳的解決方案，這兩種女人之間橫隔著的就是理智。

在遇到出軌這樣事情的時候，小聰明的女人做出了許多愚蠢的事情，這是不應該的。那麼，在遇到這種情況的時候，女性應當如何處理呢？

第一，保持冷靜和理智。

女人大多是感性的，稍不如意，就控制不住自己的感情，任性、耍小脾氣。每當丈夫對不起自己時，就認為自己是天底下最不幸的人，是最大的受害者，是最痛苦的人。為此，因為委屈而一味的要為自己討回公道，甚至變本加厲的報復。殊不知，這樣做只能逼得丈夫走上絕情的道路。女人要切記「家」永遠是男人的港灣，大部分男人在外「犯錯誤」只是暫時的放縱和失誤，而心永遠會留在港灣。

「識時務者為俊傑」，即使丈夫真的做了對不起自己的事情，妳一定要冷靜的思索，找找自己的不足，要權衡得失，把握好和丈夫發生爭執的度。所謂綿裡藏針，以柔克剛。作為妻子不妨多給丈夫一點原諒和寬容。妳的寬容，會讓他感動，會讓他愧疚。唯有愧疚才會讓他想要贖罪，也唯有感激才會想要回報。

第二，家庭中出現了第三者，這時候要仔細分析發生此危機的真正原因，不能片面的把責任推給某一方。

一對恩愛夫妻情深義重，外人豈是那麼容易就插足進來的？在長久的生活中，夫妻雙方的一些缺點都會暴露出來，隨著這些缺點的暴露，一方發覺到對方不如想像中那麼美好，或是兩人思想上有了分歧、差距，恰巧這時她出現了。情人的體貼溫存填補了丈夫內心的空白，於是婚姻中的一方移情別戀。其實，如果兩個人能及時發現問題，並努力加以解決，這樣的情況是可以避免的。畢竟「一日夫妻百日恩」，同甘共苦的生活經歷、傳統道德倫理的制約，再加上偷偷摸摸的婚外戀生活造成的心理陰影，他也想解脫，也想過回正常的感情生活。所以，如果他的身邊出現了第三者，不要立刻大動干戈，或是大吵大鬧把關係搞差，這些都不是明智之舉。妳所要做的就是尋找到丈夫發生外遇的原因，在生活上加倍對他關懷、體貼，使他感到妳仍然愛著他，這個家依然是他可以棲息的港灣，無論如何都是自己不能捨棄的。這也是對來之不易的婚姻的珍惜與挽救。

第三，搞清楚他和第三者關係發展到何種程度。

當然，這對於很多女人來說，了解自己丈夫和其他女性之間的關係，是一件十分令人傷心或者憤怒的事情。但是，一旦發生了這樣的事情，女性必須選擇這樣做，因為這是妳決定是否與丈夫重修於好的重要因素。如果丈夫和第三者是持續很久了的關係，就更需要耐心、慎重的對待。如果丈夫僅僅是偶然間一兩次的逢場作戲，這樣事情就不是很嚴重。因為，往往這僅僅是逢場作戲而已，並不能說明他對你們的婚姻不滿意。

第四，給他理由，同時設好底限。

給他理由，說白了就是要學會自己騙自己，妳對自己說，他變得晚歸是因為工作忙、應酬多，這是步步高升的前兆。

而周旋於妻子和情人之間疲憊的他，心情卻越發複雜。他越來越搞不懂為何妳可以如此氣定神閒，為何面對情變卻像什麼都沒發生一樣，為何妳仍然像熱戀時堅定而執著的信任他，為何妳突然變得獨立、更有魅力，更讓他無法輕言放棄。所以，妳最終仍會是勝利者，因為妳無聲的力量，以不變應萬變的力量，遠遠大於喋喋不休的爭吵、逼供。

第五，給足男人面子。

在燈紅酒綠、紙醉金迷的大都市，成功男人有時會因為女人而迷失方向，做出出軌的行為。雖然任何一個女人都不會容忍這種事情的發生，但是，聰明的女人會以寬容面對現實，會在大眾面前幫助丈夫承擔這些責任。既為人妻，又為人母，一個女人在處理這樣的事情的時候，所想到的不應當僅僅是自己，還應考慮到男人和孩子。懂得這個道理的女人，會妥善處理好尷尬之事，不會輕易去破壞背叛自己的男人的公眾形象。

在處理這樣的事情的時候，女人要給足男人面子，用自己的堅強來維護自己成功丈夫的公眾形象，這樣，不僅不會讓自己的家人遭受傷害，同時也給自己保全了面子，兩全其美。

第六，要想辦法挽救婚姻。

曾撰寫《丈夫的外遇是我遇到的最重要之事》一書的作者安妮在接受美國福斯電視台採訪時回憶道，當得知丈夫有了外遇，「聽到這個消息時，我整個人都驚呆了」。為了挽救自己的婚姻，她說：「我開始和不同的人交流，了解他們對婚姻的看法，面對背叛時的態度，試圖找到一些合理的解決方法。最後，我挽救了自己的婚姻。」

心理學家表示，很多人面對外遇時，第一個念頭就是細數自己受到的傷害，而不是判斷是否能挽救婚姻，積極想辦法來重建信賴感，逃避是於事無補的。「如果覺得還深愛對方，那就要學會處理不信任感。」

總之，當女性發現丈夫偷吃，就要先分析原因，理智冷靜的去處理，切忌大吵大鬧、弄得滿城風雨。否則，會在客觀上把丈夫向「第三者」那裡推，這對於一個妻子來說，是十分不明智的，切記！切記！

裝傻也是一種手腕

什麼是幸福的女人，什麼是令人滿意的生活？有的時候妳自己覺得糊塗。如果妳對老公失去了信心，真的不想要這段婚姻，那麼不妨盡量較真兒，計較到彼此都受傷，計較到婚姻受損。如果不想對這段婚姻放手，那麼不妨試試裝傻。這樣說並不是讓誰去忍氣吞聲，而是換一種思維方式。

在這個世界上，真正的傻女人不會得到幸福，過於聰明的女人也容易失去幸福，只有那些懂得裝傻的女人才最幸福。

人們常說：「傻人有傻福。」其實，這裡所說的「傻」不見得是真傻，只是這個人比一般人更懂得把握時機和尺度，知道什麼時候該傻一點、糊塗一點，什麼時候該聰明一點、精明一點罷了。對於女人，那些外表迷糊而內心機敏的女人，才是真正幸福的女人。

裝傻不是讓妳時時演戲作假，處處算計別人；裝傻也不是讓妳唯唯諾諾，凡事都忍氣吞聲。有時候裝傻，是為了讓事態趨於圓滿；有時候裝傻，是為了緩解尷尬的局面；有時候裝傻，是為了獲得更多的寵愛；有時候裝傻，只是為了將自己的心態調整到一種單純的境界。

裝傻還得有分寸，有些小事可以寬容大度忽略不計，觸碰到原則性問題不能忍讓的，還是要做出有力反擊。在美國有一本暢銷書叫做《「好」女人有人疼》，其中所宣揚的觀點就是：放棄控制，做個「微軟」的女人。其實，這就是在看似讓步的小愚蠢裡，暗含著大狡猾。而這樣也恰恰是一種智慧的為妻之道。

在現實社會中，當受到強勢威脅的時候，如果有一方能放下架子，承認自己是弱者，往往是最明智的選擇。比如，有兩個人打架，一個人突然收手，那麼這場衝突基本上會被化解。放棄捲入衝突，看上去是弱者的行為，但事實上，這種放棄需要更大的勇氣與對局勢清醒理智的分析。

所以女人想以一個弱者的形象獨立於世，就應該學會「四兩撥千斤」之法，勇敢的承認自己的脆弱，博取同情與注意，讓對手放鬆警惕，再施以巧妙周密的計畫去達成自己的目標。即使這世界上最強大的女人，也懂得適時承認自己身心的脆弱。越是成功的女人，越是能恰到好處地運用自身最豐富、最本能的武器——脆弱。

當然，脆弱這種武器一旦運用在夫妻生活中，其收到的效果必將出乎意料。女人如果夠聰明，就能想到事態的後續發展和「吵架成本」是否符合兩人共同的利益。這就像下棋一樣，真正的高手不會只看眼前棋局，而是推算到往後幾步，甚至是幾十步，再做出最佳的決策。同樣的道理，夠聰明的女人就會想到：如果再吵下去會兩敗俱傷或成本過高，那麼寧可先讓步，讓男人氣消了再曉以大義，如此才能維護得來不易的感情或家庭。

強悍是男性的優點之一，男人需要的是一個「需要他」的女人，他們需要的女人是一棵常青藤，纏著他們，依附在他們身上，沒有他們這些大樹就見不到陽光。

聰明的女人會牢記男人與女人之間的不同，盡量用男人的立場和思維方式去考慮問題，讓男人們產生一股「士為知己者死」的決心。她們會在表面問題上遷就男人，讓他們賺足「面子」，但在實際的核心問題上，她們會以女人的韌性堅持到底、絕不妥協，最終實現自己的目標。

懂得「裝傻」是女人的大智慧，這也是只屬於女人所隱藏的最強大權力。

信任是婚姻裡一條牽心的線

許多媒體曾報導過一個婦女的事情，她多年來像福爾摩斯一樣，不斷追蹤丈夫，搜集婚外情的證據，並和一些經歷相似的中年婦女一起成立了一個專門調查婚外情的女子偵探所。從道義上講，也許她們應該得到支持，但從挽救婚姻的角度，這並不是很好的做法。

信任是婚姻最基礎的元素。找人來調查，就是將丈夫貼上了「嫌疑人」的標籤，讓他感覺自己已經完全不被信任了。如果丈夫是清白的，那麼他會覺得很惱火：「我辛辛苦苦為了這個家在外面沒日沒夜的打拼，卻遭到這樣的懷疑，值得嗎？」為了挽回尊嚴，其結果可想而知。如果丈夫確實有了婚外情，這樣的調查可能把他逼上絕路，面臨丟掉工作、失去社會形象和名聲的危險，等於是把他往另外一個女人懷裡推。可見，女人用調查的方式來拯救婚姻是下下策，也是不成熟女性的做法。

然而，成熟的女性會以豁達的氣度去理解、支持丈夫的事業，相信自己的丈夫。妳既要對丈夫保有警惕，但又不能「拎著醋罈子到處走」。不要隨便懷疑和無端指責，更不能偷偷摸摸的打聽、調查、尋找所謂的證據。

每個人都有屬於自己的感情世界，這是誰都無法抹去的事實。但那只是人生中的過眼雲煙，妳不能追溯到過去去阻止他。因此，無論妳面對的是自己的過去還是對方的過去，都應該以一種理性和信任的方式去解決它，而不是把它變成自己生活的負累。過於看重不愉快的往事會給自己帶來傷害，也會給對方帶來不必要的痛苦，最終將會導致兩個人的感情出現裂痕。因此，不要活在彼此過去的影子中，要走出痛苦的陰霾，面對現在的美好生活。

有個叫玲玲的女人，她的故事或許能給我們更多的啟示。

丈夫另有女友已經好些年了，我知道這件事也好些年了。那時，丈夫與其女友是同窗，在一個城市，而我則在另一個城市。後來丈夫來到了我的城市，他的女友則去了另一個城市。城市不城市的倒沒有什麼，輾轉來輾轉去，丈夫還是丈夫，女友還是女友。

有一次，我與丈夫散步到了他的公司前，我突然對他的辦公桌抽屜有了興趣——誰知道那裡藏了一個男人的什麼祕密？我說道：「你的女朋友最近來信了嗎？」丈夫一警惕：「前一陣子來了一封，忘了帶回家。」「能看看嗎？」「怎麼不能？」丈夫做出很坦然的表情。我笑了：「她向我問好了嗎？」「問了。」「既然如此，不看也罷。」我把手一揮，很瀟脫很大方的轉身而去。奇怪的是，後來我把這事作為笑話講給周圍的女士們聽時，竟沒有一個人相信它的真實性。

丈夫與他的女友不僅通信，還互相留有電話號碼，那麼他們肯定還會通電話。除此之外，逢年過節，兩個人之間，還時有精美的的賀卡傳遞。關於這一切，丈夫似乎並無瞞我之意，所以，我也從不把它放在心上。說真的，我要操心的事很多，哪有時間和精力瞎捉摸他們的事。

自從丈夫與我做了住在了同一個城市後，偶爾，我就從丈夫的口裡聽到了他的女友的一些消息：去了一趟香港啦，在國外拍了照片寄來啦，女兒唱歌比賽獲獎啦……當然這些都不重要，重要的是，這位女友是個離異了的單身女人。這個背景提示給我這樣兩個資訊：第一，丈夫與她交往，沒有什麼麻煩，至少不會有男人打上門來與他決鬥，那樣傳出去多不好聽呀；第二，丈夫若對她有意，至少在她那方面是沒有客觀障礙的。知道了這一點，我雖稍有不悅，但轉而一想，難道我和丈夫之間的關係，還要取決於別的女人的婚姻狀況嗎？那豈不是太可笑了？於是就由它去吧。

後來，大概是覺得光是透過通訊交流感情還有不足吧，丈夫和他的女友，還借出差的機會，在這個城市或那個城市見過面。丈夫去見他的女友我自然不在場。奇怪的是，他的女友到我們城市來過兩次，我也總是在他們見過面吃過飯談過話以後才得知，我說你怎麼不請她來家裡玩呀，丈夫說她急著走呢。我說真遺憾，那就下次吧，丈夫說那就下次吧——其實我一點也不遺憾。

關於丈夫和他的女友的故事看來還要繼續下去。有很長一段時間沒聽丈夫說起過他的女友了。不過一般來說我不過問，他也不會主動提起他的女友的。當然這話也不全對，比如，好幾次他和女友見面的事都是他自己回來說的，不然我哪裡會知道呢？

不過也不是每次都這樣。有一次丈夫到北京出差，本可以晚一兩天走的，他卻執意要提前動身。我說要不要我送你，他說免了。當時我就猜到他已與女友聯繫好了，所以不能更改。丈夫走了以後，我到婆婆家度週末，一大家子正坐著吃飯，說起他來，我說他去見女朋友去了，大家笑得噴飯，以為我很幽默。我說是真的，他的女朋友叫趙蕾，在哪裡工作，離婚好幾年啦。丈夫的兄弟的老婆說，那妳可要當心哇。我說真要有什麼，就隨他去好啦。後來丈夫從北京回來，晚上躺在床上，我問他，是不是與女友會過面？他說妳怎麼知道的，我說這還猜不到呀。這樣，我才知道，女友果真到車站接了他，兩人還在咖啡廳裡度過了好幾個小時——至於談了些什麼，我沒問，也不想問。

據我的觀察，這麼多年來，丈夫與他的女友，也就是個朋友而已。即或兩人之間真有點什麼微妙的東西，也是可以理解可以容忍的。因為，人人都會有只屬於自己的東西。丈夫雖然做了我的丈夫，他依然有權利為自己的心靈保留點什麼，我不情願、不承認也無濟於事。有的男人或女人就是在這點上想不通，給自己的生活增添了許多煩惱——我可不願意那麼傻。

玲玲是個成熟的女性，她善於去理解、信任丈夫。也正因為這點，他們夫妻間的感情反而更加牢固。丈夫的女友僅僅是女友而已，她永遠不能取代玲玲作為妻子在他心目中的位置。設想一下，如果玲玲阻止丈夫和女友之間的交往，甚至對丈夫疑神疑鬼，監視丈夫的行蹤，就完全有可能造成把丈夫推向他的女友的結果。

夫妻間最有價值的理解和信任，是增進感情的最有效的方法，因為這是知己者的欣賞。成熟的女性知道如何用獨特的魅力去取悅丈夫。

在人前人後要給他十足的面子

有句話是這樣說的：「男人需要有面子，男人也最怕失去面子。」我們經常看到男人時時處處在捍衛面子的立場，他們對自己的尊嚴看得比什麼都重要，不管在私下他們有多寵愛自己的妻子，但女人在人前一定要給足他面子，讓其做天不怕、地不怕、老婆更不怕的頂天立地的男子漢，因為男人被打破面子後通常會有兩種結果：一是變得瘋狂，二是變得超然物外。無論走到哪個極端，對女人來說都是很不幸的。

因此，作為女人要學會掌握他們的這種心理，在該給他面子的時候一定要給足，這樣的女人不僅能贏得男人的寵愛，也能營造和諧的夫妻關係。女人總是喜歡自己的丈夫對自己唯命是從，認為那是他愛自己的證明。那是大錯特錯的，這不僅不是一種上策，甚至是一種再愚蠢不過的行為。

男人向來都是視面子如生命，即使那些在家裡毫無地位的人，一旦站在他人面前，都要充當男子漢。沒有哪個男人會說自己在家裡事事都要聽妻子的，那樣會有損他做男人的尊嚴。而聰明的妻子懂得處處都給丈夫留面子。

曾看到這樣的一則笑話：

有一天，一位男士對著別人吹牛，說自己在家裡是絕對的權威，自己說什麼老婆都得聽，「她聽話得跟貓咪似的。」他還比喻說，「在家裡，我是老虎！」

正說到這裡，有人拍他的肩膀，他轉身一看，臉一下變白了。原來他老婆不知道什麼時候來了，正站在他的背後，怒目相視。

他知道自己闖了禍，非常害怕。只見妻子瞪著他問道：「剛才你說什麼？你是老虎？那，我是什麼？」

丈夫十分難堪的說：「我是老虎，妳是武松啊！」

老婆這才滿意了：「這還差不多！」

在場的人們哄堂大笑起來。這個怕老婆的傢伙已經是滿臉窘色。

聰明的女人懂得有客人在場的時候，給足丈夫面子。即使她們平時養成了支使丈夫的習慣，但只要有其他人在場，她們也會為丈夫的面子著想，自覺的與丈夫平等相處、互敬互愛。哪怕是為了做給別人看也是有益的，因此丈夫也會因為她給自己留下男人的尊嚴而更加愛她。

蕭郁是一位能幹的女人，也是一位聰明的女人。她在某跨國公司做經理，賺的錢比老公多一倍，老公心裡本來就有些介意。但蕭郁在家裡絕對不是對老公頤指氣使的女人，也不會因為自己比老公聰明而處處誇耀自己。相反，她越是在人多的地方越給足老公面子。

一次，鄰居因為電腦出現了故障，請蕭郁幫忙修理。正好老公在家，蕭郁便對鄰居說：「不好意思，這個我不會呀。」接著她又指著老公說：「沒關係，我家還有一個高手呢。他喜歡鑽研電腦。老公，你幫我去看一下吧。」鄰居一聽，忙說：「沒想到妳家還臥虎藏龍的呀？」老公一樂，這些話絕對讓他臉上有光，一會兒就幫鄰居修好了。

每當與老公一起吃飯，服務員讓蕭郁點菜時，蕭郁總是望著老公說：「你說呢？」之後對服務員說：「我對這些不懂，還是讓我老公決定吧。」蕭郁是安安靜靜的吃飯，讓老公掏錢埋單，而賺錢多的蕭郁背後再給他補上餐費。

這樣丈夫在大家面前既得到了妻子的讚美，又享有充分的話語權和決定權，他怎能不疼愛妻子呢？

每個人活著的方式和理由都是有尊嚴的，而給別人尊重比給他什麼都更重要。特別是對於視面子如生命的男人來說，女人更應該去保護男人的自尊心，一定要在外面給足男人面子，不嘲笑男人的任何一種要求或是建議。

香港來的王先生在臺北開了一家餐廳，生意非常的好。一天餐廳打烊時妻子正為一件事大發脾氣，王先生怕挨打，情急之下逃到餐桌底下。恰好這時候有位熟客返回來尋找遺落的東西，正好撞到這滑稽的一幕，王先生很是尷尬。這時八面玲瓏的王太太急中生智的拍拍桌子說：「我說要抬桌子，你偏要用扛的，正好來幫手了，下次再用你的神力吧！」王先生順著台階下，直誇妻子想得周到，一場面子危機就這樣在巧言的妻子嘴裡輕鬆化解了。

由此，聰明的女人應該知道，給男人面子就是給自己面子，即使是在家裡也絕對不可以對老公指手畫腳，在公共場合絕對不可曝光老公的小毛病。

經常聽到正在喝酒、聚會、聊天的男人當著眾人的面給太太打電話時聲音比平時高一些，甚至有的男人還會幾乎用吼的說：「行了行了，我今天晚點回家，妳就別說了，我正忙著呢，沒什麼事我掛了。」

聽到這樣不悅耳的聲音，看到這蠻橫的態度，一定會有好事的男人側耳細聽電話那端女人的聲音，此時，作為女人的妳可千萬別動怒。因為對於一個男人來說，面子比黃金還要珍貴許多倍。此時妳若不顧一切的來上一聲河東獅吼，說不定會因此而影響你們夫妻之間的關係。既然面子對於男人來說這麼重要，聰明的太太就應該懂得在不違背原則的前提下，給足老公面子。這時妳就可以溫柔地說：「我知道了，你忙吧！不打擾你了，少喝點酒。」

若此時妳給足了他面子，等他回到家，一定會為妳的配合而感到非常高興，也會想盡辦法來逗妳開心，甚至是大方的買給妳妳考慮了很久都不捨得買的東西喲！

因此，若想讓自己的家庭永遠和諧幸福，永遠溫馨，就不妨給足丈夫面子。

要想留住男人心，首先留住男人胃

有句經典名言說：「想要拴住男人的心，就先拴住男人的胃。」事實的確是這樣。相對美滿的婚姻都是夫妻雙雙津津有味的到處找好吃的東西，吃不到一起就肯定住不到一起。

蘇東坡一生有三個女人。但在他死後，是與一個丫鬟葬在一起的。因為這位丫鬟陪伴著蘇東坡的後半生，經常給他準備下酒小菜，這在某種程度上大大激發了蘇東坡的創作熱情。

由此可見，男人的心與胃是緊密相連的。男人的胃對女人很重要，而女人有時候不得不改變自己的口味來迎合男人。很多嫁給外國人的女人，原本是根本不沾乳酪之類的洋食品，但現在卻非常重視尋找有好的乳酪的商店。朋友一起吃飯，她們也能夫唱婦隨的跟著啃乳酪，而且有時候還讚不絕口。對自己丈夫的「洋胃口」有鑽研精神的女人還學會了用乳酪配酒，讓所有人都認為她的胃已經真的「嫁雞隨雞，嫁狗隨狗」了。

當然，當今社會，男女平等，男人女人都有一份自己的工作，都有各自需要操心的事情，為什麼就得讓女人辛苦的去抓住男人的胃呢？何況，家庭是雙方的，需要雙方都精心維護，誰有空誰下廚。如果妳能找到合適的幫傭來幫妳燒飯，或者妳就是喜歡天天出去吃、叫外賣，那就另當別論了。

但是，無論是從家庭天倫之樂的角度還是營養與飲食的關係考慮，也要至少要重視一頓晚餐。試想一下：華燈初上，夜幕降臨，餐桌上，擺放著三四個色、香、味俱全的小菜，或者再來點葡萄酒、啤酒。一家人圍坐在一起，津津有味的吃飯，輕聲的說笑，是多麼的愜意。用餐完畢，帶著這份愜意，又各自忙各自的事情去了。

其實，要做好一頓晚餐也並不太難，主要是兩點：一是觀念，二是巧安排。所謂觀念，除了上面提到的，還有膳食平衡與健康的關係。萬事觀念為先。只有心底裡有強烈的意願，妳才會孜孜不倦、持之以恆。所謂巧安排，就是稍微花點心思，做到既快又好。

晚餐大致可以這樣安排，有海鮮類、肉類、菜類、湯類，三菜一湯或二菜一湯。冷凍的或易於存放的海鮮類有：蝦仁、北極蝦、赤貝、帶魚、黃魚、烏賊等。肉類有：牛腩、牛小排、五花肉等。蔬菜及其他：地瓜、蘿蔔、海帶、胡蘿蔔、青椒、花椰菜、番茄、雞蛋、青豆、玉米、豆腐、黑木耳、芹菜等。

當然妳不必在週末全部準備好，可在週三補貨一次。這樣一來，週末既不會太累，還可以保持一週的新鮮。妳可以將帶魚、黃魚下油鍋煎好備用，五花肉、牛小排燒好，牛肉湯或排骨湯燉好。

根據以上的準備，妳可以很快搭配出有海鮮、有肉、有蔬菜、有湯的一頓晚餐。比如：紅燒或清蒸帶魚、黃魚，紅燒肉，拌海帶絲或海蜇皮，番茄蛋花湯或番茄炒蛋，蝦仁豆腐、牛肉馬鈴薯湯、蘿蔔排骨湯、花椰菜、青椒、黑木耳炒芹菜。如果有空經過菜市場，妳可順便買些新鮮綠葉蔬菜回家。這樣的一頓晚餐，一個小時之內完全可以搞定，當然，晚上睡覺前或下班的途中，妳還得花點搭配的心思。

女人白天忙碌，下班後匆匆趕回家做飯的現實又嚴峻的等著我們。但只要我們懷著對家人的愛，動點腦筋，巧作安排，又快又美味的晚餐就等著我們享用了！

男人遇見一個入得廚房的女人，是他的福氣；女人若是遇見肯為她下廚房的男人，也是她的福分。

有心計的女人懂得在適當的時候讓老公下一下廚，讓他也體會一下女人的辛苦，不然日子久了肯定會助長男人的大男子主義。試想如果他每天一回家就有熱騰騰的可口飯菜，一吃完便嘴角一抹溜之大吉，剩下滿桌的狼藉讓妳收拾。久而久之他便習以為常，以為一切都是天經地義，日後恐怕稍有怠慢，他便要耍起大男人的脾氣。要是到了這個地步，哪怕妳暗自傷神、嘆息、垂淚也枉然。所以，妳還得跟他隔三差五的外出用餐，目的不僅在於換一換口味，還要讓他知道，外面的菜有多貴，再怎麼山珍海味也吃不出「家」的味道，千好萬好沒有老婆燒的菜好。

如此說來，廚房也會是幸福女人需用心計的地方。要想控制男人得先控制他的胃，一個男人吃慣了妳燒的菜，一旦離開了妳，肯定有一萬個不習慣，即使外面的食物再香，他也會眷戀老婆燒的家常小菜。

熱愛廚房，說到底是源自於愛。因為愛他，所以妳就會想著法子讓他快樂，讓他的胃口快樂。從這方面說，愛廚房就是「悅人」，他們因為妳的廚藝而快樂，當然也就是因為妳而快樂，他們的快樂當然也就是妳的快樂。一個女人，能因為愛廚房而悅人，自然也就能悅己了。

即便是一個平凡的女人，只要把愛融進廚房裡，愛情與親情就會在廚房裡延續，那麼妳就會是最幸福的女人。

當發現丈夫「偷吃」後

外遇即所謂的婚外情，是指男女雙方在已有的婚姻家庭之外而產生的感情，俗稱偷情、偷吃、出軌等。通常表現為背著老婆（丈夫）及家人在外面有了除婚配妻子（丈夫）之外的情人。婚外情一般處於隱蔽狀態，是婚姻生活的定時炸彈，常引發複雜的社會問題。

下面我們來聽一位妻子沐蘭的講述：

前一段時間丈夫告訴我說，他不愛我了，想和我趕快離婚，於是我就苦苦哀求，希望他能繼續和我在一起，他也的確留了一段時間。後來有一天晚上，他狠很說了一些無情的話，然後就離開了家。

他離家後，當我看到他時，我就懇求他給我和孩子打電話，說我有多麼愛他，而他卻說：「我對妳沒有絲毫的愛，但也不恨妳。」這讓我很受傷害。

我要求他和我去做諮詢，他不去，他說不想要任何人的幫助，他只想得到自由。問題不知道出在哪裡，我們結婚十年了，平時沒有打過架，也很少吵架，常常一起做事。現在甚至我生病了他也不回來看我。

我不停地打電話給他，因為如果我不打電話給他，他永遠不會主動打電話給我。我問他回不回來過節，他這樣說：『如果沒有事的話……』」

沐蘭的內心受到折磨，但她的做法並不可取。為什麼呢？因為沐蘭已經自我剝奪了所有的尊嚴和自尊，就像一隻順從的小狗在牠的主人面前搖尾乞憐。丈夫越是侮辱她、拒絕她，她就越表現得更加強烈需要他。

跟在冷酷的配偶後面乞求憐憫，只會更快的破壞夫妻關係。拼命討好、哭哭啼啼、亦步亦趨的跟隨，這些都無濟於事，只能使任性的配偶更加強烈的想擺脫眼前這個很可能吸幹他生命激情的「吸血鬼」。

為了挽救婚姻，心理學家提出了以下幾條合理化對策：

一、頭腦要冷靜

當夫妻一方發生婚外情時，另一方常常會因為受到傷害和侮辱而做出激烈的反應，像是立即找律師辦離婚，或把事情告狀到親朋好友那裡去。其實，這不僅於事無補，而且還會把事情弄得更為複雜。為此，如果妳還想挽救婚姻，不要急於出擊，等待頭腦冷靜後再做決定。

二、不要以牙還牙

有的人在發現對方有婚外戀後，也採取同樣的方式外出找情人報復。殊不知，用報復手段來對付負心的對方，不僅會導致自身價值觀的淪喪，而且可能會把事情弄得更糟。

三、保持自尊自愛

當發現對方的負心後，如果仍一味遷就，那麼結局可能成為災難。為此婚戀專家們指出，面對對方的不忠，受傷害的一方應保持自尊自愛、不卑不亢，在嚴肅指出對方的錯誤並發出警告的同時，也須耐心、細緻地幫助對方擺脫困境。

四、具體問題具體分析

導致對方發生婚外情的原因有很多，其中有心理的，也有生理的，有客觀的，也有主觀的，不妨具體問題具體分析。不少重新和好的夫妻都披露，雙方推心置腹地分析溝通，不僅可幫助其中一方盡快結束婚外情，還可以使他們的婚姻品質得到改善，從而避免了對方再次陷入婚外情的可能性。

五、用愛心感化對方

調查顯示，絕大多數「負心漢」或「負心女」對自己的配偶抱有負疚感，因而此時若能向他們施以愛心，將有「出奇制勝」之效，從而幫助他們擺脫婚外戀情的吸引。

六、不妨多些寬容

如果妳還不想結束這段婚姻，而且犯錯的對方也已認了錯，那就不妨多點兒寬容。這對不少人來說儘管很難做到，但事實上，一方的寬容常會使瀕臨危機的婚姻關係出現轉機，因為這比吵架、毆打、冷淡、告狀、警告等其他手段在挽救婚姻上都更為奏效。

七、時常製造歡樂

要做到這點，需要創意、靈活性及加倍的努力。不要墨守成規，被日常生活的瑣碎拖累！與丈夫一同外出做些事勝過整天待在家裡。春暖花開的時候，不妨抽時間和丈夫去春遊，培養雙方共同喜愛的新興趣和愛好，都不失為增加浪漫生活情趣的好方法。

八、重建戀愛時的親密感

重新喚起兩人的親密感，關鍵是要承認每個人的差異，不同意對方的觀點也實在沒什麼大不了的。應該允許丈夫有自己的想法，要給對方表達意見與體驗情感的機會。要認真傾聽，學會透過丈夫的言談舉止來體會對方的感受。親密感中肢體語言也很重要，千萬別忽略。

九、鼓勵對方從選擇優點中獲得滿足

鼓勵對方尋找自己的優點，並從中獲得滿足。要做到這一點需要耐心與靈活性，必要時要允許雙方選擇不同的生活方式。如果婚姻中的雙方能夠得到對方的鼓勵和祝福來做自己想做的事，那麼他或妳就不必再從外面或第三者那裡獲得滿足。

十、注意把妳的愛平均分配

當孩子呱呱落地之後，不少夫妻之間的感情都會或多或少受到影響，所以要避免因親子之情而減弱了夫妻之間的感情，要讓愛情保持一點新意。夫妻感情不能「吃老本」，要增添令人動情的新鮮色彩。譬如，一件意外的禮物，一封意想不到的情書，這些都會讓對方陶醉。

十一、注意配偶的情緒反應

要知道，婚外情不是一夜之間就會發生的，它也有一個漸進的過程。當婚外情發生時，對方一定會有所反應，只要細心觀察，便可以防患未然。

十二、不要自我迷失方向

要提醒自己不要在誘惑面前迷失了方向。若妳立場堅定，那麼這「第三者角色」自然無法從妳這裡得手。

當丈夫變成窮光蛋

婚姻的幸福並不是建築在顯赫的身份和巨額財產上，而是建築在互相的敬愛上。對於婚姻來說，財富只能算是一個砝碼，並不是愛情的因素，女人不要被金錢所誘惑，因為幸福和金錢並沒有直接必然的關係。

萊斯利和一位容貌俊俏、才華橫溢、在上流社會長大成人的千金小姐瑪麗締結了良緣。事實上她並不富有，而萊斯利卻腰纏萬貫。萊斯利滿懷喜悅的期待著能讓妻子盡情分享人間一切高雅的歡樂。他說：「她將如同神話一般地生活。」

但是，似錦的前程卻突然面臨厄運。在婚後的幾個月裡，萊斯利將財產用於大宗的投機生意，在遇到一連串突如其來的災難後，他發現自己如遭洗劫，變得身無分文了。在一段時間裡，他對自己這種境遇一直守口如瓶。他形容枯槁，愁腸寸斷，每日處於一種持續的煎熬之中；更使他更加難以忍受的是必須在妻子面前強顏歡笑，因為他不忍心讓這消息使她如坐冰凳。然而，她以深情而敏銳的目光覺察到了丈夫的異樣。她留意到他神態的變化及他那被壓抑的嘆息，她沒有被丈夫勉強裝出的不自然的快樂表情所矇騙，她竭力想以自己的勃勃生機和含情脈脈給他找回失去的歡樂。但這一切，只能更加刺痛他的心。他越是覺得愛她，就越被一種即將給她帶來不幸的念頭所折磨。

一天，他找來了摯友歐文。他用絕望的語調對歐文訴說了他的全部遭遇。聽後，歐文問道：「你妻子知道這一切嗎？」

一句近乎情理的話竟使他聲淚俱下。他呼號著說：「請別提起她吧。一想到她，我都快被逼瘋了！」

「可為什麼你不告訴她呢？」歐文說道，「遲早她會知道的，你總不能永遠瞞著她。」

「哦，可是，我的朋友，請想想吧，對她講她的丈夫成了一個身無分文的窮光蛋，這對她該是多麼巨大的打擊！難道告訴她要摒棄生活中一切高級豪華的東西，拒絕社會上的一切歡欣快樂，而和我一起龜縮在困頓和沉默的角落裡！」

「可是你怎麼能對她保密呢？她必須了解情況。你們也要對急轉直下的處境採取適當的措施！」歐文的態度和語言中所隱含的某些懇切的情愫令萊斯利有所觸動，於是，歐文便趁熱打鐵，在談話結束前勸說好友回家向妻子傾吐心聲。

第二天清晨，萊斯利居然對她和盤托出了。

「怎麼樣，她發牢騷了？」

萊斯利答道：「不，她愜意得很，情緒好極了！說實在的，她看上去比我認識她以來的任何時候情緒都要高漲；她對於我，就是給予愛、溫存和寬慰！」

「一個令人欽佩的女子！」歐文感嘆道，「你自稱窮光蛋，我的朋友，可你從未這般富有。你可知道在這女人身上擁有的是取之不盡的財富——美德呀。」

「哦，可是，我的朋友，今天可是她真正有所體驗的第一天；她已被帶進一個寒酸的住處，平生第一次嘗到了家務勞動的艱辛；她第一次環顧一個沒有任何擺設的家，幾乎沒有東西可為人提供生活便利的家；興許這會兒她已疲憊不堪，無精打采的坐在某個角落，正為將來的困頓前景發愁呢。」

他們從大路拐入一條狹窄的小道。當他們剛走近農舍時，裡面傳來了音樂聲，萊斯利抓住了歐文的胳膊。他們駐足傾聽，那是瑪麗婉轉動聽的歌聲！她吟唱的是一首她丈夫格外喜愛的小調。

歐文感覺萊斯利放在自己臂上的手在不停顫抖。為了聽得更真切，他移步向前。他的腳步在沙礫上發出了聲響。這時，一張嫵媚俏麗的臉龐在窗口閃現了一下，旋即就消失了，接著就傳來輕盈的腳步聲，瑪麗邁著輕快的步伐前來迎接他們。

她喊道：「親愛的！你可回來了，我一直盼啊，盼啊，我在房後的一棵美麗的樹下擺了一張桌子，還採摘了一些最鮮美的草莓，我知道你最喜歡吃草莓，再說我們今天的乳酪可鮮美了。這裡的一切真是太美太寧靜了！」她說著，用手挽住他的手臂，喜氣洋洋的盯著他的臉。

可憐的萊斯利被征服了。他對朋友說，他以前的境遇雖然好，也確曾有過美滿的生活，然而，像這樣幸福的時刻卻是過去從未擁有過的。

在生活中，我們常有緣目睹婦女們身處逆境時所表現出來的堅韌不拔的氣概。那些能摧毀男子漢的意志並使其一蹶不振的災難，喚起的卻是柔弱女性的異乎尋常的力量，使女性變得如此之無畏與崇高，成為她丈夫的安慰者和支持者，夫妻間以毫不退縮的剛強勇氣，抵擋著逆境中最劇烈的衝擊。這是走出困境的保障，也是維持幸福關係的巨大財富。

千金散去還複來，但幸福之杯一旦被打碎就永遠不能再還原了。女人一定要理智的對待金錢，就算妳的丈夫一夜之間從百萬富翁變成了窮光蛋，妳也不要拿金錢來衡量你們之間的感情，這時，妳的理解和寬容才是你們幸福的有力保障。

偶爾小別勝新婚

莎士比亞說過這樣一句耐人尋味的話：「太甜的蜜糖，可以使味覺麻木；不太熱烈的愛情，才能維持長久。」

有這樣一對夫妻，在同一個公司工作，上班同行，下班同歸，真可謂形影不離，可是，卻常為一些雞毛蒜皮的小事發生口角。於是，丈夫認為妻子多嘴、嘮叨，失去了婚前的善解人意；而妻子也看不慣丈夫的挑剔，失去了戀愛時的灑脫風度。兩個人心存芥蒂，家庭矛盾日漸積累，終於導致分道揚鑣。

生活中，這種莫名其妙「感情破裂」的例子實在不在少數。

妻子天天守著丈夫，天天重複著同一套生活模式，感情再好的夫妻也會產生一些厭倦，有些人甚至覺得婚姻成了一個累贅。那麼，怎樣才能讓自己的閃光點永遠吸引對方呢？

一位女友在這方面頗有高招：每隔一段時間找個藉口外出一次，人為的製造一個思念的情境。她認為，短暫的小別乃是促進家庭親密的最佳方式。畫家必須在孤獨時才能有所創作，小說家在孤獨時往往才有靈感，而夫妻在分離時更能體會到婚姻的可貴、家庭的溫暖以及自身的價值。剛與丈夫結婚那幾年，她也有大多數妻子的那種體驗，日子越過越心煩。丈夫身上那些以前被忽視的、不盡如人意的東西，越來越讓她難以忍受，而自己在丈夫的眼裡也變得越來越平淡無奇。雖然還像以前那樣做菜，丈夫卻非說不如以前可口；雖然還像以前那樣收拾房間，丈夫卻非說不如以前打掃得乾淨……

有一次，她因公外出一個月。最初幾天，她倒沒什麼異常感覺，反而感到既清靜又輕鬆。可十天沒過，她開始思念起丈夫來，而且思念得越來越強烈。說起來也奇怪，以前對丈夫的種種抱怨此時也被思念沖刷得煙消雲散了。想起來的，都是丈夫那神奇的吸引力。她深深體會到了丈夫在自己生活中的價值和地位。

出差期滿，她迫不及待的趕回家。出乎意料的是，丈夫看到她，竟像戀愛時那樣，撲上來一把摟住她，熱烈的擁抱親吻她。丈夫熱烈的吻，使她明顯的感到，丈夫對她的思念絕不亞於她對丈夫的思念。正應了那句老話：「小別勝新婚。」妻子與丈夫分別了一段時間，夫妻間就像磁鐵一樣，更有吸引力。在丈夫眼裡，妻子變得更加溫柔嫵媚，做的菜也彷彿更加可口，房間也收拾得彷彿更加漂亮明淨了。

過了一段平靜的夫妻生活後，有意識的離開對方一段時間，這樣，就能使夫妻倆思念的感情熱浪交織成愉悅的重逢狂歡，把平靜的夫妻感情推向一個新的高峰。

有一個名叫雅蒂的女人，她總是抱怨丈夫每晚下班回家，非要把晚飯端到臥房裡好讓他可以邊吃邊看電視。於是雅蒂便著手為她自己和丈夫策劃一個特別的夜晚，當然事先絕不透露在哪個特別的夜晚。丈夫幾乎驚得昏倒，他走錯房子了嗎？那個美得半死的女人是誰？那怡人的香味是什麼？那美妙的音樂從哪裡來的？他整個人被雅蒂一手策劃的神奇夜晚驚呆了。那一晚他們極盡纏綿，雅蒂從沒見丈夫哭過，那一次卻埋在她懷中不停的啜泣。他說他是那麼的想念她，想她當初做為女友時的模樣。

成功的婚姻不僅要求夫妻雙方互相尊重，保持精神上的獨立，而且要求雙方在感情上有一定的克制，甚至製造一些條件，使雙方保持一定的空間距離和心理距離。

妻子長期與丈夫廝守，彼此間的新鮮感和神祕感會漸漸消失，愛情熱度也會慢慢降低。聰明的配偶，為了讓自己的愛人不斷積蓄新的恩愛能量，可以讓他（她）停飲幾天「蜜糖」，喝上幾天「白開水」，這樣他（她）才會更珍惜「蜜糖」的甘甜。

「撒嬌」是對付老公的重要法寶

「撒嬌」是女人的專利。會「撒嬌」的女人，妳的丈夫會更喜歡妳。

馬太太自從老伴去世，含辛茹苦的養育著兩個兒子——馬鋼和馬鐵。眼見馬氏兄弟都長成了身強體壯的年輕人，馬太太打從心裡感到高興。去年春天，大兒子馬鋼娶了媳婦，二兒子馬鐵也談戀愛了，馬太太覺得苦日子終於熬到了頭，這下該安度晚年啦。誰知，兒子卻沒有讓老人家晚年平安。馬鋼結婚時間尚不長，新房裡便時常發生一些「戰事」。馬鋼打小就性如烈火，誰知他的妻子也如此，本來只是一件小事，但丈夫不冷靜，妻子也不忍讓，甄芳相對的，每次都是越吵越凶，到最後總釀成一場場惡戰。馬鋼夫婦爭吵不斷，感情漸傷，雙方都覺得再也難以過下去，只好辦了離婚，各奔前程了。

轉眼又是一年，馬鐵也熱熱鬧鬧地把新媳婦娶回了家，馬太太又開始擔心了。當媽的最了解兒子，馬鐵的脾氣可不比他哥哥好多少，也是動不動就吹鬍子瞪眼睛，弄不好就掄拳頭相向。馬太太密切注意著這對新婚燕爾的年輕夫妻，隨時準備著去排解戰爭。這一天終於來了。不知道為什麼，馬鐵扯著嗓子對妻子大吼大叫。馬太太聽聞「警報」，立即闖進了小倆口的房間。馬太太看到，馬鐵黑著臉，拳頭已高高舉起。「混小子，你……」馬太太話還沒說完，卻見二兒媳一不躲、二不閃，對著丈夫柔情蜜意的一笑，嬌滴滴的說：「要打你就打吧，打是親，罵是愛嘛。可別打得太重了。」這下可好，馬鐵不但收回了高舉的拳頭，連黑著的臉也被逗了個「滿園桃花開」。可能發生的一場風波頓時平息了，馬太太被兒媳那股撒嬌的模樣逗得差點笑岔了氣。日子一天天過去，馬太太發現二兒子發脾氣亮拳頭的時候幾乎不見了。後來，二兒子對她說：「媽，我算服了她了，還是她厲害，有涵養。」馬太太也由衷佩服這個懂得「撒嬌藝術」的兒媳婦了。

「撒嬌藝術」，其實就是古代兵法上「以柔克剛」的藝術。老子認為「柔弱勝剛強」，他說：「天下莫柔弱於水，而攻堅強者莫之能勝，以其無以易之。」這句話的意思是說，天下沒有比水更柔弱的東西了，但是任何堅強的東西也抵擋不住它，因為沒有什麼可以改變它柔弱的力量。恰當的運用「柔」，任何堅強的東西都會為之融化，巧妙的運用「撒嬌」，就等於為婚姻安上了一個「安全閥門」。

也許有的妻子聽了這個觀點很不服氣：「夫妻平等，誰都有自尊心，難道讓我屈服在辱罵與拳頭之下，還要賠笑臉？我可不能服這個軟！」要是這樣理解可就錯了。妻子給丈夫一個笑臉，一句幽默的話，絕不是軟弱的表現，而恰恰能顯示出一個為人妻者的智慧與修養。面對這樣的妻子，只要不是那種完全沒有人性、理性或對妳根本沒有感情的丈夫，相信誰都會在這大家風範面前敗下陣來而自慚形穢，並在這種潛移默化的薰陶中受到影響，自覺糾正自己的偏激性格和行為。

巧用「撒嬌」藝術，是夫妻交流中消除隔閡、增進了解、陶冶性情、加強涵養的具有實用價值的好辦法。做妻子的，當丈夫發脾氣時，不妨試試用用撒嬌絕技；當妳的丈夫心情鬱悶時，不妨亮出這招女人特有的「獨門暗器」，這對增進夫妻之間的感情肯定會大有益處。為人妻者請牢記：「撒嬌是對付老公的重要法寶。」

體貼入微，控制男人全靠它

有這樣一個故事：

雯莉是一個幸運的「女強人」。因為她及時糾正了自己的錯誤做法，挽救了自己的婚姻。

雯莉在大學期間認識了她現在的丈夫，他們的戀愛進度很快，畢業後兩個人便踏上了婚姻的紅地毯，相處在同一個屋簷下。

婚後的生活溫馨和諧。但雯莉是一個不安於現狀的女人，本來她有著一個美滿的家庭，有著一份輕鬆體面的工作，如果換成別人，可能就會感到心滿意足了，可是雯莉並沒有。

有一天，雯莉在晚報上看到了一則外資企業的求才啟事，她把自己裝扮一番面試去了，沒想到一下子就成功了，於是她成了這家外資公司裡的一名正式員工。雯莉很有才華，隨著進公司年資的成長，她一路順利的節節高升，由主管到部門經理。如今的她，有公司的專車接送上下班，她的收入也明顯高過丈夫。

雯莉是一個受丈夫深愛的妻子。丈夫為體恤她的辛苦，擔起了所有家事。每天，丈夫走進家門的第一件事，就是繫上圍裙下廚房；有時候雯莉回家躺在床上撒嬌，丈夫還得坐在旁邊笑臉相陪；有時候雯莉由於工作不順心回家發脾氣，丈夫還得哄她開心；有時候因業務的需要，雯莉幾天不回家，丈夫就要一人獨守空房。

丈夫很體貼她，總是很小心的看著她的臉色行事。這常常讓雯莉感到生活真是太幸福了。

雯莉沉浸在自己的幸福之中，卻忽略了丈夫的感受。她的一切有丈夫包容，可是丈夫的一切卻無人包容，他只有不斷的自我調節，獨自忍耐。這種長時間的克制與隱忍使丈夫日漸沉默寡言，雯莉有所察覺，卻不明其理。但丈夫這個樣子卻又令她十分心疼，她知道丈夫思念家鄉，於是她向丈夫提議他們一起回老家看看，丈夫欣然同意。

婆婆看到他們的歸來，欣喜萬分，急忙下廚做飯，一碟碟的美食佳餚端上桌來。吃飯時，婆婆從冰箱裡拿出了兒子最愛吃的「臭豆腐」。丈夫看了雯莉一眼然後搖搖頭，他知道妻子最討厭那種氣味。

「下次你一個人來時再吃吧，我幫你留著。」婆婆若有所指的接著說，「男人在外奔波，也很不容易啊！」這時，雯莉察覺到丈夫的眼圈有點發紅。

雯莉突然心裡有所感觸，她突然發現自己在丈夫面前只是一味索取，卻從沒有真正的付出，特別在自己的事業日漸高升的今天，更是忽略了對丈夫的關心體貼，忘卻了一個人妻應該做的事情。於是，她決定嘗試「扮演」一回婆婆。

這一天，雯莉特意提前下班，準備了一桌豐盛的飯菜，還把一盤「臭豆腐」放在醒目位置。丈夫回來後，她已經給他準備好拖鞋和洗澡水了。吃飯時，她忍著臭味，專注的看著丈夫有滋有味地吃著最愛吃的「臭豆腐」。丈夫的眼圈又紅了。

從此，撒嬌不再是雯莉的專利，丈夫也不再刻意掩飾失意和哀愁。

家庭的溫馨和親情的馥郁，永遠都是我們最渴望、最迷戀的生活內容。推掉那些不必要的應酬和令人頭痛的聚會，把更多的時間花費在與家人的共處上，這對任何一個有家的人都是非常必要的。

結婚，不只是做別人的丈夫或妻子，而且也是和一大串親戚與許許多多責任的結合。只有將心比心，換位思考，妥善處理、靈活協調好各種關係，方有家庭的幸福和祥和。

郁美是一名記者，事業心很強，經常出去採訪，回到家中又得忙家事，和丈夫的交流自然就很少。

一天，郁美沒出差，難得一家人在一起過週末。兒子忽然問：「媽媽，怎麼妳一在家裡，智紅阿姨就不來玩了？」

「智紅阿姨是誰？」小美問丈夫。

「是我們公司剛來的新人。」丈夫的回答帶著些不好意思，臉有點紅。

郁美沒有再追問，只是哄著兒子說：「下次我們請智紅阿姨來玩，好嗎？」

郁美心想自己對丈夫如此信賴，可他竟……郁美心裡很難受，真想和丈夫大吵一頓，或者離婚算了。

但過了一會兒，郁美情緒冷靜下來，認識到自己經常在外，對兒子和丈夫照顧得很不夠。何況自己並不能肯定丈夫和智紅的關係。如果不分青紅皂白的和丈夫吵鬧，倒顯得自己沒度量了。

這天晚飯，她特意弄了幾個丈夫最愛吃的菜。

飯後她把孩子哄睡了之後，依偎著丈夫靠在床上，輕聲的說：「我經常外出採訪，讓你一個人在家帶孩子，實在太難為你了。我不在時你肯定很寂寞，就像我孤零零的一個人睡在旅館裡一樣。

現在我靠在你身上才覺得好踏實，沒有你的支持，我的工作一天也做不好。」丈夫一聲不吭，憐愛的撫摸著郁美的頭。

郁美輕聲問：「我們週末請智紅一起來吃晚飯好嗎？」丈夫面有難色。

「你還不放心我嗎？我不會讓你為難的，更不會去為難她。」

週末，郁美又一次親自下廚。智紅來了，郁美熱情款待了她。臨走時，郁美特地讓丈夫看孩子，自己獨自一人把智紅送下樓，拉著她的手說：「怪我自己工作太認真了，對他缺乏照顧，謝謝妳常來陪我們的寶寶玩，也幫忙照顧他。看妳這樣溫柔可愛，不知道哪個好男人會有福氣娶到妳。好了，不遠送了，有空歡迎妳常來玩。」一席話讓智紅既感激又慚愧。

後來，智紅找了個帥氣的男友，他們與郁美夫婦成了很要好的朋友。

郁美沒有和丈夫翻臉大鬧，而是給丈夫留了退路，體貼入微的照顧丈夫，使本來面臨危機的夫妻關係回歸於融洽。郁美的「心計」，讓她既拉回了丈夫移情的心，又多了一個朋友。

性是女人不可缺少的一種戰術

有人說：「性對男人很重要。因為始終有種原始的慾望在驅使著男人……就好像吃飯一樣，當想到一些美食，食慾會大增。但當你吃完一碗牛肉飯，感覺飽了就不會餓。」

大家都知道，刺激物可以激發大腦產生高度的震波，即所謂的熱忱、創造性想像力、強烈的欲望等。

曾經有人做過一項研究，利用各種事物或現象激勵人們，使之做出回應。將最容易激發人們心理反應的刺激物列出來：

1 表達性的欲望。
2 愛。
3 對名譽、權力、經濟利益或金錢的強烈欲望。
4 音樂。
5 同性或異性間的友誼。
6 為了精神或世俗成就，兩人或多人和諧組成的社群。
7 共同的苦難，如受迫害的經歷。
8 自我暗示。
9 恐懼。
10 毒品和酒精。

從這項研究可以看出，在以上清單中，居於首位的是性的表達欲望，它最能有效地增強心念，啟動行為的開關。所以說，性激情極有可能是所有心理刺激物中最強、最有力的一種。

曾看過這樣一個故事：

一位作家五十多歲了，他的夫人是個畫家，比他小十歲。由於她很會保養，所以到了中年還是「豔光四射，嬌俏亮麗」。作家充滿了陽剛之氣，畫家夫人則溫柔有加，由於那位作家經常發表一些文筆犀利的文章，難免招惹來一些指責，難免有的時候就顯得很煩惱。當他憋著一肚子不痛快，氣呼呼的回到家裡時，畫家夫人總是以她那輕盈的步態、甜美的笑容、娓娓動聽的語言回應他。此時，他好似經受風浪襲擊後歸航的船隻停泊在寧靜溫柔的港灣裡歇息，煩惱很快就煙消雲散。到了傍晚她常特意在席夢思床上撒上一些粉紅色的玫瑰花瓣，營造一種愛的氛圍，讓丈夫排除煩惱，從而進入「情色」的意境中。有的時候，丈夫因外出參加一些社會活動而晚歸了，她也會在餐桌上留張字條：「酒在櫃子裡放著，菜在蒸籠裡熱著，你的夫人在被窩裡睡著！」這就是一種典型的夫妻之間的「情色文化」，多麼富有內涵，多麼富有情趣，散發出一種迷人的「情色芬芳」。假如夫妻倆一直生活在這種情色文化環境裡，自然會延年益壽，愛意長存，白頭偕老。

因此，作為女人，哪怕妳已經是個很有名的女人、女經理、女政務人員，無論妳在外面多麼的雷厲風行，多麼的不可一世，但當妳回到家裡的時候，妳應該盡量顯現出女人柔美的風姿。要知道，獲得男人的寵愛是妳的榮耀，它並不遜色於妳在事業上所取得的成功。

從醫學角度看，夫妻間和諧美滿的性愛會增強人體的調節功能，使內分泌相對平衡，生理功能正常運作，從而避免過早衰老，反之，缺乏和諧的性愛，甚至關係緊張的夫妻，就很可能削弱正常的生理功能，罹患各種疾病，從而引起中樞神經、消化、循環、泌尿、免疫等系統的機能過早衰退。

從心理學角度來說也的確如此。著名的心理學家馬科斯認為，夫妻倆結婚後的頭幾年裡，往往很幸福，因為在這段時期，在性愛前的「情色」營造上顯得很和諧，但到了五十歲就進入友誼、理解和相互幫助時期，此時是另一種生物成分在起著作用。同時，由於形形色色的原因，「性慾」開始減低。性慾的降低，會使人的情緒低落、失眠、食慾降低、酗酒、亂吃藥等，進而導致身體疾病，如胃潰瘍、腹瀉、出血、皮疹、脫髮等現象。馬科斯對罹患梗塞性疾病的夫妻的家庭情況調查表明，其中百分之三十五的患者是因「性慾」喪失而分居甚至離異。

所以，性是愛情、婚姻幸福的催化劑，不可刻意去迴避。在傳統觀念中，性在婚姻生活中有著不可替代的地位，似乎無性就沒有婚姻，也就談不上幸福的家庭生活，一個人缺少幸福的家庭生活，那麼，這個人就缺少了向前拼搏的動力，他的意志會變得消沉，潛力就難以得到發揮，那麼成功對他來說更是無望之談。

因此，我們必須正視一點：性是一種必然的存在，性慾是人類的一種本能欲望，性行為是人類生存和生活的一種強烈需要，它是「生命意識」的最高表現。所以，性是女人不可缺少的一種戰術。

第三章　有「心計」的女人懂打扮

西蒙・波娃說：「女人，不是天生為女人，而是後天成為女人的。」

很多女人總是以為容貌是天賜的，是無法改變的，但每個女人都渴望面若三月桃花，渴望宛如紫羅蘭散發淡淡幽香似的優雅……其實，這些都是可以「妝」出來的。俗話說：「三分妝容，七分打扮。」幸福女人都是打扮出來的。有心計的女人懂得打扮，得體的打扮讓女人魅力四射卻又不留痕跡，如天然去雕飾的「出水芙蓉」。

針對場合精心著裝

雖然著裝只是女人生活中的一個細節問題，但它的作用卻不能忽視。一個人應該把著裝看得像洗臉一樣重要，任何一個細節的忽略都有可能損壞妳的形象。相反，如果能夠根據不同的場合以及本人的氣質、外形進行修飾，去蕪存菁、揚長避短，就能穿出自己的氣質和魅力。

活潑開朗的女孩繪晴，平時愛翻閱時尚雜誌，穿著自然不乏新潮和前衛感：薄紗的洋裝、小碎花的百褶裙、改良後的中式旗袍，還有雪紡印花襯衫、軍褲和無後跟鞋……她的風格一向是多變的。剛開始的時候，那些女同事對她的穿著還很羨慕，不時的誇獎幾句。但漸漸她發現，與同事聊起最近的流行潮流，別人都是一副隨意附和的樣子，沒什麼熱情，甚至還流露出不屑和嫉妒的眼神。

而更讓她煩惱的是，她那脾氣暴躁、行為古板的男上司，從一開始就對她的穿著表現出反感，多次提醒她要注意自己的形象。

繪晴壓根兒沒放在心上，她想這又不是銀行、學校、法院，穿那麼中規中矩做什麼？既然大家互不欣賞，那就各自忙各自的就好了。從此，繪晴和同事慢慢疏遠了，上司對她的印象也特別差，她稍有過失便惹得上司大發雷霆。明明是他給的傳真號碼不對，他倒怪繪晴發錯了地方。繪晴剛把忙了幾天才寫好的報告交給他，高興的收拾好辦公桌準備去吃飯，卻看見上司氣沖沖的從辦公室走出來，把剛才的報告扔回桌上，當著大家的面指責她的錯誤，並要求她馬上修改妥當……

後來，繪晴不得不放棄了這裡的高薪工作，離開了這個傷心的地方。其實，她不知道，是她的服裝出了問題。

還有一個類似的故事：

李雪向她的朋友抱怨說：「客戶總是不太接受我的建議。」朋友打量了她一下，發現她穿著一件粉紅色很可愛的運動上衣，像個小女孩一樣，就問：「妳去見客戶的時候也穿成這樣嗎？」她感到很奇怪：「差不多吧，這有什麼關係嗎？」

其實，問題恰恰出在這裡，在不了解對方的情況下，客戶對一個穿著像小孩般的女性所提出的建議其信賴程度會有幾分呢？即使她提出的方案再有效，那樣的裝扮，在商討嚴肅工作時，也很難給人以信任感。

後來，在朋友的建議下，李雪改變了自己的著裝風格，向穩重大方的職業套裝靠近，客戶對她的態度果然有了很大改變，她的職場生涯又邁上了一個新台階！

由此可見，服裝能在視覺上傳遞人們所屬的社會階層的資訊，也能夠幫助人們建立自己的社會地位。因為人們都喜歡把服裝與人聯繫在一起，穿著出眾的人就意味著有良好的職業、較高的收入、一定的社會身份、高品味的生活。而那些衣衫不整的人，往往就會低估他們的能力和生活品味。不能不說，服裝是事業的推動器，因此要想在職場上加大妳的競爭力，除了能力之外，也要在衣著上下一些工夫。

服裝是一種強烈的、顯著的信號，它向外界折射出許多個人資訊；服裝也是有力的溝通工具，它用非語言表達的方式讓我們順利與人交流。

從前外交官，到聯合國國際職員；

從一窮二白的留學生，到羽西化妝品公司的行銷總監；

從世界五百強跨國公司副總裁，到國際時尚品牌的執行長兼首席設計師；

從紐約時尚評論家，到將「私人衣櫥顧問」概念引入的第一人；

從官員的禮儀著裝顧問，到時尚激情字典《衣儀天下》的作者……

她，就是沈宏。

沈宏剛剛到達美國紐約的聯合國總部，就被告知：每天都要換衣服，而且一週內的著裝不可重複。這是對政府官員、大公司職員的基本要求。

沈宏馬上接受了這一要求。從此，沈宏就備著一個小本子，把每天穿的衣服和搭配都記下來，寫成著裝備忘錄，以免重複。因為她明白，她的衣裝不僅代表她個人，也代表了整個國家的形象。

由此可見，服飾在社交中起著非常重要的作用。作為服飾，它覆蓋著一個人接近九成的身體面積，往往當我們還沒有看清或觀察到對方的容貌，來不及揣測對方的心理狀態時，大面積的服飾已經給出了我們重要的提示。無論妳喜歡與否，在未來社交中起著決定作用的是妳留給他人的第一印象。妳的信譽以及妳終生在他人心中所處的位置，往往都是透過最初的印象建立起來的。

在現代快節奏的生活中，我們很難對初次交往就沒有興趣的人再進行第二次、第三次和長期交往，因此運用服飾能力就顯得尤其重要。在極短的時間裡給人留下的印象就決定了妳的社交是否成功。

穿好服飾也是一種能力。有些人之所以出眾和迷人，除了修養和氣質之外，他們對時尚流行的敏感度，對服飾搭配的控制力，似乎有天生的獨特的駕馭能力。其實，主導這種駕馭力的最重要因素是個性，是修養，是內涵。服飾是思想和個性的形象表達，無論流行什麼風格，這些人都能用自己的思想和個性主導自我的表達風格，他們最擅長的是揚長避短，能夠選擇出襯托自己體形、氣質和身份的服飾裝束。有個性的人具有個人獨特的思想，他們喜歡表達個性，也喜歡不斷的嘗試創新，喜歡和別人不一樣的感覺。久而久之，越來越富有個性的創造性，反而越來越有獨特的品味、個性和氣質。

個性與品味是一個人穿著的內涵，是顯示一個人的內在的一種精神，是一個人鮮活的一種外觀表達。特別是那些缺乏個性、沒有修養的人，儘管身穿名牌，卻仍然是空洞的，沒有靈魂的，甚至是庸俗和令人生厭的。

總之，服飾是一個人的品味、感情、心態、個性等集中的物化展現，具有強烈的社會屬性和文化屬性，同時也是一門藝術，像學習其他藝術一樣，同樣需要了解基本常識和正確的實踐運用。學習和運用服飾給自己做廣告，把學會塑造和控制別人對妳的印象當做生活中一件重要的事情，是智慧穿著的展現。

絲巾是女人隨風舞動的溫柔

絲巾是女人隨風舞動的溫柔，總在不經意間輕輕流露。每條絲巾、每種繫法都反映著女人不同的心態和不同的情懷。

絲巾除了保暖，更多的還是裝飾，它不只是實用品，更是裝飾品。恰巧這種裝飾品的費用並不高，所以，有順眼的買下來，像小女生收藏自己的玩物，越多越好。

作為一名公關經理的徐靜，是一個愛美的女人，愛美的她對絲巾情有獨鍾，她的絲巾有幾抽屜那麼多。每次打扮時她總是變化著不同的繫法。上次隨意繫了個結，這次在打結前還來個左纏右繞。絲巾一經纏繞，色彩無章法的翻扭，便有種魔術般的魅力。

有一次，徐靜穿了一身黑，全身上下顯得過於顏色，她就選了一條長條形黑色底帶有醒目白色花紋的絲巾。她把絲巾在脖子上繞了兩圈，然後讓它自然隨意的飄逸在胸前，隨身體的運動而自由飄動。白色圖案顯眼，黑色莊重，整體效果顯得既時尚又有女人味。

為了搭配的方便，她還為自己準備了三條純色的絲巾，紅、黑、白，在需要的時候，它們就會起到畫龍點睛的作用。

絲巾就是這樣，能讓一身平庸的打扮頓生光彩，也會讓原有的光彩再錦上添花。做個絲巾美人特別划算，有時就是花最少的錢，立刻顯現出最意想不到的效果。

絲巾具有極強的創造力。在與各色服裝搭配時，稍加變換，就能為女人帶來或溫柔優雅、或精緻華麗、或中性帥氣、或天真浪漫等不同氣質，盡顯無限風情。看似微不足道的小小絲巾，一旦飛舞在妳的頸間，便具有了打動人心的魔力。

一條條美麗絢爛的絲巾，彷彿一朵朵盛開的鮮花，又似一個個溫婉清麗的女人，飄出千種風情，揚出萬種溫柔。絲巾的美與情趣，和女人的生命一樣多姿多彩。

絲巾不僅是女人的一種美麗物語，更是一件實用的重要配飾，可以在特殊的、緊急的場合改變服裝的涵義和精神，我們可以透過不同的絲巾、不同的繫法，使尋常穿著變得不同尋常。

最傳統、最常見的絲巾用法是在胸前結成各種款式和花樣，也有人以三角形披在肩上，更有人喜歡折成細條綁於頸間，甚或有人把柔軟的絲巾當成帽子、腰帶。

這更充分展示了絲巾的可創造性，折疊之間萬千變化，但可創造不等於可隨便創造。在搭配絲巾與服裝時我們要注意以下幾個重點問題：

一、注意絲巾的顏色與衣服搭配

通常，衣服與絲巾的色彩搭配在同色系的範疇內，能展現穿搭的整體一致性。也可以採用對比色搭配法，如紫色配黃色、黑色配紅色等，雖然並非同色系，但若搭配得當，也會有意想不到的驚喜效果。

二、注意絲巾的印花與衣服搭配

素色衣服用印花絲巾搭配也是一種不錯的方法，可展現知性、典雅、端莊的整體風格，還能增加服裝的活力與時尚感，同時，絲巾品質優劣也可提高服裝的品味。

不過，這種印花絲巾搭配方法要注意，絲巾上至少要有一個顏色和服裝的顏色相同，以達到與整體呼應和協調的作用。

三、注意印花的方向

當服裝與絲巾上都有印花時，比較難搭配。這時我們要注意，服裝上的印花與絲巾上的印花一定要有主次之分。通常以絲巾的印花為主，服裝的印花為次。另外，如果服裝和絲巾的印花方向相反，最好不要搭配在一起。有條紋和格子的絲巾搭配尤其如此。而簡單條紋或格子的衣服比較適合無方向性的印花絲巾。

四、當衣服的花色繁多時

如果衣服本身花色繁多，就應該搭配素色絲巾。這時應挑選一款與衣服印花上最突顯的顏色相同的絲巾，或者選擇與之對比顏色的絲巾。

配飾是女人無言的誘惑

在女人眼裡，飾品是一種情調，也是一種浪漫，更是一種永恆的魅力和誘惑。飾品常常作為女人友情的見證、愛情的信物或情趣的選擇，對於女人來說任何一件有意義的飾物都值得恆久的佩戴和珍藏。

飾品在打扮中有許多巧妙的作用，不僅可以裝飾和點綴服裝，而且可以調整平衡，突出和烘托服裝的某些藝術特點，起著和諧、均衡、對比、互補的美化效果。

生活中，很多女性只顧著在或華麗或民族或淑女的服裝上做著美麗的投資，卻忽略了配飾的重要。儘管有特點的首飾可能會比服裝貴，但一件首飾可以搭配許多服裝，且不容易過時而能長期的佩戴。

同樣的服裝，只要換上不同的配飾，就會展現不同的服裝魅力，並不需要從頭到腳全部換新才能達到展現不同風情的目的。配飾有時候是一種點綴，有時候是一種點睛，只要選擇得當，一件好的配飾是比服裝更好的投資。

在我們身邊就有很多時尚的女人，對隨身小配件具有強烈的喜好和高標準的要求。她們可以穿打折時買的花費較多的錢，因為她們相信細節決定一切，細節可以讓真正有光彩的人散發出更加迷人的魅力來。

對打扮之道頗有心得的明星劉嘉玲，在一次採訪中道出了自己對細節的重視。她認為細節的美麗是無法替代的，如果有人不修邊幅，頭髮凌亂、戴劣質手錶、穿著勾絲破洞的襪子，這將是一件多麼讓人難堪的事情。因此，在很多時候，一個上不得大檯面的細節，就像一處小小的敗筆會毀了一篇美文那樣破壞整體的美感。如果在細節處多花點心思，就能展現自己在穿衣打扮上的精緻。也許，妳的積蓄還無法承擔高額的名牌置裝費用，那麼教妳一個聰明的小竅門就是在一些小配件上先將自己包裝起來。其實，一些小細節是非常值得投資的。

一、首飾

佩戴首飾的目的在於點綴服裝的精美，同時又能掩飾身體的局部缺陷。首飾與服裝配合時，要特別注意風格的整體性。比如，深色晚禮服可以佩戴一些鮮豔奪目的珠寶首飾，如鑽石耳環、鑲鑽石的胸針、紅寶石吊墜及白色珍珠項鍊等，這樣便會在莊重中凸顯出超凡脫俗、高貴華麗的氣質。而淺色禮服一般不會佩戴鮮豔色系的珠寶首飾，如紅寶石等。相反，淺綠色的翡翠戒指、黃金項鍊、淺藍寶石吊墜及粉紅色的珍珠飾物等則可在純潔的氣氛中增添幾許嫵媚和溫馨。通常，黃金、白銀及潔白的珍珠、透明的鑽石等，均為萬能的中間色，可與任何顏色的服裝配用；而白玉、紫水晶、紅寶石、翡翠綠等寶石首飾，則應根據時裝顏色來選配。如穿墨綠色絲絨的旗袍，胸前佩戴瑪瑙鑲金邊的別針，會產生「萬綠叢中一點紅」之感。

與服裝搭配的各種飾品一般不宜過多，否則會喧賓奪主，必須使其處於陪襯地位。一條精緻的項鍊在一套素色服裝上就可以起到點綴、亮眼的作用，但如果再配上手鐲、胸花、腰帶，那麼，它們的精緻程度、反光亮度以及顏色都各不相同，反而會顯得俗氣；若再加上濃妝豔抹、舉止輕浮，便成為不正經的女性形象了。

此外，佩戴首飾還應該考慮首飾的質地和自己的膚色的相襯。較深的膚色，配上質地為銀白色的首飾，會顯得和諧穩妥。性格沉靜的少女，佩戴金色的首飾，能使人更覺高潔、文雅。一般說來，少女配上有一點顏色的琺瑯首飾，會顯得活潑、伶俐。但值得注意的是，一些在公共場合工作的人，如公關小姐、管理階層人士戴上與服裝顏色相近、大小中等、形狀線條簡潔的珠寶首飾，會營造出一種幹練與柔和統一的氣氛；但相反的，若是配戴過大或過分閃耀的大粒鑽石、紅寶石首飾則會給人一種咄咄逼人的感覺。一般人在工作之餘或在一些輕鬆愉快的場合往往喜歡穿便服，這時戴一些不太突出的、由一般的寶石或人造寶石鑲嵌的首飾是較為和諧的；相反，如配戴一些過分奪目的貴重寶石，如紅寶石、翡翠等，則會顯得不協調，會破壞輕鬆的氣氛。這種場合穿戴件數過多的珠寶亦無益處，會給人一種雜亂的感覺。

二、帽子

帽子的色彩選擇上最好與衣服是同一色系，不僅顯得色彩協調，最重要的是可以使人顯得修長、高挑。但是要切記，膚色偏黃的人不適合黃綠等色調，紫色的帽子有的時候也會令黃皮膚越發暗黃，或者使蒼白皮膚越發蒼白，要慎重選擇。皮膚白皙的女性選擇彈性非常大。

一般來講，圓臉形的女性為了讓自己臉部看起來更有線條，可以選擇較高帽冠、不對稱帽簷的帽子，這樣會使臉形顯得立體；方形臉的女性可以選擇比較鮮豔的帽冠和不規則邊緣的帽子，這樣看上去能因為線條的參與而使臉部的輪廓顯得柔和；長臉形的女性由於臉形的弧度比較窄，所以不適合戴帽簷太窄的帽子；三角臉形的女性由於下巴比較尖，所以適合戴高帽冠的帽子，但一定要選擇帽簷適中的款式，因為如果帽簷太大，反而會對比出臉形的窄小，視覺效果會受到影響。

三、手套

手套不僅禦寒，而且是衣服的重要佩飾。手套顏色要與衣服的顏色相近。穿深色大衣，適合戴黑色手套。女士在穿套裝或禮服時，可以挑選薄紗手套、網紗手套。女士在舞會上戴長手套，不要把戒指、手鐲、手錶戴在手套外；穿短袖或無袖服裝參加舞會時，一定不要穿戴短手套。

四、圍巾

深色的西服套裝，雖然足夠端莊，但是常常會使人膚色發暗。在正式場合雖然讓人覺得十分得體，但也很容易埋沒我們的個性。這種時候，那些絲質的絲巾往往可以派上用場，它們在這個時候往往會增添我們的活潑度與品味。比如，藏青色服裝可以搭配純白色的綢緞圍巾，不僅高貴典雅，同時還趁多出了皮膚的白皙。銀灰色的服裝看上去容易使人平淡、呆板，但如果搭配不同顏色的絲巾就會有不同的效果。稍胖的女性可以搭配深色絲巾，這樣視覺上會顯得纖細很多，而比較瘦的女性可以搭配紅色絲巾，這樣顯得有活力而生動。如果穿紅色的毛衣，可以用黑色透明的絲巾壓住紅色，從而不至於太刺眼，還能讓膚色白皙，更顯得美麗典雅。如果是乳白色的毛衣，下搭色黑褲子，圍一條玫瑰色圍巾，會使人覺得高貴得體，對體形修長的女性來說更加適宜。至於那些羊毛、長毛和鉤針編織的圍巾，不宜與較薄的衣服搭配。但毛呢大衣、羊絨大衣圍上針織花紋的大圍巾，卻能顯得很端莊。要記住：大衣顏色深，圍巾就可以鮮豔些，彌補大衣色彩上的不足；而如果大衣顏色淺，則可以用色彩素雅穩重的圍巾，使大衣顯得較為正式。

五、錢包

當妳掏出錢包付帳的時候，是否會下意識地檢查錢包是否依然體體面面？由於錢包的「出鏡率」極高，很容易引起別人的注意，因此，在皮質和款式上都有較高的要求。皮質堅挺又不失柔軟的錢包容易塑造經典的錢包外觀，比較適合對生活有所要求的人使用。像知名品牌的經典錢包款式，素雅簡單的設計足以展現一個人精緻的生活態度。

六、皮包

女性出門總少不了帶個包。在注重裝飾的今天，女性的包遠遠超出了它的實用價值，成為女性服飾配套的一個重要組成部分，在整體形象中處於很引人注目的部位。擁有包的數量不必多，但品質要好。若是皮包，要注意皮質和腳上的皮鞋配套，顏色風格要與所穿服裝協調。如果妳穿著一套風格樸素的服裝，卻挎著裝飾華美的皮包，會有一種喧賓奪主、只見皮包不見人的感覺。相反的，如果妳穿一身華美的絲絨旗袍，卻提著一個塑膠包，則會令人迷惑不已。

七、手錶

有不少時尚女士是愛錶一族，對手錶的要求極高，不僅對手錶的新款資訊瞭若指掌，自己所擁有的手錶也不止一隻。手錶大致可以分為時尚錶和運動錶兩類，在穿著不同風格的服裝時也應當考慮到手錶如何得體的做搭配。除此之外，手錶的收藏價值也不容小覷。一些為紀念特別的人物或事件推出的紀念版手錶更是收藏家的最愛。

八、襪子

襪子的角色向來是很尷尬的，作為一個不是很顯眼的裝扮配件，襪子很容易被人忽視。雖然襪子總是藏在皮鞋的裡面，不容易露臉，但如果在需要脫鞋的場合，讓人發現妳襪子上不可告人的祕密，想必那時的尷尬會讓妳無處藏身。像女士的絲襪如果勾絲破洞，總讓人覺得有些不雅。因此，有品味的女士對襪子的角色應當有所警覺。多花點心思在襪子上吧，因為選一雙質地好的襪子也許會比選一雙鞋更加實在舒服。

對於配飾，切記不可隨便的往身上一戴就可以了。這樣，不但起不到畫龍點睛的作用，反而會使妳成為人們眼中的小丑。因此，為了便於搭配服裝，可以將搭配分成以下幾種風格。

一、可愛風格

既然要「粉嫩」，就要統一，糖果色配飾當然是最佳選擇，可愛的圖形，嬌豔的顏色，粉嫩無敵。

二、名媛風格

珍珠材質、花朵造型都是基本款式，顏色以黑、白、自然色為主，耳環體積不宜過大，製作一定要精細。

三、運動風格

運動風格的裝扮為了要擺脫中性的感覺，就要適當點綴一些甜美的配飾，但是又不能太嬌嫩。用髮帶裝點馬尾，用彩色項鍊強調女人味，休閒裝扮同樣適用。

四、日系街頭風格

日系街頭風格講究個性和混搭，顏色鮮豔，材質多樣。配飾要誇張、濃烈，金屬色和大紅大綠等鮮豔顏色必不可少。造型要簡單簡單再簡單，這樣才不會因為顏色而顯得俗氣。

我們可以按照以上的幾種風格為自己的服裝搭配合適的配飾，為自己的裝扮錦上添花，從而使自己更加嫵媚亮麗。

女人身材好，幸福的感覺會更好

「窈窕淑女，君子好逑。」從古到今，人們無論是審美還是判斷女性的魅力，都把體態的苗條放在僅次於容貌魅力之後的一個標準，苗條的女性也會得到許多人的青睞。所以，女人們總希望自己能夠變得更漂亮一些，總希望自己的體重能夠再輕一些。可以說，對於容貌和身材，女性是永不滿足的，或許這也正是女人的特別之處吧。

可是現今許多人認為「瘦就是美」，在這種觀念的推動下許多人加入到了減肥的行列，也使得一些減肥藥、塑身公司或手術等盛極一時，並把減肥當成能擁有平坦的小腹、修長的玉腿、纖細的腰身、豐滿的胸部、頎長的手臂等美麗夢想的捷徑。結果往往是體重下來了，可是曲線卻並不能如願。究竟怎樣的瘦才是美？應該怎樣塑造曲線的魅力呢？這需要妳掌握以下小心計：

一、「乳」此動人

做女人還是「挺」好。柔和而豐滿的線條，結實挺秀而又有彈性的輪廓，會給人無限的視覺美。而決定乳房的形態美，主要有形體、大小、位置等要素。女人的乳房形態大約有三種，即圓錐形、圓盤形與半球形。半球形乳房是指乳房基底圓的半徑與其高大致相等。乳房若過於下垂或位於外側就不算美。如果半球形乳房下部曲線弧度稍大、圓更為豐滿，乳頭在第四肋骨處，則被視為最標準的乳房。

要想有迷人的「挺胸」，一定要穿戴有較強承托力的胸罩，更不能因為貪圖涼快而不戴胸罩，而且要常做胸部運動，讓乳房長期保持的結實和彈性。此外，還要經常按摩乳房，使其豐滿堅挺，主要手法有按壓大椎穴、旋轉按摩法和輕壓法。下面介紹輕壓法的具體步驟：先用右手托住右乳房，再將左手輕放右乳房上側，右手沿著乳房用掌心向上托，左手順著乳房向下輕壓，二十次以後，再按摩左乳房。此法可增加乳房彈性，有益於乳房發育。上述方法如在洗浴時進行，效果更好；如堅持三個月，一般可使乳房隆起一、二公分。

二、女人「腰」身一變

腰是運動的核心，腰部的動作極富優雅感與韻律，因為它承上啟下，有蜿蜒舒展之妙，予人以無限的遐思。因此，細腰成為美人的一大要件，古人以「小腰」、「纖腰」、「楚腰」等形容美女腰部的柔軟和纖弱。柳腰迷人，在於細腰能更好的襯托出高聳的胸和豐滿的臀，讓凹凸有致的雙曲線更誘人。故有「腰枝風外柳」、「纖腰婉若步生蓮」之嘆。一般說來，女人的腰圍等於身高乘以零點三七最為合適。

擁有纖腰是每個女人的夢想，許多健身專家都有這樣的結論：相對於腿部而言，腰腹部是最容易瘦下去的部位。纖腰最實際的做法就是做運動，只要動作到位，並結合飲食控制，一個月就能有明顯效果。

美國專家認為，美好身材應符合黃金分割定律，即上身與下身之比為零點六一八比一，而且骨骼發育正常，肌肉發達勻稱，皮下脂肪適當，五官端正，與頭部比例協調，雙肩對稱圓潤，胸廓隆起，背面略呈倒三角形。

健美專家對美女體形的要求與美學專家大同小異，認為現代美的標準要展現曲線美，主要內容包括：

骨骼勻稱——體形是以骨骼為基礎的。頭、軀幹、四肢的比例以及頭、頸、胸的聯結適度，上下身（以肚臍為界）的比例符合黃金分割定律。

肌肉強健協調，富有彈性。

雙肩對稱、渾圓健壯、微顯下削，無縮脖和垂肩之感。

脊柱正視呈直線，側視具有正常的體形曲線，肩胛骨無翼狀隆起和上翻的感覺。

胸廓寬厚，胸部圓隆，豐滿而不下垂。腰細而有力，微呈圓柱形，腹部呈扁平，標準腰圍比胸圍小約十三。臀部飽滿緊實微維上翹，不顯不墜。

下肢修長，兩腿無盤曲之感。雙臂骨肉均衡，四肢柔軟，十指纖長。

整體無粗笨、虛胖或過分纖細的感覺，重心平衡，比例協調。

知道了塑造體形的原則之後，我們在日常生活中可以透過以下方法來達到自己瘦身塑體的效果。

1　耳部控制食慾的穴位，髮際線正後方，被稱為耳珠的小突起處斜面上，突出的軟骨正中央的位置，被稱作飢點。每日按壓五下左右，可有效減少食慾。一次五秒鐘按壓五下，在飯前三十分鐘進行效果最佳，減重的效果因人而異。

2　晚上看電視的時候順便按摩腳底，不僅可以保健，還可以有效降低食慾。

3 乘公車時，可以腳尖提起站立，這樣可鍛鍊腿部肌肉，讓腳腕纖細健美。

4 跳一小時的舞，使身體各部位都得到活動。每天跳舞後，感覺全身都變瘦了，對塑體十分有效。想要更加苗條，只需認真的舞動一番即可！認真跳一小時的舞，可以消耗八百三十六千焦的熱量，這也是一天消耗的最高量。堅持二十分鐘以上即可見效。在娛樂中達到運動的功效，一天一次，對身體十分有益。

5 吃飯時每口至少咀嚼二十下，可有效減去臉部脂肪。因此，有狼吞虎嚥的吃飯習慣的人想擁有小臉就要盡快改善。

6 想遠離肥胖的困擾，游泳是不錯的選擇，自由式是時間最短且熱量消耗大的一種。平常十二分鐘的自由式游泳，可以消耗八百三十六千焦的熱量。

7 每日一萬步的步行能保持體形不復胖，行走時以感覺稍微有些出汗的速度，每天可消耗熱量八百三十六千焦，一個月就可以減重一公斤。換算成時間，相當於每天行走二個小時，可以用略快於平常的速度行走四公里的距離。在台階等有坡度的地方行走更為有效。

8 拉伸運動減肥的效果不錯，一般以一次堅持七秒鐘效果最好。當然了，我們還可以選擇適合自己的運動量，值得注意的是拉伸運動如果在中途放棄會造成反效果，所以大家開始之後一定要堅持到底。

9 有氧運動是一種效果出眾的減肥方法，因為有氧運動能充分燃燒體內脂肪，並不斷輸送氧氣到身體各部分。像慢跑、游泳、散步等都屬於有氧運動，我們可根據不同條件選擇。慢跑二十分鐘以上就能顯現出效果！

10

在攝氏三十七度的溫水中進行二十分鐘的半身浴能啟動體內循環，加快新陳代謝。悠然自得的沐浴於水中，可有效促進汗液排出，令妳從內至外都嬌豔照人。浴缸中二十分鐘的浸泡很有減肥功效。如果妳不喜歡運動，那麼就用簡單易行的半身浴來完成減肥任務吧！

總之，只要妳用點心，懂點小方法，擁有好身材是一件非常容易的事。

坐姿裡也有「美人計」

坐姿也是儀態的主要項目之一，無論是伏案學習、參加會議，還是會客交談、娛樂休息都離不開坐。坐姿講究「坐如鐘」，指人的上身像座鐘般端直。優美的坐姿能表現出體態美，也展現出行為美。無論入座、端坐和起身，這三個方面都要注意姿態美。

王豔麗憑著自己漂亮的臉蛋和甜美的聲音，很順利的在一個公司找到了一個櫃台的職位。

上班的第一天，她敲門進入公關部總經理的辦公室，總經理請她坐下的時候，她大剌剌的坐在椅子裡，背靠在椅背上。在與總經理溝通的過程中，她雙腿疊放，腳尖向外。總經理對她的坐姿很不滿，於是把她派送到一家培訓公司學習，內容的重點是坐姿訓練：坐在椅子上，立腰、挺胸、上身自然挺直，雙腿或緊緊合攏，或小腿分開一前一後。

王豔麗一直也沒覺得坐姿有多麼重要，透過培訓後，王豔麗意識到坐姿也是一種打扮，是一個人形象中不可忽視的要素，也是一個企業形象的縮影。

一個員工的坐姿已經不單單是個人修養的問題，而是一個企業文化制度和整體面貌的縮影。

很多企業的員工手冊中都規定了類似於以下的條款：

「工作場所坐姿須穩重，背要挺直，不應蹺腿抬腳、歪肩斜背或癱坐於椅子或沙發上，不准坐或倚靠在桌子或設備上，手不准放在口袋內。」有的公司甚至做了更詳細的規定。

對於上班族而言，尤其是對於女性上班族而言，優雅的坐姿是追求儀態美的必修課。因為從事以坐姿為主的工作的女性相對更多一些，比如辦公室會計、祕書、電腦打字員等，因此職業女性有必要了解更多的坐姿禮儀。

一、坐姿要求

1　如果坐在電腦桌或書桌前面，則要坐在座位的中央，腰部要靠在椅背上，把上半身的重量盡量放在臀部，背部要挺直，但不能僵硬，以減輕腰部的負擔。同時，胸部的肋骨稍拉高，肩部鬆弛垂下，下半身的體重就落在腳部了。

2　如果椅子不高不低，可以採用曲線形坐法。即：雙膝併攏，兩腳盡量偏向左後方，大腿和上半身構成大於九十度的角，再把右腳從左腳外面伸出，使兩腳的外線雙靠，體形則呈優雅的S形。

3　如果座位較高，可蹺起大腿坐，但上身仍然要保持挺直。具體方法是：左腿微向右傾，右大腿放在左大腿上，兩腳小腿緊靠，雙腿交叉，腳尖向地。

坐著時可以不時變換一些姿態，但不管如何變，都要端坐，腰挺直，頭、上身與四肢協調配合。尤其以下幾種情形和場景，務必特別注意：

①接待來訪者，聽人談話時，可以微側身軀，但頭不可太偏。雙手可以輕放在椅子或沙發的扶手上，也可放在一側的大腿上。

②與人交談時，身體要與對方平視的角度保持一致，以便於轉動身體，不得只轉動頭部，上身

仍須保持直立。

③如果在上司的辦公室或其他公司的接待室，遇到較低的沙發時，應走到沙發前，轉身輕輕坐下，臀部後面距沙發靠背約五公分，背部靠沙發。雙腿併攏，將膝蓋偏向說話的人，偏的角度視沙發的高低而定，但以大腿和上半身構成直角為原則。

④胸部自然挺立，挺腰收腹，肩平頭正，目光平視，女職員著裙裝時應雙腿併攏，斜放或平直放，雙手自然擺放在腿上。

⑤二郎腿一般被認為是一種不嚴肅、不莊重的坐姿，尤其是女士不宜採用。若採用此種坐姿，只要注意上邊的小腿往回收、腳尖向下這兩個要求，不僅外觀優美文雅、大方自然、富有親近感，而且還可以充分展現女性的風采和魅力。

二、坐姿的注意事項

1不可以全身完全放鬆，半躺半坐，更不可歪歪斜斜的癱在沙發上，這種坐姿是沒修養的表現。

2影響坐姿的還有兩腿的擺法。兩腿筆直前伸、雙膝分得太開、兩腿併攏而雙膝外伸、一腿盤在另一腿上不時抖動均顯得粗俗不雅。相反，若注意兩腿自然彎曲併攏，兩腿並列或前後稍微分開，就顯得大方、文雅得多。

3絕對禁止「四」字形的疊腿方式和用手把疊起的腿圈住的方式。疊腿且晃動足尖會顯得目中無人、傲慢無禮。

4 在坐椅上不能將雙腿叉開，伸得老遠，也不能把腳藏在坐椅下，甚至用腳勾著坐椅的腿。

5 兩手要放在兩腿上，不要插入兩腿間，也不要玩弄任何物品。

6 兩腿自然彎曲，不得蹺二郎腿，男士兩腿間距可容一拳，女士應兩腿併攏。兩腿和腳不要亂動或踏拍地板。

三、坐姿訓練方法

首先進行基本站立姿勢，後腿能碰到椅子的邊緣。然後把手放在大腿上，以保持平衡。彎曲雙膝，後背要挺直，坐到椅子上，不要把自己陷進椅子裡面。

如果腳還可以碰到地面，那麼，可以由保持基本立姿的雙腿變換成雙腿側放，可以向左，也可以向右；或者把一條腿放在另一條腿上，但在變換姿勢時，兩個膝蓋一定要合攏，千萬不能分開。

想要站起來，按照相反的步驟做就行了。但一定要抬頭、挺胸。

幸福女人也是髮型達人

有人說：「女人的頭髮是一面飄揚著形象和品質的旗幟。」的確，頭髮賦予女人的不僅是美麗，更是一種生命的象徵。

雖然上天雕琢了女人的五官，但也留下大把的青絲供女人們自由揮灑。或者長髮垂腰，或者編束成辮；或者挽成髮髻，或者燙成捲髮，或者俏麗短髮，或者帶點自然的凌亂，輕鬆隨意。可以說女人魅力的一半在頭髮上，好的髮型對女人的形象來說，比化妝和服飾更為重要。如果髮型與體形協調好了，就能夠起到揚長避短的作用，從而突出整體的美感，讓妳的魅力大增。

一、高瘦型：身材高瘦的女性容易給人細長、單薄、頭部小的感覺。這種身材的女性應盡量避免將頭髮梳得緊貼頭皮，或將頭髮高盤於頭頂，以免造成頭重腳輕的感覺。留長髮或有層次的短髮會是較為理想的選擇。

二、矮小型：身材矮小的女性給人一種小巧玲瓏的感覺。在髮型選擇上應以秀氣、精緻為主，避免粗獷、蓬鬆的髮型，否則會使頭部與整體的比例失調，給人一種大頭小身體的感覺。不宜留長髮，因為長髮會使頭顯得大。若要燙髮應將捲度做得小巧、精緻一些，而盤髮會在視覺上讓妳增高。

三、高大型：身材高大的女性給人一種力量美，但缺少苗條、纖細的美感。為適當減弱這種高大感，髮式上應以大方、簡潔、明快、線條流暢為宜。一般以直髮較好，或者不太蓬鬆的大波浪捲髮為最佳選擇。

四、矮胖型：身材矮胖的女性給人一種富有生氣的健康美，利用這一點可以選擇運動式髮型。但因矮胖者一般脖子較短，因此不宜留披肩長髮，盡可能讓頭髮向高度發展，顯露脖子以增加身體高度。

要想讓頭髮更好的展現妳的魅力，女性們還應做到讓髮型彌補臉形的缺陷和不足，而且臉形也是決定髮型的重要因素。選擇髮型時，首先要強調個人的臉部個性，突出臉部的輪廓，強化美的感覺。

一、長臉形：這種臉形的女性應該用優雅可愛的髮型緩解由於臉長而形成的嚴肅感。在髮型的輪廓上，頂部應平伏，瀏海宜下垂，使臉部變得圓一些，同時還要使兩側的髮量增加，以彌補臉頰欠豐滿的不足。對於臉形狹長的女性來說，捲曲波浪髮型可盡顯優雅的品味，應選擇鬆動而飄逸、整齊中帶點微亂的髮型。

二、圓臉形：這種臉形的女性可以透過增加髮頂的高度使臉形稍稍拉長，給人以協調、自然的美感。在梳妝時要避免臉頰兩側的頭髮隆起，否則會使顴骨部位顯得更寬。而側分、梳理垂直向下的髮型，直髮的縱向線條可以在視覺上減弱圓臉的寬度。

三、方臉形：這種臉形的女性在梳妝時可以以圓破方，以柔克剛，使臉形的不足得到修正。可將頭髮編成髮辮盤在腦後，使人們的視覺由於線條的圓潤而減弱對臉部方正線條的注意。前額不宜留齊整的劉海，也不宜額頭全部露出，可以用不對稱的瀏海消除寬直的前額邊緣線，同時又可增加縱長感。兩耳邊的頭髮不要有太大的變化，避免留齊至腮幫子的直短髮。

四、菱形臉形：這種臉形的女性可將額上部的頭髮拉寬，額下部的頭髮逐步緊縮，靠近顴骨處再設計一種大彎形的捲曲或波浪式的髮型，以遮蓋顴骨凸出的缺點。

五、三角形臉形：根據髮型與臉形的比例關係，梳理時要將耳朵以上部分的髮絲蓬鬆起來，用噴髮膠或定型劑可以達到這種效果，這樣能增加額部的寬度，從而使兩頰的寬度相應的減弱。

六、倒三角形臉形：這種臉形的女性在梳理時可選擇側分的不對稱髮型，露出飽滿的前額，髮梢處可略微粗亂一些，這樣能將年輕女性純情、甜美、可愛等特點直率的表現出來，達到整潔、美觀、大方的效果。

不管妳是何種臉形的女人，只要願意都可以成為髮型達人。當然，妳首先要做的是，站在鏡子前好好的研究一下妳的臉形和體形，然後找一些雜誌或者上網看看別人的髮型，從中找到適合自己的。做到這些以後，妳就要找一個比較好的髮型師，把妳的想法告訴他，再聽聽他的意見。

精心呵護柔嫩肌膚，每個女人都是「美容大王」

肌膚是女性最華貴的「衣裳」，擁有亮麗肌膚的女性才稱得上美麗。肌膚又是人體健康最直觀的反映，肌膚是健康的鏡子，細嫩的肌膚更是吸引人們眼球的重要部分。

對於女人來說，美不是天生的，是後天造就的，想做魅力女人就要學會保養。二十歲以後，人的皮膚狀態已趨於穩定，細膩且富有彈性，既不需要去死皮，也無須添加營養。但為了延緩衰老，還是要做一些簡單的皮膚護理，包括清潔、定期敷面膜、隔離和潤膚。所用的乳液或保濕霜不應含有生物活性成分，但可以選用含有維他命E和維他命C及防晒係數的日霜，使皮膚免受紫外線、粉塵、嚴寒及其他誘發衰老的因素的侵擾。

第一步：潔膚

美麗的女人像花朵，只有精心呵護才能綻放美麗的容顏，而水是最好的護花聖品，沒有水花會枯萎，女人也一樣。如果能夠把皮膚澈底清潔乾淨，護膚的問題就解決了八成。所以，要想做個嬌嫩欲滴的「水美人」，就要學會潔膚。

清潔皮膚主要有三大好處：一是清潔掉沾染在皮膚上的一些灰塵、細菌和汙垢；二是清除皮膚自體每天分泌出的油垢和汗液；三是清潔在皮膚上的化妝品。如果化妝品不及時清潔，那麼皮膚會像長年累月的浸漬在一個不清潔的液體或者膏體之中，長期如此，皮膚就會受到嚴重的損害。

潔膚產品可選用最常見的洗面乳，洗面乳又分為美白型、補水型、控油型等。美白型和補水型的洗面乳通常泡沫不多，甚至有些幾乎沒有泡沫，用上去還感覺黏黏的，用後卻比較滋潤。控油型的潔面乳泡沫一般較多，有些控油型潔面乳含磨砂膏，清潔能力強，潔面後感覺比較清爽，所以深受油性肌膚女性的歡迎。總體來說，洗面乳適合不同膚質的女性在不同季節使用，每一種肌膚類型的人都可以從潔面乳中選出適合自己使用的產品。

第二步：營養肌膚

面膜是最常用的肌膚營養產品，它不僅能有效幫助肌膚清潔，並且可以有針對性的對肌膚進行一定程度的補救，同時給肌膚增加各種營養。

面膜大致可分為保濕面膜、清潔面膜、控油面膜、抗衰老面膜、美白面膜五類。保濕面膜能幫助肌膚迅速補充水分；清潔面膜能有效清潔肌膚，改善膚色；控油面膜能幫助肌膚去除多餘油脂；抗衰老面膜有抗皺、防衰老作用；美白面膜能幫助肌膚美白，淡化色斑。但是，面膜不能天天使用，每週控制在二到三次即可，每次的時間以二十分鐘左右為宜，敷臉後的貼式面膜還可以再敷脖子、手臂等地方，從而使面膜發揮最大功效。

值得注意的是，加班熬夜後不要做面膜，因為在這個時候人的皮膚容易充血、僵硬、免疫力下降，此時不能受到刺激，這時做面膜很容易出現紅疹、刺痛的現象。

第三步：補水

缺水怎麼做美女？水可是最高級的化妝品，認識水的美容功效也是不可少的一課。

保養肌膚，僅有外部保濕是不夠的，平常最好多喝水。如果妳沒能喝夠足夠的水，妳的皮膚將起皺且鬆弛。而且，水不僅是肌膚最基本的輔助劑，還是一種奇妙的清潔劑。幾乎所有的美容醫生都建議我們每天要喝六倒八杯水，即兩千到兩千五百毫升的水，以便充分的給皮膚細胞補充失去的水分。

當然，喝水也是有講究的。水可分為硬水和軟水，軟水雖然容易洗淨妳的衣服和碗盤，但它對身體卻不如硬水那樣有利。硬水是富礦水，含有較多的鈣和鎂。只有多喝硬水的人看起來才年輕，這是因為硬水中的礦物質有助於防止動脈硬化、高血壓、心臟病等心血管系統疾病。一些老年人問題研究專家指出，喜馬拉雅山周圍地區的百歲老人之所以那樣多，和他們對高度礦物質化的水的依賴是緊緊相連的。

有些地區的生水很容易洗淨油污，有些地區的生水則沒有這個優點。從這裡妳就可以大致得出這樣一個判斷——能輕易清洗碟子上油汙的生水一般是軟水。一般說來，井水與河水多為硬水，自來水、雪水、雨水大都為軟水。

條件允許的話，每日最好飲六杯水，即起床一杯水、每次餐前半小時一杯水、浴前一杯水、睡前一杯水。

第四步：防曬

女性要想嫩膚，最該注意的是少晒太陽，陽光中的紫外線可以加深皮膚的顏色，也會加速皮膚老化。

防晒乳就是主要針對陽光中的紫外線A和紫外線B對肌膚的傷害的產品，比較適合在戶外、夏季等紫外線更加強烈的情況下使用。另外，防晒隔離乳除了可以抵禦紫外線A和紫外線B的傷害，還可以隔離髒空氣、污染及彩妝給肌膚帶來的負擔，適合每天使用。

在夏季，臉部由於彩妝的負擔，較平時更容易出油，因此對防晒產品的品質要求更高。建議選擇採用清爽水感、防水防汗配方的防晒產品，這樣才能不堵塞毛孔、不生粉刺，清爽無負擔。

還有，眼睛是全臉肌膚最嬌嫩的地方，因此臉部防晒乳不宜使用到眼部。眼部的需求和臉部的需求完全不一樣，就像臉部使用面霜，但眼部最好使用眼部專用防晒霜，既可防晒又滋潤眼部肌膚。

此外，防晒乳需要一定的時間才能被皮膚吸收，所以應在出門前二十分鐘擦拭，並且在室外活動時應每隔二小時補擦一次，以防防晒乳在不知不覺中隨著汗液而流失。

第五步：護髮

頭髮是女人柔情萬種的性感工具，當女人的髮梢絲滑的掃過男人的肌膚時，會傳遞多少縷的柔情蜜意。更重要的是，頭髮也是年輕的一個重要標誌。不枯黃、不乾燥、不油膩，才是女人年輕的標準。

過去我們都習慣在商場或超市中購買洗、護髮產品，現在不一樣了，時尚潮流驅動著我們開始去專業髮廊，像在護膚品專櫃選擇適合自己的產品一樣，去髮廊選購適合自己髮質的洗護產品。使用專業的洗髮精、護髮乳可以保護秀髮，滋潤、順滑毛囊鱗片，使秀髮如絲般柔順亮澤，為髮絲受損部分提供深層修護，強化髮質，也為染燙後或有問題的敏感頭皮帶來生機。

經常燙、染、拉直的女性朋友，記得選擇一款適合自己的洗髮精，並定期做髮膜修復保養，讓妳的頭髮光滑柔順，當手指輕輕滑過秀髮，溫柔細膩，清香撲鼻時，男人會為妳狂熱、為妳著迷。因此，在出門前使用具有防晒效果的護髮精華，以免紫外線加速頭髮褪色變淺。洗髮時，選用含有維他命的染髮專用洗髮水、潤髮乳也是十分必要的。

女人啊，年輕的歲月就那麼幾年，要是不好好保養，會老得非常快。

明眸善睞，女人就要水汪汪

當女人還是小女孩時，總是閃亮著一雙水靈靈的眼睛，這扇可以透視心靈的視窗點亮了女孩燦爛的青春，突顯了女孩的青春之美。但歲月的流逝，年華不斷侵蝕著我們的「靈魂之窗」，女人的眼睛漸漸的暗淡了下來，那曾經的一汪「清泉」在歲月的吞噬下日漸乾枯，周圍也布滿了皺紋。如何讓妳脆弱的靈魂之窗堅強起來，再現女人的美麗？如何抵擋風沙、粉塵、有害射線的侵襲？關鍵是找到「眼睛的保護傘」，幫妳鎖住水分，鎖住青春，鎖住美麗，讓年齡成為永遠猜不透的謎語。

眼睛是會說話的，用化妝對眼部進行適宜的修飾，就等於在悄悄向他人訴說妳的美麗。

毋庸置疑，每一個女孩都想擁有美麗迷人、會說話的眼睛。眼睛不美，即使其他部位再美，也將失色。為此，明亮動人的眼睛，是展現自身魅力的重要所在。即使我們沒有秋水雙眸，如經過得當化妝，也能使我們楚楚動人。

眼皮具有以淚液使眼睛保持滋潤的重要功能，避免眼睛受傷，並保護眼睛免受光線及汙物的侵害。

為了完成這些任務，眼睛一天需眨動高達二萬四千次。這一連串的動作使眼皮及周圍細緻的皮膚受到莫大壓力，這是其他部位的皮膚所未曾有的現象，這也凸顯了眼部化妝的重要性。那麼，具體有什麼好的化妝技巧呢？這就得根據不同的眼形來劃分了。

一、大眼睛

優點是顯得明亮、華麗；缺點是給人「一本正經」的感覺。

第一種化妝法：眼影用褐色或灰色，使之清秀深邃，上下眼線要整潔清秀，眼影用色要配合服裝顏色，這樣就突出了明亮、華麗的特點。

第二種化妝法：眼影用褐色，界線要淺淡分明；因為眼睛已經很大了所以眼線要細，這樣的化妝顯得質樸誠摯。

二、小眼睛

優點是顯得溫和、和藹可親；缺點是平淡、不起眼。

第一種化妝法：從上眼線起，用暗灰或灰色在上面暈染；眼線要細長，上下眼線不交叉，這樣就像雙眼皮那樣漂亮。

第二種化妝法：加暗灰色眼影，外側淡，界線不要太分明；眼尾深，眼線略細。這樣透過加眼影以加強印象，就顯得更加溫柔親切了。

三、鳳眼

優點是顯得靈敏機智、目光銳利；缺點是顯得冷淡、嚴厲。

第一種化妝法：內眼角上的眼影要高；外眼角眼影末端要細，使用暖色；上眼線末端稍微朝下，下眼線眼角用眼影柔和眼線，這樣就使得嚴厲的目光變得和藹多了。

第二種化妝法：用灰色眼影使眼角細長，界線不要太分明；上下外眼角加眼線；眼影由下向上暈染。

四、深眼窩

優點是顯得整潔舒展；缺點是少年老成，年老時顯得憔悴。

第一種化妝法：眼影用亮色，亮色上方加少許帶紅的顏色（如橘紅、粉紅色）；眼線要自然，這樣就變得豐滿厚實了。

第二種化妝法：眼窩凹的地方用暖色，眼線自然，會顯得秀麗。

五、垂眼角

優點是顯得天真可愛；缺點是給人陰鬱的感覺。

第一種化妝法：內眼角加眼線，內眼角加褐色眼影；外眼角也用褐色暈染，下眼線向外眼角挑起，這樣就顯得老練了。

第二種化妝法：從內眼角起加眼影，在下眼瞼外眼角處畫出眼影和眼線，這就突顯出了天真的妝感。

六、腫眼泡

看起來不美觀，給人以陰鬱、遲鈍之感。

化妝法：上眼瞼塗冷色會顯得清麗，暗灰色眼影呈帶狀暈染；眼線要細，這樣就給人一種冷靜的印象。

當然，每個人都有自己的審美觀，但總的來說，化妝應該是使一個人表現出她最美的一面的手段。打造完美的臉部妝容，其奧妙就在於：它不是把人的形象掩蓋起來，不是給自己塑造一副假面具，而是要力求做到看起來很自然的同時，更能表現自我的優點。只有這樣的化妝，才能真實地反映自己、表現自己，並展現自己獨特的風韻。

腳踏高跟鞋，搖曳出女人的迷人性感

有句話說得好：「鞋子是女人的另外一張臉。」鞋在一定程度上顯示了女人的身分。同時，女人的優美姿態，很大程度上與鞋有著緊密的關係。穿平底鞋與穿高跟鞋，走路的感覺完全不一樣，當女人穿上高跟鞋的時候，體態就會不由自主地變得挺拔起來，而且女人的鞋也表現出了她的智慧和美麗。

華爾街上流行著一句俗語「永遠不要相信一個穿著破皮鞋和不擦皮鞋的人」，可見鞋的品質與穿鞋者的信譽有著很大的關係。鞋對於女人更為重要，以前的人們把婚姻比做鞋，近來也有「看鞋識女人」一說。鞋子如同女人的貼己密友，細膩而私密。一個女人可以沒有很多漂亮的衣服，但至少要有一雙能在人前人後行走的鞋子。鞋是女人裝點門面的招牌，也常常是女人獲得心情滿足感的一個重要組成部分。

所以，每個女人都在尋找一雙既喜歡又時尚舒適的鞋，但往往很難得到全部的滿足。時尚的鞋穿著很亮眼，但只能流行一陣子；自己喜歡的鞋每天都喜歡穿著它，更愛惜它，但不一定適合自己的腳；舒適的鞋穿著可以走很長的路而不累，可以穿得長久一些，但不一定配自己的衣服。所以，鞋在一定程度上反映了女人的價值觀。

作為女性都要經歷從布鞋轉向皮鞋的過程，它似乎是一個成熟的轉捩點。不管是不是真正意義上的成熟，至少當一個一直穿運動鞋的女孩換上皮鞋以後她內心似乎已經渴望成熟了。一雙高跟鞋，不僅增加了女人的身高，同時也成長了女人的虛榮心。那鞋跟彩地的迷人聲音，令人銷魂三日。皮質的鞋，總是閃閃發光，同時帶著冷豔，似乎給人一種拒人於千里之外的感覺。

高跟鞋之帝馬諾洛・布拉尼過：「一雙優質的鞋子，是時髦裝扮的基礎。」是的，當女人踩著各種材質、款式的鞋子，在所有場合都能成為一道美麗的風景，或高雅優美，或小巧玲瓏。又細又高的高跟鞋雖然不見得穿著舒服，卻能把女人的婀娜多姿展現得淋漓盡致。運動鞋動感活潑，展現出主人的活力。夏季的涼鞋和冬天的皮靴配合著輕盈的步伐與著地聲，更能展現女性嫵媚動人的一面。一雙普通的鞋子雖不能完全展現一個人的內涵，但能從側面表現出主人的心態和一些通常不被人注意的細節。一雙小小的鞋子，能帶給女人滿足與活力，更能帶給別人以視覺的享受。

有句廣告詞說：「每個女人都應該有一雙好鞋，一雙好的鞋子帶妳到妳想去的地方。」或許以前的妳認為鞋子只是用來穿的，或者只注重買衣服而不是鞋，那麼，從現在起，妳應該給鞋子以足夠的重視，因為它在不經意間透露了妳的一切。想做一個高貴的女人，就先從鞋子開始吧！

香水無毒，蕩漾出迷人陣陣漣漪

著名的法國香奈兒香水的創始人香奈兒女士曾經講過一句驚世駭俗的話：「不擦香水的女人沒有未來。一個衣著優雅的女人，同時也應該是一個氣息迷人的女人，沒有味道的女人沒有未來。」

還有人說香水是一件「看不見的華服」，也有人說「香水是魅力之源」。香水不但會使女人的打扮趨於完美，也會使周圍的人享受一種瑰麗的氣氛。法國女性認為與其被男性稱讚說「妳的穿著十分得體，很漂亮」，還不如說一句「妳的香水很適合妳」。是啊，對於衣飾的讚美只是外在的恭維，當一個人注意到妳身體散發的香味時，就是在從心理上了解妳，或者對妳有了不尋常的好感。

香水的種類繁多，而且價值不菲，所以，女性朋友們在購買的時候，可以透過香水的香料、款式、包裝及個人的性格、氣質、風格在不同的季節購買適合自己的香水。當一個人能把香水的個性與自我的氣質相互補充達到渾然一體的時候，就達到了使用香水的最高境界。我們在使用香水時，應使用於以下部位，從而達到更好的效果。

一、耳後：擦香水通常最普遍的地方就是這個部位，體溫高又不受紫外線的影響。

二、後頸部：如果是長髮，可以用頭髮蓋住避免紫外線的照射。但由於是屬於皮膚較敏感的部位，須視個人的狀況而定，慎重使用。

三、頭髮：在髮梢抹上香水，只要輕輕擺頭，就洋溢著迷人香氣。

四、手肘內側：手肘內側屬於體溫高的部位，只要手部活動就會散發出芬芳的香氣。

五、腰部：參加聚餐時香水擦在腰部以下的部位，比擦在露出來的肌膚上更能使香味隨著肢體擺動而搖曳生香。

六、手腕：祕訣是把香水擦在靜脈上，這個部位的體溫較高，又經常活動，是香氣很容易散發的地方。

七、指尖：指尖很容易沾上各種味道，要使在這個地方沾上香水成為妳的習慣。特別是抽菸的人，別忘了在指尖微量沾取香水。但是，請注意不要將香味沾得到處都是。

八、膝蓋內側：在膝蓋內側抹上香水，能使妳站起來時由下往上散發出香氣。補擦香水時，直接擦在絲襪上就可以了。

九、腿部：當妳穿上絲襪之前，先在腿部、膝蓋及腳踝內側擦上香水，這樣散發出來的香氣不但典雅而且持久。

十、腳踝：在腳踝上方內側擦上香水，每次輕移腳步都會散發出淡淡的幽香，補擦香水時別忘了這個部位。

十一、裙擺：擺動裙子，香味輕柔的擴散，給人留下美好的印象。

可以說，每一瓶香水代表世間每一類女子的性格，或淡泊，或熱烈，或縹緲，或柔媚，淡淡的香氣卻讓聞過的人難以忘懷。是的，歲月可以流逝，容顏可以老去，但不老的是一種精神、一種氣質。每一個階段的女人都有其獨特的氣質、韻味與魅力，把香水滴在手腕耳後，透過香味，我們聞到了生活，聞到了大自然，聞到了那一顆顆的女人心，也讓女人更加女人。

色彩搭配學成就女人的幸福色彩

色彩總是首先映入人的眼簾，因此，選擇服飾時的「第一印象」是顏色。色彩是人與服飾之間的第一媒介，是最活躍、最醒目、最敏感的。色彩、款式、質地是構成服飾的三要素，它們構成了有機的整體。三者比較，色彩是服飾的靈魂。

服飾的色彩學是一門學科，需要有一定的藝術修養和審美能力，才能很好的掌握它。一般人對服飾的審美程序是：只有在服裝色彩符合要求的前提下，才會去考慮款式和質地。高明的設計師正是洞悉了人們對服飾的這一普遍的審美心理，將服飾的色彩設計列為設計的中心。隨著生活節奏的加快和人們穿著打扮審美的不斷變化，人們對款式的追求越來越簡潔、明快和線條化，過於複雜的款式很難適應人們快節奏的生活，特別不符合職業女性的要求。相反，人們在穿著比較簡單的服飾時，更看重色彩的比例，很多人在選擇服裝時，往往把色彩當成了第一選擇的內容。

韓劇是了解新潮服裝的視窗，其中的服裝盡顯個性化，引領著服裝的新潮流。每看一部韓劇，除了動人的故事、優美的音樂、養眼的男女主角、精湛的演技外，給我們另一喜愛韓劇的理由就是時尚美感的享受，欣賞千變萬化的各色服裝，等於邊看韓劇邊看時裝表演。

韓劇的特點之一是精緻，這點在著裝上反映得很明顯，每部劇裡不論哪個角色的著裝都充滿個性化，每個角色對服裝的品味絕對不同，根據角色的個人修養、家庭教育、文化程度、社會地位、職業、個性、年齡、性別等差異給予了合適的著裝，而且這些服裝的做工精細、布料質地優良、色彩搭配協調、藝術性強，展現出韓國服裝業的先進。

就拿經典的幾部劇來說，《浪漫滿屋》中宋慧喬的服裝很有特色，搭配得美感十足。《白雪公主》裡金靜華穿的靴子搭配的彩色條紋襪，連成勳別具一格的男士圍巾倒繫，李莞的日式穿著都很有特色。……韓劇中的服飾造型水準真是不可小覷。

看韓劇是一種享受，尤其人物的著裝上更突出了視覺美。這些服裝的美感充分展現在色彩搭配上。顏色是增強吸引力的重要因素，它會第一個為人所注意，可以在瞬間讓妳儀態萬千，或者讓妳風度全失。

服裝最重要的元素是色彩。

顏色作為衣著的重要因素，卻完全不必支付額外的費用。買一件顏色合適的套裝並不比買一件顏色差強人意的衣服花錢多，買一件顏色最合妳意的洋裝或襯衫也沒有比相同款式而顏色是妳最不喜歡的更貴。

總有一些顏色讓我們充滿活力，令我們光芒四射，而另一些顏色則使我們精神委靡、面目無光。專業化的色彩分析可以使妳擁有一份個性化的、最適合妳的顏色報告，或者妳也可以從簡單的色彩分析開始。

服飾色彩也是人的第二語言，它會告訴別人妳的文化水準、妳的修養、妳的性格、妳對生活的態度等。

有些女性以為只要色彩堆砌的越多、越豐富，就越好看，其實全身鑲金掛銀、五顏六色的效果並不好。服飾的美麗，關鍵在於搭配得體，符合身分、年齡、季節及風俗習慣，更眾要的是色彩搭配和諧，展現出一致性。

所謂「色不在多，重在和諧」，合理的配色方法，應該是選擇某個色系、某兩個色系的顏色為主色調，以此占據服飾的大面積，再以少量其他的顏色為輔，藉以點綴裝飾重點部位或襯托整體，如衣領、袖口、口袋等部位，以取得整體統一的和諧效果。

顏色有極強的感染力，若想要色彩的作用在我們的著裝上得到淋漓盡致的發揮，就必須充分了解色彩的特性和搭配原則。

一、色彩的特性

色彩是服裝留給人們記憶最深的印象之一，不同的色彩有著不同的寓意，並且給大腦不同的刺激，影響人的心理情緒，從而產生不同的心理感受，給人留下不同的印象。

二、色彩的感覺與象徵

（一）色彩的分類

色彩的基本色是紅、黃、藍三色，稱為三原色。三原色互相混合產生了橙（紅加黃）、綠（黃加藍）、紫（紅加藍）。紅、橙、黃、綠、青、藍、紫等顏色被稱作「有彩色」，黑、白、灰色歸類為「無彩色」。

色彩主要分為三類：冷色、暖色、中性色。屬於冷色系列的主要有藍、綠、紫等色。屬於暖色系列的主要有紅、橙、黃、咖啡等色。屬於中性色系列的主要有黑、白、灰、金、銀等色。

服裝的色彩還分有光澤色和無光澤色。服裝質地為真絲、綢緞之類的屬有光澤色；服裝質地為麻、毛之類的屬無光澤色。

(二) 色彩的感覺

冷色調會使人產生冷感、沉靜感、收縮感；暖色調會使人產生熱感、興奮感、膨脹感；中性色調會使人產生純潔感、明快感。

(三) 色彩的象徵

紅色(暖色)：熱情、奔放、喜慶、歡樂、吉祥、勇敢、革命。
橙色(暖色)：活潑、興奮、溫情、疑惑、富麗。
黃色(暖色)：光明、愉快、和平、穩重、權威、平安、朝氣。
藍色(冷色)：開朗、健康、活潑、高尚、寧靜、深遠、夢幻。
紫色(冷色)：高貴、典雅、端莊、神祕、脫俗、不安。
白色(中性)：純潔、明快、高尚、坦蕩、樸實、冷酷。
黑色(中性)：莊重、肅穆、神祕、深沉、黑暗、哀傷。
灰色(中性)：平易、大方、淳樸、謙遜、平凡、樸實、失意。

三、搭配原則

色彩被稱為「服裝第一可視物」，在服裝色彩的選擇上，既要考慮個性、愛好、季節和所處的場合，又要兼顧他人的觀感。對一般人而言，要想在服裝的色彩上獲得成功，就要學習和掌握色彩搭配方面的知識。

服裝的色彩一般都是由幾種顏色搭配展現出來的，搭配色彩應從服裝美學角度出發，力求色彩的協調，以簡單大方為目的。服裝色彩的搭配有以下方法可循：

一是同色系搭配。即配色時盡量採用同一色系之中各種明度不同的色彩，按照深淺不同的程度進行搭配，以便創造出和諧之感。在同色系搭配中，要注意同色系中深淺程度不同的顏色之間的銜接與過渡，力求自然、平穩，避免生硬和明度差異太大，給人以斷裂、失衡的感覺。此種方法適合於工作場合或莊重的社交場合著裝的配色。

二是對比色搭配。即在配色時運用冷暖、深淺、明暗兩種特性相反的色彩進行組合的方法。它可以使著裝在色彩上反差強烈，靜中有動，突出個性。

色彩對比搭配有三種形式：第一種形式是將兩種對比色加以搭配，以一種主色調的顏色去壓住另一種顏色；第二種形式是將相鄰的顏色對比搭配；第三種形式是三種顏色對比搭配。無論採用哪種形式的搭配方法，都應以柔和、平穩的顏色為主色，主色應突出，配色應是鮮明的飽和色，且對比搭配越少，效果越好。

三是相近色搭配。即配色時在某些相關的部位刻意採用同一種色彩，以便使其遙相呼應，產生美感。例如，穿西裝的男士講究鞋與包同色。此種方法適合於各類場合的著裝配色。

在採用以上幾種搭配方法時，正裝的搭配色彩要遵循三色原則，即正裝的色彩在總體上應當以少為宜，最好將其控制在三種色彩之內，從而保持莊重、規範、簡潔、和諧的風格，正裝的色彩若超出三種色彩，一般會給人以繁雜、低俗之感。並且，在服裝顏色的搭配上，切忌上下身都採用鮮明的顏色，否則會顯得刺眼，令人不舒服。

第四章　財精女人，懂點理財小詭計

有一個比喻說：「錢就像你的員工，你則是老闆，只有想辦法讓你的員工不停的忙碌，才會為老闆帶來更多的收益。」的確，懂得運用金錢，讓錢生錢，才能建立自己的財富王國。俗話說：「吃不窮，穿不窮，算計不到一世窮。」因此，現代女性要懂得理財，做一名精明的「財精女人」。

不做購物狂，每分錢都花在刀口上

在很多人想著如何賺更多錢的時候，常會忽略這樣一個問題，那就是如何把所賺的錢進行合理分配。很多人就是因為不懂得合理分配，導致每月的花銷遠遠比自己每個月賺的錢還要多。

在日常的消費中，要想辦法淘到既好又便宜的東西。比如過季購買、貨比三家、多聽取專業意見等。

單女士在買電視時就遇到了這種情況。電視商品琳琅滿目，功能五花八門，她看中了一台日本產的電視。但她並未立即購買，回家之後找了一個在電器維修部門工作的朋友，諮詢了一下此款品牌電視的有關情況，得知此款品牌電視的許多功能對傳輸線路有較高的要求，而在臺灣尚無滿足這些功能的基本設施，因此這些功能是華而不實的。最後她購買了另一品牌的電視，在相同尺寸、相同顯示效果的前提下節省了五千多元的費用。

女人會理財，不僅能夠讓手中的錢升值，還能讓自己和家人更幸福。

花花是某公司的部門經理，她的工作能力很強，在家裡，她同樣是個出色的理財高手，在她的管理之下，家裡的生活水準日益提高，丈夫的事業也如日中天。

有一次，她在商場為丈夫看中一款大衣，原價五萬多塊錢，她忍了忍沒買。很快，商場做促銷活動，那件大衣打五折，花花毫不猶豫的買了下來，第二天丈夫回家後不斷的表揚花花衣服買得太好了。原來有公司找丈夫做法律顧問，對方是明眼人，一眼就看出了他身上的大衣價格不菲。對方開玩笑說，顧問費都不好意思開低了。雖是玩笑話，但丈夫這次的顧問費確實收得不低，丈夫說很大的功勞要歸給花花。對丈夫和他的律師事務所，花花一直認為，該花的錢一定要花，把錢花出最大價值，丈夫和律師事務所的價值在無形中就會提高，獲得更高的回報。

花花的丈夫需要買車時，他看中了另一款車，但她覺得別款更適合他們。在她的堅持下，他們花九十多萬買了當年評價很高的豐田汽車，到現在，那輛豐田汽車仍然很有效能。如果當年買一輛便宜的車，現在就得花更多的錢來換新車了。後來，花花又建議丈夫把事務所搬到另一個地方。她認為：「雖然租金會高一點兒，但正好顯示了事務所的實力，對形象提升會有很大的幫助。」正如她預料的那樣，自從事務所搬到那裡後，很多大公司都主動找上門，丈夫的業務蒸蒸日上。

花花認為，不要只盯著眼前，理財投資要非常注重技巧，「該花的錢一定要花，把錢花在最值得的地方，丈夫增值了，妳一定也會獲得超值回報」。

像花花這樣的女人確實是非常優秀的，因為她懂得把錢用在最需要的地方，把每一分錢都花在刀口上，比如她懂得為丈夫投資，這些看似無形的投入，不但提升了丈夫的價值，增進了夫妻感情，家庭也更加溫馨，而在這個過程中，她自身的價值也得到提升。

理財的技巧不僅在於如何賺錢，還在於如何將錢花在刀口上，用心營造自己的高品質生活。人們的日常生活離不開花錢消費，而懂得如何將錢花在刀口上的方法並付諸實踐，不但可以為我們節省開銷，本質上說就是在積累財富，還可以提高我們的生活品質。

女人理財九道坎

隨著社會趨勢的轉變，女性在工作上越來越與男性處於平等地位，在收入方面也開始與同等職位的男性不相上下。但在財務獨立的同時，卻仍然不懂得或沒有意識到自己真正的財務需求及理財的重要性。造成這種情況，是因為女性在投資理財方面有這麼幾道坎：

一、缺乏自信

一些女性在投資時非常沒有自信，又對複雜的研究避之唯恐不及，所以投資時顯得沒有主見。多數女性對數字、繁雜的基本分析、宏觀經濟分析沒有興趣，而且不認為自己有能力可以做好，總認為投資理財是一件很難的事，並非自己能力所及。

二、優柔寡斷

一般女性上班時是個稱職的職業婦女，下班後是個全能的太太、媽媽和管家，這些事做完已經有些體力透支，自然無暇研究需要聚精會神做功課的投資大計。想投資做生意、買股票、買基金，也明白投資理財的好處，但就是只有心動沒有行動，害怕有去無回。認為投資應該等於賺錢，無法忍受在投資的過程中有賠的可能性。

三、求穩而不看收益

受傳統觀念影響，大多數女性不喜歡冒險，她們的理財管道多以銀行儲蓄為主。這種理財方式雖然相對穩妥，但是現在物價上漲的壓力較大，存在銀行裡的錢弄不好就會貶值。所以在新形勢下，女性們應更新觀念，轉變只求穩定不看收益的傳統理財觀念，積極尋求既相對穩妥、收益又高的多樣化投資管道，比如開放式基金、炒匯、各種債券、集合理財等，以最大限度的增加家庭的理財收益為目的，合理理財。

四、缺乏理財觀念

根據統計，美國有百分之五十五的已婚女性供應一半或以上的家庭收入，顯示女性越來越有經濟能力來為自己規劃財務。只是，女性還缺乏財務規劃的主動性與習慣，百分之五十三的女性沒有定出財務目標並且預先儲蓄。有超過六成的女性沒有準備退休金，其中有不少女性認為「錢不夠」規劃退休金的。很多女性覺得「我的目標就是養活自己，很多其他問題留給另一半去做」。

五、態度保守，心存恐懼

有不少女性不相信自己的能力，態度保守，甚至對理財心存恐懼。有調查顯示，一般女性最常使用的投資方式是儲蓄存款，還有保險等。這樣的投資習性可以看出女性尋求資金的「安全感」，但是都可能忽略了「通貨膨脹」這個無形殺手，可能將存款的利息吃掉。守成心態讓很多女性很怕手上沒有錢的感覺，現金要多才有安全感，隨時摸得到、拿得到，所以把錢放出去投資，導致戶頭空空、手上空空，心中就不踏實。從小根深蒂固的觀念就是把錢放在安全的銀行，習慣成自然。

六、不如嫁個好老公

許多女性往往把自己的未來寄託於找個有錢老公，平時把精力都用在了穿衣打扮和美容上，卻忽視了個人創造、積累財富能力的提高。俗話說，伸手要錢，矮人三分。許多女性凡事都依賴老公，認為養家糊口是男人天經地義的事情，但長此以往，必然會受制於人，女性在家裡的地位也就會產生動搖。所以，作為現代女性，應當依靠為自己充電、掌握理財和生存技能等方式來使自己獨立，自尊自強，在立業持家上展現「巾幗不讓鬚眉」的現代女性風采。

七、會員卡、打折卡的消費

女性們對各種會員卡、打折卡可謂情有獨鍾，幾乎每人的包裡都能掏出一大堆各種各樣的卡。許多情況下用卡消費確實會省錢，但有些時候用卡不但不能省錢，還會適得其反。有的商家規定必須消費要達到一定金額後才能取得會員資格，如果單單是為了辦卡而超額消費的話，就不一定省錢了；有時商家推出一些所謂的「回報會員」優惠活動，實際上也並不一定比其他普通商家省錢；還有一些美容、減肥的會員卡，以超低價吸引妳繳足年費，可事後要麼服務打了折扣，要麼乾脆人去樓空，讓妳的會員卡變成廢紙一張。

八、容易盲從

大多數女性不了解自己的財務需求，在理財和消費上喜歡聽信人言，常常跟隨親朋好友進行相同的投資或理財活動，往往只要答案，不問理由，明顯的不同於男性追根究底的特性，採取了不適當的理財模式，反而造成了財務危機。比如，聽別人說參加某某投資收益高，便不顧自己家庭的風險抵禦能力而盲目參加，結果造成了家庭資產流失，影響了生活品質和夫妻感情；有的女性看見別人都給孩子買鋼琴或讓孩子參加某某昂貴補習，於是不看孩子是否具備潛質和是否愛好，便盲目效仿，結果最終收效甚微，還花了冤枉錢。

九、「跳樓價」的誘惑

說到購買打折商品，幾乎所有的女士都能講出幾點心得來。大熱天買皮貨、大衣，冬天天買夏裝、短裙，這屬於正常的時令性打折，商家為了將過季的商品銷售掉以便及時收回資金的手段，而眾多家庭主婦和一些白領女士們受其吸引，爭相揀便宜貨，以求獲得實惠。對此，買者賣者均無可非議。至於「斷碼出清」、「樣品出清」這類打折，恐怕也還都屬於正常的購售範圍，主婦們和白領女士們，偶爾為之也未嘗不可。然而，面對有些真假難辨的打折，廣大的女士們就不能輕易受其誘惑了。

理財有道，趁早築起小金庫

有句流行語：「你不理財，財不理你」。雖然是一句戲言，但卻道出了投資理財首先要轉變理財觀念的真理。理財就是讓妳手中的錢由小變大，它是財富增值的藝術。只要妳肯學習，掌握了個人理財的技巧和方法，妳便可以透過對個人錢財的合理、有效的支配使用，使自己手中的錢越來越多！

一個年輕的女人在幾年間竟然積累下了兩個旅行箱的硬幣。事情是這樣的。

幾年間，這個女人不辭辛苦，整天東奔西走，她的生意也越來越好。每次外出辦完事情回來，口袋或皮包裡總有一堆硬幣，出於節約的習慣，她將這些硬幣存在了存錢筒裡。當存錢筒裝滿以後，她就開始尋找其他的儲蓄工具，後來為了方便她竟然一股腦的將這些硬幣扔在一口大缸裡。

天長日久，她的錢越來越多，硬幣的數量也越聚越多，一口大缸也裝不下了，此時她不得不把這些硬幣存到銀行裡。可是聽說存這種硬幣小錢是要看人家臉色的，何況這麼多的硬幣呢？

但是缸已裝不下了。沒有辦法，她只好用兩個旅行箱將這些硬幣裝起來，開著車把旅行箱載到了銀行門口。

銀行儲蓄櫃台共派了七個人一起清點，從上午九點數到下午一點多鐘，整整四個多小時，連午飯也沒空吃才清點完畢。可見數目如此之多。這些硬幣加起來共十萬多元。

當這個女人走出銀行的時候，有人問她：「小姐，您是怎樣把這些瑣碎的小錢累積起來的？」

她笑了，沒有回答。不過從她的微笑中可以知道，她是靠自己的智慧和辛勤，一點一滴累積起來的。

精明女人有著許多的理財之道：

一、減價才出手

大多數女性在購物上都有到減價時才出手購物的習慣。精明的消費者在這期間購物確實能省下不少。

二、大膽議價

很多時尚女性對議價十分抗拒，因為這被視為俗氣的舉動，如果不放下架子的話，就會錯過議價的機會，因為議價往往可以為自己省下不少開銷。

三、巧用宣傳單

這是一種業者利用發放廣告宣傳單，去刺激消費的方法。廣告單內通常都有折扣印花，使用這些印花去購物，又是一種節省開銷的好方法。

四、滿足家庭的需要

據統計，美國人的積蓄最少。他們賺得多，花得也多，而不是像臺灣的一些女人，把錢抓得緊緊的，連日常開銷都捨不得。有意思的是，獲得經濟保障的第一步不是賺更多的錢，而是應該滿足家庭的需要。

五、列出清單

很多女性到超級市場或是百貨公司購物時，看到什麼有興趣的，都會不知不覺的放在購物籃內，而真正需要買的，可能只是其中的一兩件物品。所以解決這問題的方法便是列出購物清單，不但可以避免買漏了東西，又可避免買了無謂的東西。

六、明確風險底線

任何投資都是有風險的，當遇見風險時自己願意接受的虧本的程度是多少？明確這個目標是為了應對不測的風險時做出果斷的決策。對自己投資的專案越了解越好。多留意財經消息，多聽專家意見，同時還要學著判斷資訊及他人意見，結合自己情況作取捨。不要人云亦云，跟風是很危險的。

七、明確目標

細心了解自己現在的經濟狀況，包括收入水準、支出的可控制範圍，明白自己的需要以及希望在短期或者長期內看到的情況，根據可以判斷的條件，擬訂理財計畫。而且一旦目標定好了，就不要更改。先靜下心來評估一下自己承受風險的能力，了解自己的投資個性，明確寫下自己在短、中、長期的階段性理財目標。

八、立即行動

拖延是實現夢想最大的阻礙。立即實施是財務計畫最重要的一部分，只有行動起來才會有實效。不要為暫時做不了每一件事而擔憂，只要先開始做妳力所能及的事情，妳今天所做的一切都會有回報。別洩氣，堅持下去，妳終會取得成功的。記住，從小事做起，只要開始行動就是好的開端。

九、不要強行趕潮流

剛上市的產品，價錢通常都會很高，因此若過度追隨潮流，只會苦了自己的錢包。要明白妳不可能什麼都能擁有，必須分清「需要的」與「想要的」。所謂「需要的」指必不可少的，而「想要的」則指可有可無的。如果妳還處於滿足需要的層次，那妳就得暫時將想要的放在一邊了，至少在開始階段如此。

十、善用信用卡

差不多每人都有一張以上的信用卡，善用信用卡可延遲付款的時間，讓消費者在周轉上更靈活。再加上某些信用卡有儲點的功能，儲滿一定數量的點數可換取禮品，這些優惠必須利用。而在購買大的物品時，不妨考慮分期付款。普遍的分期付款都是免息，又或是超低息，它的好處是不需要一次拿一大筆錢出來，但又可以立即得到自己想要的東西。

十一、學習理財知識，避免盲從盲信

許多女性朋友總是覺得投資理財是一件很困難的事，需要專業知識，自己根本無法弄明白，因此懶得投入心力。其實要取得投資理財方面的成功並不需要專業的、深奧的經濟學知識。只要妳相信自己的能力，關心自己的錢就像關心自己的容貌一樣，妳投入心力累積的理財知識與經驗都將伴隨妳一輩子，能幫助妳建立穩健的財務結構，累積妳需要的財富，這是一個多麼重要又必要的投資！

新新女性的「卡卡瘦身」計畫

隨著社會經濟的發展，人們生活節奏的加快，銀行針對消費者的需要推出了各種卡，社會也進入了「卡時代」。

珍妮是一個沒有一點理財頭腦的人，對理財也是一點興趣也沒有，她覺得自己沒有理財的必要。珍妮在化妝品公司做公關，薪水豐厚，但她是典型的購物狂，每個月總會去逛很多次街，該買不該買的都買一大堆，然後到了月底就捉襟見肘了。而且因為她的家在當地，不用自己租房買房，同時父母薪水都很穩定，所以她沒有一點後顧之憂，根本就沒有投資理財的意識，常常是及時行樂般的消費。

特別是辦了信用卡之後，珍妮的財務狀況更是變得一塌糊塗。或許是那種不需親手付出現金的心理作用，她花錢的時候更肆無忌憚、大手大腳。因為工作的需要，經常出差和旅遊，珍妮常常拿信用卡在異地消費。刷卡的時候非常瀟灑，但每次帳單來的時候就會大受打擊，因為每個月的消費都嚴重透支，確實實現了「提前消費」，她也成了一個典型的「月光女神」。

第一，我們要認識到，手裡的信用卡並不是越多越好。因為多不見得就是好事，信用卡越多，到頭來如果控制不住自己的欲望，刷得多了，需要還的錢肯定會很多。一般來說，信用卡最主要的功能是鼓勵消費，可是，在現實生活中，它卻常常鼓勵持卡族不自覺的消費。因此，我們在生活中使用信用卡的時候，最好能記錄下自己的開銷，做好預算，或者乾脆以儲值卡代替信用卡，因為，儲值卡不能透支，可以在很大程度上減弱消費欲望。

第二，平時一定要記住結帳日期和還款日期，每月還款和消費明細要一目了然。利用好每一次積分翻倍、取現免手續費、抽獎等名目繁多的活動，同時要盡量避免超支；信用卡有記帳的功能，可以培養自己的理財觀念。信用卡每月的帳單會逐筆列出消費日期、商店及金額，一目了然，透過與自己平日消費中保留的單據進行核對並加以整理分析，累積一段時間後，即可對自己的消費狀況有個基本認識，從而理性消費，減少浪費。

第三，用信用卡消費有竅門，比如說，在帳單日的第二天刷卡比較划算。比如，妳的帳單日期是一號，還款日期是十九號，那麼它計算的是妳五號以前的所有消費。這樣，妳在六號刷卡，妳的還款週期就可以往後拖延一個月了；盡量合理使用信用卡換取積分，如果有些物品妳必須消費的話，那麼使用信用卡會比使用現金划算，因為積分可以換取獎品或者折抵消費。

第四，不要往信用卡裡存款。有的女性總覺得每月還款太麻煩，或者害怕到期時忘了還，於是乾脆提前存入一筆錢，讓銀行慢慢扣款，其實，這是一個認知的誤區。眾所周知，信用卡的本質是利用個人信用透支消費，而預存現金則是與該理念背道而馳的。存入信用卡裡的錢在取的時候是要支付取現手續費的，除非即將發生的消費將大於透支限額，除此之外，最好不要在信用卡裡存錢。

第五，學會科學合理的利用信用卡分期付款。銀行信用卡分期付款，簡而言之就是消費者使用銀行的信用卡到特定商家購買商品時，在銀行所提供的分期付款期數選擇範圍內，可按自己的意願來制定還款計畫，將商品總價分成若干期，每月等額的向銀行支付當期應付貨款，直至商品總價清償完畢為止的一種消費方式。其本質是銀行為消費者提供的個人消費信貸，但形式則較一般的消費信貸更為靈活易行。但是消費者在進行分期付款的時候，一定要做到量入為出，因為銀行推出信用卡分期付款業務，並不是鼓勵持卡人做出超出收入承受能力的消費行為。量入為出，理智消費，仍是個人理財的基本原則。

那麼要怎樣做到理智消費呢？

1 了解信用卡可以透支的條件及每期可以透支的額度。

2 了解選擇的分期方式是否免除手續費，免除幾期，各家銀行政策不盡相同，應事先了解手續費的費率及計算方法。

3 選擇先刷卡，後在銀行申請分期還款方式的消費者，要了解銀行的申請流程，防止申請不成功，打亂用款計畫。

4 注意了解如果商品出現品質問題，商場同意退換貨後，將如何進行退款。

現代人們的生活節奏越來越快，這勢必會考驗一個人對金錢的敏感度。只有知道有節制有計畫的消費的人，才能讓自己花的錢物有所值。即使是要花未來的錢辦現在的事，也要回報大於投資。

低調女人深藏不露的賺錢詭計

女人有心機，必定懂得深藏不露。低調行事，既不失風度，還反倒增添幾分大氣。商場多詭譎，一個深藏不露的女人正如一個鐵鑄般的堡壘，無懈可擊！

在法國，每年總有那麼一次，全國的目光會聚集到一個女人身上。雖然關於她的討論，大多集中在她所擁有的巨額資產上，但她卻始終以一種簡樸低調的態度生活著，任憑世界風起雲湧，依然故我。她的身後總會跟著一些攝影師，照片多是抓拍的，照片上的她總是笑得禮貌而典雅，兩頰突起，頭髮向後梳，顯出寬寬的額頭和深邃的雙眼，眼角有些許皺紋。她身材修長，纖弱中透出協調融洽的古典，除了耳上配戴一副耳環，她從不戴首飾，卻總有一條圍巾或披肩繫在脖子上或甩向背後。

這樣一個弱不禁風的女子，卻肩負起了一個帝國的興旺，她就是法國首富——莉莉安．貝登古。她所擁有的「萊雅化妝品帝國」，在過去的幾年中，成為全世界矚目的跨國品牌；而在已經過去的二〇〇四年中，由於歐元升值以及萊雅公司股票上漲的緣故，這個歐洲最富有的女人的身價又上漲約四十億美元。

做一個低調的女人，莉莉安被人們習慣性的尊稱為「貝登古夫人」，這是因為她的丈夫叫安德列．貝登古，而他們兩人的結合是緣於一段奇異的戀情。

二十五歲那年，莉莉安因為患結核病，前往風景秀麗的瑞士休養。在那裡，她遇到了一位法國青年安德列．貝登古，兩人一見鍾情，並於一九五〇年結婚。安德列．貝登古後來活躍於法國政壇，長期任法國參議院議員，並多次擔當法國政府部長等要職。在他二十餘年的政治生涯中，莉莉安一直陪伴左右，她已經很習慣於被稱為「貝登古夫人」了，雖然她擁有的財富要比她丈夫多得多，但她情願做丈夫背後的女人。貝登古從政期間，她陪他參加各種官方旅行和社會活動；而到了晚年，貝登古夫婦過起溫馨平常的生活，旅遊與社交在他們的生活中占了很大比重。他們在法國富人區擁有很大的別墅，另外在法國各地還擁有數量眾多的房產，這些都為他們躲避眾人的注意提供了很好的隱蔽場所。

儘管那照耀他們的巨大的財富完全可以把他們領向一切奢侈，可是他們在這個商業氣息浮躁的年代仍然保持著一種簡樸的生活姿態。

莉莉安很少接受媒體的採訪，有一次她不得不與著名雜誌的女主編進行訪談，訪談中莉莉安說：「我需要隱退、安靜、距離感。」今天正如昨天，人們應該明白了：沒有盛裝宴會，更沒有頹廢式晚會；沒有私人噴射飛機；沒有跑車，沒有長年的隨從……也就是說，貝登古家族中沒有張揚的人。在沉默之外，這個家族所追求的是生活中的樸實無華以及明智睿智。他們的婚禮在最嚴格意義上的家人中間舉行，他們的假期也遠遠避開人們好奇的眼光。

在人們眼裡，一百七十二億美元是莉莉安最大的財富，但莉莉安卻常對她的朋友們說，維持了五十年的美滿婚姻才是她一生中最大的財富。相對於財富而言，婚姻對於一個女人才更有意義，這是莉莉安一貫的認識。

但畢竟她的父親留給她巨額的財富，所以莉莉安也不得不擔負起守護的責任，不過她始終選擇了一種低調的態度來對待萊雅。她總是牢記自己的角色是大股東，沒有必要專注於行政管理。她聰明地置身幕後，讓公眾把注意力集中于萊雅，而不是自己身上。當然，她對萊雅有著決定性的影響力，這從兩件事上可以很清晰地看出：一是在一九九八年任命英國人歐文．鐘斯為總裁，當時很多人都持反對意見，認為這是一個「巨大」的冒險，但莉莉安最終還是決定由歐文任總裁。二是在萊雅集團收購媚比琳前夕，當時的領導人十分猶豫，因為只有出高價才可能買下來。「我們有可能竹籃打水一場空。」其中一位這樣說，但莉莉安立即給予通行證：「如果是個好的選擇，那就不要猶豫……」

雖然兩件事情都以莉莉安的正確而告終，但人們真正佩服的是莉莉安對待這種事的處事風格：她是低調的，但並非沒有主見，也並非撒手不管。據說在歐文的辦公室裡，至今還擺放著貝登古夫人題詞的照片，上面的字是：「信任與友愛」。歐文說，他與貝登古夫人經常就公司的事情相互交流看法。「我會向她展示一些新產品和相關廣告。她的見解對我而言彌足珍貴。」在提到貝登古夫人與公司管理層的關係時，他說：「每當我們為了某些決定止步不前的時候，她總是給我們有力的支援與建議。」

現如今，萊雅公司已成為法國全球化的典範，這在法國無人能及。曾經有一陣子，人們普遍看好法國電信、阿爾卡特朗訊和威望迪環球這樣的高科技、資訊企業能成為法國經濟的標竿企業，但在持久的發展中，萊雅卻發揮出更強的生命力與發展力。從過去三年的數字來看，法國藍籌股指數下降了百分之二十四，而萊雅的股票卻比指數高出了百分之六十五。其他像法國電信、阿爾卡特朗訊和威望迪環球等通通下降了百分之七十以上。這一時期，道瓊歐洲非週期性商品股票指數更是下降了百分之十，而萊雅卻成長了百分之四十四。在許多投資人看來，萊雅的股票最值得放心，它從來沒出過大錯，它是享有最高國際知名度的法國品牌，是投資的安全島。

萊雅擁有如此出色的業績，與莉莉安．貝登古和她的三任經理人努力打造的企業文化和經營理念息息相關。

萊雅企業文化中洋溢著寬鬆和諧以及國際化的濃郁氛圍，這可以從其總部上班人流中、從員工衣著談吐中展現出來。在一樓的咖啡廳裡，妳不僅可以聽到法語、英語，甚至連德語和亞洲國家的語言也不時會飄進耳裡。據說，萊雅公司的員工來自四十五個民族，四萬八千名員工中，三萬六千名來自法國以外。在四百名高層管理人員中，有四十名西班牙人、七十名義大利人、四十名德國人和三十五名英國人。在萊雅八千名經理中，有兩千人享有股票期權。這就不難理解，為何萊雅的人員流動率相當低：員工平均服務時間為十四年。

雖然全球化企業一貫給人以黑色、機械的一體化生產流水線的印象，但妳絕卻很難從萊雅的公司中感覺出來，萊雅是與眾不同的跨國企業，這緣由或許只能解釋為：萊雅是從浪漫國度誕生的企業。

萊雅的工廠普遍注重人性化，在德國的一家萊雅工廠，天花板和四周牆壁都是玻璃板，這樣工人就可以享受美好的陽光。這裡沒有忙碌不休的流水線，而是分隔開的一個個產線，這樣，產線經理可以與每一位員工親切交流，他每天的第一件事是與員工握手。他說，當產線需要增添新設備時，一線工人們擁有最終的決定權。

莉莉安．貝登古，這個精明且集財富於一身的女人，深深懂得深藏不露的玄機，她的低調隱忍並不是撒手不管，也不是毫無主見，事實證明，恰恰相反，正是這樣一個神祕人物，萊雅文化才得以延續。

月月存，擺脫「月光」女神

臺灣的經營之神王永慶曾說：「你賺的一塊錢，不是你的一塊錢；你存的一塊錢，才是你的一塊錢。」投資大師巴菲特認為，在沒有什麼值得投資的時候，最應該做的就是「努力存錢，等待機會」。

俗話說：「你不理財，財不理你。」因此，需要永遠保留一些錢作為急用經費。不管妳賺多少，永遠存起來一點。最好是月月都存，先把該存的存起來，然後才付帳單。妳可以利用一點一滴累積的儲蓄，作為緊急之用或用於特殊場合。

精打細算，玩得省錢又開心

只賺錢不花錢是不對的，因為錢如果放著不花，將與廢紙無異；花的比賺的多更是一種病態，這種女人不是購物狂就是不懂得過日子。女人要注重生活品質，在賺錢的同時，也要合理的進行娛樂。

下面幾種小方法，讓妳既省錢又玩得開心。

一、避開旺季再出遊

長假期間，旅遊與住宿的價格往往處於最高峰，而長假結束的第二天，各項價格就會馬上往下調。如果妳可以錯開旅遊高峰期，妳將會節省大量資金。

二、向當地人打聽吃的地方

旅遊時免不了要品嘗各地美食，這是旅遊中必不可少的樂趣。每到一地，首先應該找當地人打聽去哪裡吃特色小吃，因為當地人了解的肯定是最實際的，而名聲在外的館子一般都不便宜。如果妳能向純樸的當地人打聽，肯定會得到滿意的答案，他們所介紹的地方都是當地人氣很旺的餐廳，這些地方的飯菜口味正宗，價格不貴，也能避開遊客眾多的餐廳，還可以體驗當地人的生活。

三、找旅館，用網路

現在網路資源越來越發達，幾乎覆蓋了世界各地。所以，當妳到一個陌生的地方，需要住宿時，妳不妨在網上尋找一個既經濟又實惠的地方居住。而且，當妳遊玩一天了，勞累是肯定的，因此，這時候找一個安靜、舒適的住宿休息環境就顯得十分重要。星級酒店的住宿條件自然上乘，但要想省錢，就應從實用的角度考慮。

四、合理選擇交通工具

經常出遊的人都知道，如果出行旅遊的時間比較充足，而且不是到較遠的地方非得坐飛機搶時間不可，可以選擇坐火車、乘客運。這樣一來花費將少得多，二來可以領略路上的風景。

五、怎樣訂票更省錢

如今一些航空公司都有提前預訂機票可享受優惠的規定，且預訂期越早優惠越多。此外，也有購買往返票的優惠政策。一般來說，國際機票的價格空間非常大，如果妳決定去某個地方，首先要看哪些航空公司有這條航線。然後，很勤快的打電話給各家航空公司詢問機位情況，航空公司本身的機位資訊是最直接的，不過這價格通常會比旅行社貴。然後妳再打電話到各處旅行社或票務代理處詢問價格，為了保證座位，可以邊問價格邊訂位，不用擔心重複預訂，旅行社用的系統看不見乘客姓名，最好讓旅行社傳真定位單給妳，妳會發現各個旅行社給的價格、飛行計畫（航空公司、時間等）都不同。問得越多越有利，省錢就得這樣花工夫比較。如果時間充裕不介意轉機的話，那麼妳省下的將不只是一小筆錢。當妳最後選定一家之後，最好一一打電話取消其他的預訂，一是為了信譽，二是航空公司見同一姓名多次預訂，怕妳是心懷不軌的乘客，有可能取消妳的訂位。

六、包車是個不錯的選擇

到了旅遊地，如何選擇交通工具呢？包車是一個不錯的選擇，人多的話，包車比乘坐大眾交通工具更划算，一來可以節省很多時間，二來可以節省體力，三來可以省去很多不必要的麻煩。而且當地司機熟悉情況，既經濟又安全。

七、利用團體票可以打折

如果是織團一起自助出遊，那景點的門票就很有議價空間了。這時妳可以借用一個旅遊公司的聯絡資料，向景點取得旅行社團隊的門票價。有時候親自談的折扣，甚至比旅行社的還管用。

八、統籌兼顧選景點

出門旅遊，玩是一個最主要的目的，但在玩上省錢也是大有必要的。首先對旅遊的景點要有所了解，從中選出最具特色的必去之處。當然，對其中的一些景點也要做好篩選。

此外，在旅遊時應留點時間去逛逛街，這樣既不需要一直花錢買門票，又能看看景區當地的風土人情。因此，在每次出行時妳可以制定計畫，做到統籌兼顧，每次行程都將就近的主要景點涵蓋，以便與日後再出遊的目標不再重複，這樣能夠避免某一景點沒有觀光到還要單獨一遊的情況。此外，有些景點是旅行社不去的，有些是還未開發的，這些地方既不用購買門票，也不會人山人海，而且風景一定不亞於那些固定景點。許多「養在深閨無人識」的地方，有著壯美的梯田、雲海等景觀，甚至保存了各種原始的自然生態風貌和地方風俗。

九、學會議價

外出旅遊是為了留個紀念，幾乎人人都會購買旅遊紀念品，此時一定不要羞於議價，而應盡量要求優惠和折扣。要時刻記住，做個精明的消費者。

掌握了以上這些切實可行的小訣竅，妳就可以玩得既開心又省錢。女人們還等什麼呢，趕快行動吧！

節省開銷，躲開家庭的「金融風暴」

在很多家庭中，女性是家庭中的財務總管，她們不僅是購買自己所需消費品的掌權者，也是家庭用品的主要購買者。因此，錢怎麼花才能既提高生活品質又不至於浪費，成為很多女性關注的問題。計劃用錢既是一種生活需要，也是一種生活藝術。

王嫣今年三十一歲，從醫人員，丈夫在一家外企公司工作，夫妻倆每月薪水加起來十五萬元，有一個四歲的女兒。去年初他們貸款買了一間別墅，十五年還款期限，月還三萬六千多元。裝修進行不久，他們就發現按照理想標準，預算還遠遠不夠。於是與丈夫一合計，決定向銀行再次貸款營造溫馨現代家庭。於是，每月的總還款額增加到了五萬六千多元。隔年，算算還有還款的能力，於是又貸款買了一輛車，貸款期限五年，每月還款七千多元。開上自己的車的興奮感還沒過去，王嫣夫婦就感覺家庭經濟狀況驟然緊張，眼看女兒上幼稚園在即，一打聽每個月兩千多元的學費，使得夫婦倆不得不辭掉了保姆。眼下，王嫣一家的收入總是超出開銷，除了女兒的花費，家裡其他支出則是能省就省，生活品質急劇下降。以前夫妻倆還經常去聽聽音樂會，每週去吃頓情調晚餐，而如今這些活動一律取消。儘管如此，每到月底，還是會出現財政赤字。眼見女兒各種教育開銷等還在進一步上升，王嫣對家庭未來的經濟狀況頗為擔心，她正在想辦法和丈夫一起尋找兼職以增加收入。

像王嫣這樣消費觀念比較前衛的人一旦選擇了負債消費，沒有合理安排家庭的開銷，雖然過上了「有房、有車」的幸福生活，但預支了自己的未來之後，真的就能夠開始享受生活了嗎？答案是否定的。如果真的希望自己的生活能夠在寬鬆的環境下幸福美滿，還要學會精打細算，做好家庭開銷計畫。

許小姐由於受到家人的影響，懂得了一些理財技巧，其中最重要的一環就是將每個月的收入做好支出計畫。

首先，每月領薪水後，除了留下必要的零用錢外，剩餘部分全部作為家庭基金。

其次，列舉出本月的基本開銷，通常包括水、電、瓦斯、暖氣等費用；再列出本月的生活費用開銷，包括柴米油鹽等飲食支出和外出的交通費、朋友聚會的費用等；再留少許其他開銷，比如添置換季的衣物等（不是每月都要支出，但每月都要留存，以免換季時節支出過大影響正常生活）。

列出每月的必要開銷後，將裡面的基本開銷存入銀行（活期儲蓄，不到要用時堅決不動用這筆錢），然後將準備添置衣物用的其他開銷也存入銀行（活期儲蓄或零存整取，動不動用這筆錢可視情況而定），這樣做雖然每筆資金的金額很少，但總比放在家中一分錢利息都沒有要好。此外，拿出三十一個信封，每個信封裝著平均每天的生活費，每天只動用當天的「支出袋」，用不完可留到第二天用，如果確實不夠，第二天只好少用一些。

除去每月的必要開銷，每月都要有一定的剩餘，這筆錢最好是放在銀行裡。許小姐的做法是，將這部分錢分為兩部分，四分之一存為活期以作不時之需，四分之三存為定期，以有效約束自己想花錢的衝動。活期自不必說，許小姐將每個月的定期部分存成定期一年的存單，這樣到了第二年，每個月都會有存單到期，每個月都有驚喜，到時肯定有成就感。而且，從第二年起，她每個月還把當月剩餘資金的百分之七十五和當月到期的存單一起再存成一年的定期存單，這樣一來，每筆的存款額就會越來越高。

她在日資企業工作，意外的大額收入也是有的，比如，年節時的獎金等，金額通常較大。由於這部分的金額較大，因此更要計劃好如何存儲。她的做法是，不要存成一張定期存單，而應分成若干張，比如：兩萬元存一年，不如分成八千、六千、四千、兩千各存一張單。這樣做可應付不時之需，需要一千元時就只動用兩千的存單，需用一萬元時就用兩千加八千的存單，總之動用的存單越少越好。

除了正常的銀行儲蓄，許小姐還拿出部分資金買國債和保險，之所以如此，是因為股票、基金、期貨的風險本來就大，而自己又缺乏專業知識，這就會造成風險的再度擴大。

國債每年都會發行，利息雖然與銀行同期儲蓄利息差別不大，但沒有利息稅，如果家中有部分錢在短期之內用不到，選購國債將是首選。關於保險，可能很多女性朋友沒有意識，認為收入不高，沒有必要拿出那麼多錢去為不知何時發生的事買保險（也許根本就不會發生）。但是正因為收入不高、世事難料，現代的醫療費用又居高不下，中低收入者才更應該買保險，這樣在萬一出了意外時，才能給自己以治療的機會，給家人一份保障。所以，再怎麼樣也要買份生病保險和意外險。

最後一條就是記帳，這是許小姐理財過程中的重要一條。所謂記帳，帳目並不需要非常專業，只要做好流水帳就可以，但一定要每天都記，只有如此，月底盤點時才能發現自己是否有過因衝動而購買東西的舉動。有了檢討，下個月才會有所約束，才會更有利於家庭開銷計畫的修正。

其實，並不是賺錢越多生活就越優越，理財的真諦是使有限的錢財發揮出最大的效用。人們常說：「口袋的大小決定了幸福的多少。」其實還應該加上一句：「腦袋決定口袋。」只有有經濟頭腦，從以下的幾個方面管理家庭的支出，才能讓自己的口袋越來越深、越來越鼓。

一、家庭消費要量入為出

一般來說，家庭必須考慮一家人的衣、食、住、行的需要，一個月的收入必須優先保證生活開銷，即基本的生活必需費用，如飯菜、房租、水、電、交通費用等。但現在的大千世界中物欲橫流，人們的消費欲望往往會被各種各樣的誘惑所吸引，導致在金錢使用上的浪費。因此，每個人、每個家庭都應該量入為出，按照自己的收入過日子。像生活中的一些並不是非買不可的產品，如食品、裝飾品、較為舒服的傢俱和沙發等，作為家庭中執掌財政大權的女性要根據自家的經濟情況對這些東西進行妥善安排，添置物品前應該進行周密的考慮，切不可脫離現實，盲目攀高，超前消費；也不可貪圖一時享樂，最後使自己陷入不得不預支薪水的尷尬境地，拆了東牆補西牆，寅吃卯糧，結果必然債台高築，不得翻身，嚴重影響家庭中的理財原則。假如一個家庭出現了這樣的結果，那麼妳就稱不上是一個合格的家庭財政大權掌管者。

二、家庭消費要適度節儉

女性在家庭消費中一定要懂得節儉，女性節儉可以遏制家庭中的不必要消費，使家庭中金錢支出得到適度運用，這也就意味著統籌安排、精打細算和避免浪費。

節儉也意味著要確保將來的利益得到保障，因此更要有抵禦眼前誘惑的能力，掌控家庭中的財務狀況，這也正是一個女人的高明之處。但是，女性朋友們要弄清這個「節儉」的概念，它並不等於吝嗇，而是為了日後的慷慨大方適當的縮小眼前開銷的一種方式。所以，女性朋友在購買價格昂貴的物品時，要權衡一下是否必須購置，是否符合家庭成員的共同需求，是否為家庭的經濟收入和財力狀況所允許，要本著節儉的原則，適度消費。

三、家庭消費要以實現最大利用率為原則

女性在家庭中如果能做到充分提高物品的利用率，就可以達到最佳的消費效益。也就是說，在消費時要盡量避免盲目性消費。任何產品都有它的生命週期，商品的款式和品質都在不斷更新和提高。因此，生活中花費應當盡盡量避免在過時的商品上花錢；不急用的商品也不要在熱銷期購買，最好等到這種商品在市場上達到飽和時再購買，這樣能大大提高家庭消費的經濟效益。

當然在購買時也要注意商品的性能和使用壽命以及維修等問題，這樣才能充分發揮物品的作用，盡量愛惜物品延長它的使用壽命。這也是為什麼買同樣的商品一家能使用三年，而另一家僅能使用一年的原因。每個家庭主婦都在消費，可並不一定每個家庭主婦都會消費，家庭財務的支配並非每位女性都能管理得恰到好處。因此，在日常生活中選擇一種比較好的家庭消費管理方式是非常必要的，只有對家庭的經濟開銷不斷總結、不斷規劃，才能使家庭走上幸福的康莊大道。

做自己的理財設計師

我們要合理的利用周圍一切可以利用的有利因素，精心理財，大膽嘗試。這樣，我們就可以創造出屬於自己的財富。

一、節省每一分錢

如果妳每天加倍的往存錢筒裡存硬幣的話——第一天，一個；第二天，兩個；第三天，四個；第四天，八個……到了月底，妳的存錢筒將有意想不到的收穫。

如果我們充分運用積攢的每一分錢，照樣可以滿足生活的基本需要和心中廣博的欲望。

二、保證家庭第一

有位參議員被診斷出患了淋巴癌。為了和家人在一起的時間更長一些，他放棄了名望甚高的工作。正像一位睿智的朋友所說：「沒有人希望臨終前在辦公室度過更多的時光。」妳可以賺得生活所需，解決財務上的問題，生活富裕繁榮，但並不一定要妳去扮演工作狂。

總之，無論是傳統家庭還是現代家庭，都跳不開同樣的意義：一家人相聚相守，讓生命繁衍下去。

三、養成創業習性

想獲得成功，就要養成創業的習性：多才多藝、靈活自如、善於推銷自己、精於個人理財、排定事情的優先順序，而且時刻準備著棄職而去。今日的員工需要有跳槽的心理準備。平均來說，跳槽常常是四到八年一次。

將妳的創業念頭付諸實施前，先經營一兩項小事業，這對妳來說是一種很好的歷練。它對妳的起步、經營、經驗積累都有很大幫助。我們把它看做妳手中的「王牌」。妳可能因為喜歡手中的王牌而辭掉工作，也可能因此為工作的轉換做好各種準備。

四、選定生活方式

慧明記得五十年前的一段經歷。當時，她和奶奶到了一片海灘。她迫不及待地撲向大海，奶奶則一點一點地向水中邁進。她捧起水，先潑向胳臂，又潑向身體的其他部位。奶奶則還在適應水溫的變化。慧明瞬間就做成的事情，奶奶卻似乎用了整整一生。

故事包含了許多內容。妳可以把它理解為給自己的未來增加保險係數。下水之前，妳先要清楚自己會遇到什麼，以便在事情來臨時胸有成竹，而且有逃脫的方法。做出改變生活的積極決定之前，妳需要理清事情的輕重緩急、權衡選擇的利弊。

五、投資妳的債務

有一則故事到處流傳：

當聲名狼藉的威利被問到為什麼要搶劫銀行時，他回答道：「因為這裡有錢。」威利可能是個惡棍，但不是個笨蛋，他選對了目標。不過如能夠到銀行裡投資，而不是到這裡搶劫，事情當然會更好些。

妳永遠不知道，哪一天會失業、面臨醫療危機、離婚甚至漏雨的屋頂，這些都會引發妳的財務危機。所以，讓債務降到最低點是最明智的做法，不過還有另外一個理由：妳可以為自己省下一大筆財富。

六、規劃理財前景

假定妳的財產沒有巨大的增加、工作生涯中也沒有什麼一流的投資，但妳仍將賺到一筆財產。比方說妳和伴侶都年方二十五歲，你們家的收入和普通的家庭一樣，年薪估計約一百萬元。如果你們兩人都工作到六十五歲，即使你們的收入從不增加，也沒有過度的生活開銷，到頭來，你們的存款也將超過千萬元。如果妳的薪水以百分之三的比例逐年成長，最後妳的存款就更多了。

聽任錢點點流失，還是善加利用？最好的理財設計師，是妳自己……。

總之，理財就是所有與財富相關的活動的總稱，是現代社會重要的組成要素，是現代人過上幸福快樂生活必備的基本素養。只有學會了理財，我們才能擁有快樂的高品質生活。

第四章　財精女人，懂點理財小詭計

第五章　有「心機」的女人吃得開

世上的事物沒有絕對的好與壞，也沒有絕對的正確與錯誤。「心機」也一樣，用在錯誤的地方會產生消極的效果，但是用在正確的地方就會產生積極的效果。美國有位著名的成功學家曾說：「我從來不相信世界上的好事都是留給幸運兒的，我認為好事是留給精於辦事技巧的智者的。」因此，為人處世也要掌握一定的手段，而能夠洞悉人情世故奧妙之處的女人，才能在各種場合長袖善舞，贏得巨大的成功。

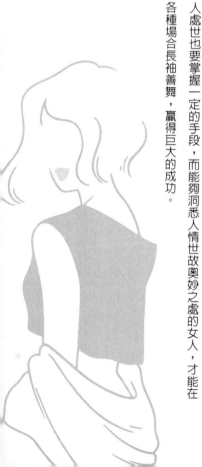

紅黑臉相間，人情操縱更自如

「黑臉—紅臉」的操縱戰術，有兩種使用方式，一種是一個人唱紅臉，一個人唱黑臉，兩個搭檔合唱雙簧。這需要兩個人相互配合才行，兩個人不可以以同一種姿態去面對目標。在具體操作上，一般來說，第一個人飾演的是「黑臉」，他的責任，在於激起對方「這個人不好惹」、「碰到這種人真是倒了八輩子楣」的反應，而第二人唱的是「紅臉」，即扮演「好人」的角色，使對方產生「總算鬆了一口氣」的感覺。就這樣，二者交替出現，輪番上陣，直到達到自己的目的。

另一種「黑臉—紅臉」戰術的施行方式更有難度，那便是同一個人像技藝精湛的演員一樣根據角色需要來變換臉譜。同樣一種情況，在面對這個人時是和風細雨，但是面對另一個人時則是狂風驟雨；或面對同一個人，在這種情況下是溫文爾雅，而在另一種情形下又變得疾言厲色。

一位中年婦女從老家到北部出差，閒暇時想在臺北街頭買幾件漂亮的新衣服。聽說有一個夜市的衣服物美價廉。到了那裡以後，果然名不虛傳。衣服不僅漂亮而且價格比商場裡的不知要便宜多少倍呢。於是，她一口氣選了好幾件，家人的、朋友的、同事的，高興的把錢付給了店家，轉身準備離開時，卻忽然發現自己的錢包竟然不翼而飛了。這可把她嚇壞了，包裡有好幾千塊錢呢！明明剛才付款時才拿出來的，怎麼可能一下子就不見了呢？剛才攤位前就她一個人，再就是賣衣服的攤主了。這位婦女仔細地回憶剛才的情形，心想，十有八九是賣衣服的攤主隨手把錢包塞進了衣服堆裡。

這位婦女問攤主說：「小姐，妳有看到我的錢包嗎？」

攤主一聽，不高興了，說：「哼，妳是在說我拿了？那妳去叫警察呀！」

這位婦女一聽，攤主的口氣不對，自己並沒有說她拿了，只是詢問一下而已，她就翻臉比翻書還快，口氣這麼差，這不是「此地無銀三百兩」嗎？

這位婦女明白，自己一個人在外地，既沒有親戚，也沒有朋友，一旦離開小攤，錢包被轉移，那就再也沒有希望拿回來了，自己就要損失好幾千塊呀！如果和她來「硬」的，只會把關係弄僵。於是，她決定來點「軟」的，她笑著賠不是，說：「我沒說是妳拿了，是不是忙中出錯，把錢包混到衣服堆裡去了？」這話說的很有分寸，給女孩準備了台階下。

看女孩的臉色緩和了很多，這位婦女又悄悄低聲的說：「小妹妹，我是一個外地人，由於工作需要到這裡出差，想買幾件衣服送人，在這裡一下子就照顧了妳好幾千元的生意，妳怎麼能這樣對待我呢？我看妳年紀輕輕的，在這個繁華、熱鬧的街道上擺攤，一個月下來好幾萬元的收入，也不差這幾個小錢，還是信譽要緊呀！」這一番懇求、開導、暗示，說得攤主不好意思的低下了頭，顯然攤主內心正在進行激烈的天人交戰。

為了攻破攤主的最後防線，這位婦女又繼續說道：「我是一個普通上班族，這錢是我一家老小一個月的生活費呀！他們怕我一個人出門在外，用錢的地方多，都讓我拿來了，要是就這樣沒了，回去我怎麼對得起他們呀！妹妹，妳就替我好好找找吧。」接著，她又補充道，「我知道妳是一位善良的女孩，一定會幫助我的。」

果然，那位攤主禁不住這位婦女的再三懇求，就找個台階借坡下驢，翻了一陣子，在衣服堆裡找出了錢包，紅著臉遞給了這位婦女。

這位中年婦女的「臉譜論」道出了逢場作戲的實質本領。能夠一會兒紅臉一會兒黑臉，集軟硬兼施、剛柔相濟、德威並加於一身，便能像一位出色的演員，讓自己在社會中勝任各種角色。

在京劇裡，演員面部化妝，以各種人物不同，在臉上塗有特定的譜式和色彩以寓褒貶。不同的臉譜顯示了不同的角色特徵。關係學中紅黑臉相間借用京劇臉譜的名稱，但它要比京劇中簡單化的臉譜複雜得多。它是寬猛相濟、恩威並施、剛柔相濟的綜合，是一種高級厚黑之術。

「黑臉」開場，「紅臉」收場，確實是靈活辦事操縱他人的好方法，用「黑臉」既壓抑對方的怒火，又擺明了自己的立場。而「紅臉」收場更是這場戲的關鍵和精彩所在。高明的厚黑之人深諳此理，熟練的運用紅黑臉相間之策。有時兩人搭檔唱雙簧，一個唱紅臉，一個唱黑臉；更高明者，則可像高明的演員，根據角色需要變換臉譜。正所謂軟硬兼施，剛柔相濟，「黑臉—紅臉」戰術就在這收放自如中操縱人心，掌控他人，順利辦事。

為人處世也要掌握一定的手段

決定女人成敗的重要因素就是人際關係的好壞。雖然人的心理很難用法則來規範統一，但卻有些共通之處，因此，為人處世也要掌握一定的手段，而能夠洞悉人情世故奧妙之處的女人，便是在世上能夠左右逢源的女人。

《紅樓夢》裡，最會辦事、最擅長辦事的，要數左右逢源、八面玲瓏的鳳姐兒了。一天，邢夫人把鳳姐兒找來，悄悄向鳳姐兒道：「叫妳來不為別的，老爺因看上了老太太房裡的鴛鴦，要她在房裡，叫我和老太太討去。我怕老太太不給，妳可有法子辦這件事嗎？」鳳姐兒聽了，忙賠笑道：「依我說，竟別碰這個釘子去。老太太離了鴛鴦，飯也吃不下去，哪裡就捨得了？太太別惱，我是不敢去的。明放著不中用，而且反招出沒意思來。老爺如今上了年紀，行事不免有點兒背晦，太太勸勸才是。」邢夫人冷笑道：「大家子三房四妾的也多，偏咱們就使不得？我勸了也未必依。就是老太太心愛的丫頭，這麼鬍子蒼白又做了官的一個大兒子，要了做屋裡人，也未必好駁回的。我叫了妳來，不過商議商議，妳先派了一篇的不是。也有叫妳去的理？自然是我說去。妳倒說我不勸，妳還是不知老爺那性子的，勸不成，先和我鬧起來了。」

鳳姐兒知道邢夫人稟性愚弱，只知奉承賈赦以自保，次則婪取財貨為自得，家下一應大小事務，皆由賈赦擺布。兒女奴僕，一人不靠，一言不聽。如今又聽邢夫人如此的話，便知她又使小性子，勸也不中用了，連忙賠笑說道：「太太這話說的極是。我能知道什麼輕重？想來父母跟前，別說

第五章　有「心機」的女人吃得開

是一個丫頭，就是那麼大的一個活寶貝，不給老爺給誰？依我說，要討，今兒就討去。我先過去哄著老太太，等太太過去了，我搭訕著走開，把屋子裡的人也帶開，讓太太好言和老太太請求。給了更好，不給也不礙事，眾人也不知道。」邢夫人見她這般說，便又高興起來，又告訴她道：「我的主意先不和老太太說。老太太要說不給，這事便完了。我心裡想著先悄悄的和鴛鴦說。她要是害臊不言語，就妥了。那時再和老太太說，老太太雖不依，但擱不住鴛鴦她願意，常言『人去不中留』，自然這就妥了。」鳳姐兒笑道：「到底是太太有智謀，這是千妥萬妥。別說是鴛鴦，憑她是誰，哪一個不想巴高望上、不想出頭的？」邢夫人笑道：「正是這個話了。妳先過去，別露一點兒風聲，我吃了晚飯就過來。」

鳳姐兒暗想：「鴛鴦素來是個極有氣節的丫頭，雖然說人都喜歡攀龍附鳳，難保她不願意。我先過去了，太太後過去，她要依了便沒話說；倘或不依，太太是多疑的人，只怕懷疑我走露了風聲，叫她拿腔作勢的。到時太太又見應了我的話，羞惱成怒，拿我出起氣來，倒沒意思。不如和太太一齊過去了，她依也罷，不依也罷，就懷疑不到我身上了。」想畢，因笑道：「方才我臨來時，舅母那邊送了兩籠子鵪鶉，我吩咐他們炸了，原要趕太太晚飯上送過來。我才進大門時，見下人們抬車，說太太的車拔了縫，拿去收拾去了。不如這會坐了我的車，一齊過去可好。」邢夫人聽了，便命人來換衣裳。鳳姐兒忙著服侍了一會兒，兩人一同坐車過去。鳳姐兒又說道：「太太過老太太那裡去，我若跟了去，老太太若問起我過來做什麼，那倒不好；不如太太先去，我脫了衣裳再來。」

邢夫人聽了有理，便自往賈母處。

由此段故事可見，鳳姐兒左右逢源、見機行事之術非同一般。若是有好事，她肯定是百米衝刺跑在最前頭；要是估量著沒什麼好處，她則施展一招絕活，將皮球踢給別人。從此事中已見鳳姐兒「推託法」之妙。

人們都只知海闊憑魚躍，天高任鳥飛，卻不知海不闊天不高之說。在現實生活中，客觀環境往往就不允許妳躍，不允許妳飛，所以妳要學會應變，做到左右逢源。

那麼要怎樣才能做個左右逢源的女人呢？需要從以下六個方面入手：

一、方與圓：方是做人的脊梁，圓是處世錦囊。過分的方，剛愎自用，鋒芒畢露，有勇無謀；過分的圓，唯唯諾諾，毫無主見，縮手縮腳。而這個度該如何把握？只有靠個人的體會與感悟。聰明與愚蠢之分，也正在於此。

二、剛與柔：過柔則靡，太剛易折。該剛則剛，該柔則柔；人剛我柔，人柔我剛；人柔我亦柔，人剛我更剛。運用自如，遊刃有餘，到底誰能夠笑到最後，還用說嗎？

三、表與裡：為人應表裡如一，察人須由表及裡。做人要表裡如一，而且要著重在充實內在。做人要講藝術，表裡如一是藝術，表裡不一也是藝術。揣摩它，奧妙無窮，樂趣無窮。

四、禮與兵：禮使人雅，兵使人威。遇到事情究竟是先兵後禮，還是先禮後兵，兵禮兼用時如何把握彼此的度，這些，都是我們在為人處世時需要慢慢揣摩和體會的。

五、忍與抗：忍得難忍之事者，抗則無往不勝。忍耐是人最基本的生存智慧。忍一時風平浪靜，退一步海闊天空。人，就應該在忍耐中生活，在生活中忍耐。有時候忍耐住剛強直率的性格與對手周旋，是抗的良策。相反，以硬碰硬，會讓自己吃大虧的。

六、從與違：捨己從人無違緣。探討這個話題，至少應該弄明白三點：妳該從什麼、妳該違什麼以及怎樣讓別人從妳。

其實天下的道理都是善於總結分析的人透過自己與前人的寶貴經驗和實踐總結而得來的，在我們看來常是深奧而無法一時理解，其實重要的不是記住這些文字，而是對這些道理在現實中的合理運用才是真正需要掌握的本領！

愛笑的女人，命運都不壞

微笑是一種魔力，這種蘊涵著堅實的、無可比擬的魔力不僅能夠給生命注入新的甘露，也會使妳的人生開出幸福的花朵。

美國聯合航空公司曾創造了一項世界紀錄，那就是在一九七七年載運了三千五百多萬人。聯合航空公司宣稱，他們的天空是一個友善的天空、微笑的天空。的確如此，他們的微笑不僅僅在天上，在地面上便已經開始了。

有一位叫珍妮的小姐去參加這家公司的面試，雖然她在這家公司的高層中沒有熟人，更沒有事先去打點，但她很順利的得到了這份工作，原因僅僅是她的臉上總是帶著陽光般的微笑。

令珍妮驚訝的是，面試的時候，考官會不時故意把身體轉過去背對著她，妳不要誤會這位考官不懂禮貌，他是為了更好的去體會和感覺珍妮的微笑，因為珍妮的工作是透過電話展開的，諸如關於預約、取消、更換或確定飛機航班的事情。最後，那位考官微笑著對珍妮說：「小姐，妳被錄取了，妳最大的優點是妳甜美的微笑，妳要在將來的工作中充分運用它，讓每一位顧客都能從電話中感覺到妳的微笑。」可見，微笑就像是一種情緒，從我們的心底產生出來，並綻放在我們的臉龐上，即使有時候別人不能直接看見，也會從中感知到我們的熱情和真摯。

無獨有偶，還有這樣一個故事：

一家信譽非常好的大型花店，要以高薪聘請一位售花小姐，招聘廣告張貼出去後，前來面試的人如過江之鯽。經過幾番口試，老闆留下了三位女孩讓她們每人經營花店一週，以便從中挑選一人。這三個女孩長得都如花一樣美麗，一人曾經在花店插過花、賣過花，一人是花藝學校的應屆畢業生，剩下的一人只是一個待業青年。

插過花的女孩一聽老闆要讓她們以一週的實習成績為錄取參考，心中竊喜，畢竟插花、賣花對於她來說是輕車熟路。每次一見顧客進來，她就不停的介紹各類花的象徵意義以及給什麼樣的人送什麼樣的花，幾乎每一個人進花店，她都能說得讓人買下一束花或一籃花，一週下來，她的成績不錯。

花藝學校的女生經營花店，她充分發揮從書本上學到的知識，從插花的藝術到插花的成本，都精心琢磨，她甚至聯想到把一些斷枝的花朵用牙籤連接花枝夾在鮮花中，以降低成本……她的知識和她的聰明為她一週的鮮花經營也帶來了不錯的成績。

待業女青年經營花店，則有點放不開手腳，然而她置身於花叢中的微笑簡直就是一朵花，她的心情也如花一樣美麗。一些殘花她總捨不得扔掉，而是修剪修剪，免費送給路邊行走的小學生，而且每一個從她手中買去花的人，都能得到她一句甜甜的贈言：「鮮花送人，餘香留己。」這聽起來既像女孩為自己說的，又像是為花店講的，也像為買花人講的，簡直是一句心靈默契的心語……儘管女孩努力珍惜著她一週的經營時間，但她的成績比前兩個女孩差很多。

出人意料的是，老闆竟然留下了那個待業女孩。人們不解為何老闆放棄能為他賺錢的女孩，而偏偏選中這個縮手縮腳的待業女孩？

老闆如是說：用鮮花賺再多的錢也只是有限的，用如花的心情去賺錢才是無限的。花藝可以慢慢學，可如花的心情不是學來的，因為這裡面包含著一個人的氣質、品德以及情趣愛好、藝術修養……

這就是微笑的力量！

世界上最偉大的推銷員喬．吉拉德曾說：「當你笑時，整個世界都在笑。一臉苦相將沒人理睬你。」微笑是世界通用的護照，走遍全球。陽光雨露般的微笑是妳暢行無阻的通行證。

冷廟燒香，用時一當十

世事滄桑，複雜多變，起起伏伏，世事難料。昨天的權貴，今天可能成為平民；巨富財主，一夜之間也可能一貧如洗……從人生的角度來看，人們不可能一帆風順，挫折是難免的。當人們落難的時候，不僅自己倒楣，而且也是對周圍的人們特別是對朋友的考驗。此時遠離而去的人可能從此成為陌路人，同情、幫助他度過難關的，他可能記住妳一輩子。所謂患難之交，往往就是在困難時候形成的，而這種友誼也是最有價值、最令人珍視的。這也是我們平常所說的，冷廟燒香最靈驗。

曾經熱播的韓劇《大長今》中的長今，她的人生雖然坎坷，卻有多位貴人相助，最後幫她逢凶化吉，這都得益於她的「冷廟燒香」。就如同她與無權無勢的宮女連生之間真摯的友誼，竟然為她在宮內提供了堅實的後盾。誰又能想到，曾經那麼弱小，還需要別人保護的連生，日後竟成了身居高位的皇妃？長今也正是隨著那些「冷廟」香火的日益旺盛而得益匪淺。

從人生的整體來說，人生際遇之所以變化，是因為周圍的環境在變。四周的環境變化不停，非想辦法應付之以圖自存不可。環境既然日新月異，應付的方法就須隨之改變，應付得當，遂占優勢，積優勢而成泰境；應付失當，遂陷劣勢，積劣勢而成否境，人的能力無論如何高強，必然有所缺失，所以即使是英雄，也有潦倒之時。人的能力雖然很平庸，然而有時也會因一時靈機所動而變成大人物。

當人得意的時候，把一切看得很平常很容易，這是因為他很自負。如果妳的境遇地位與對方相差不遠，與之交往，當然無所得失。如果妳的境遇地位不及他，多與之交往，反而容易發生勢利的誤會。到那時妳雖極力去巴結，多方效勞，在他看來，卻很平常，彼此感情不會有多少增進。只有他轉入逆境，從前友好的人，轉眼如不相識；從前車水馬龍，今則門可羅雀；從前一言九鼎，今則哀告不靈；從前無往不利，今則動則得咎。他的繁華夢醒了，對人的認識，也就會比較清楚了。

如果妳認為他是個英雄，是個有為的人才，這時應該趁機多多交往，好言慰藉、多方打氣，以鼓勵其再起雄心。或者乘機給予其忠告，指出其所有的缺失，勉勵其改過向善，如果有能力，也可給予相當的幫助，或者施予物質上的救濟。但物質上的救濟，尤須盡我所能，不要等到他開口，而要隨時採取主動。有時他實在很急著要，又不肯對妳明言，或故意表示無此急要，妳若得知情形，也須盡力去幫忙，並且不能有絲毫得意的樣子，要讓他一面覺得受之有愧，一面又使他有知己之感，分金之遇，一飯之恩，將使他終生銘記。妳將來如有所需，他必會奮身圖報，即使妳無所需求，他有朝一日否極泰來，也絕不會忘了妳這個知己的。

總之，靠個人的力量來發展是有限的，多多結交潦倒的英雄，為己所用，妳的發展才是無窮的。一個人可以有好幾種投資，對於事業的投資，像是買股票；對於人物的投資，則是買人心。買股票所得的資產有限，買人心所得的資產無限；買股票有時會賠錢，買人心始終成功；股票是有形的資產，人心則是無形的資產。「紂有人億萬，為億萬心；武王有臣十人，唯一心。」紂之所以敗亡，武王之所以興周，就在於有這份無形資產，「得天下者得其人也，得其人者得其心也。」得人心者可能得天下，何況妳所得的人心，還是英雄之心呢！

讓朋友欠妳個人情並非難事，同樣的，妳也可能欠下朋友的人情。人情是必須回報的，來而不往非禮也！但是，人情是有限的，不能一味的去支取，也不能一味的去儲蓄，這就需要妳根據自己的實際情況而決定。

這個世界上，在各方面都有許多出類拔萃的人物，他們的影響是非同小可的，妳必須利用與他們接觸的機會和他們建立良好的關係，這對妳將來的成功辦事是至關重要的。不要等待，一味的等待只會使妳坐失良機。

在各個場合，妳有許多接觸他人的機會。如果妳想接近他們，讓他們成為妳人際關係網中的一員，就必須付出像那些西方議員一樣的努力。假如妳到一個新的環境，如企業、學校等，在彼此都不認識的時候，妳要主動「出擊」，以真誠友好的方式把自己介紹給別人，這樣妳就能打開局面，求人辦事自然也就順利得多。

如果妳想多結交一些朋友，妳就應該主動了解對方的志趣愛好。妳可以透過多種方式去得到他們這方面的資訊，妳要注意與其相處時積累一些有關他的情況，可以透過他的朋友了解他的為人處世，也可以透過他的一些個人資料了解他。總之，妳了解得越多，就越好與其相處。

曾有一位記者，當她要結交新朋友時，總是想方設法打聽他們的生日。她先是請教這些人，問他們生日是否會影響一個人的性格和前途，並借機叫他們把生日告訴她，然後她悄悄把他們的生日都記下，並在日曆上一一圈出，以防忘記。等到這些人生日的這一天，她就送點小禮物或親自去祝賀，很快的，那些人就對她印象深刻了，把她作為好朋友了。

多一些有益的朋友，拜訪一些成功的前輩，往往會轉變妳一生的機運。

踩著男人的肩膀直上雲霄

有時候一些看似不可能完成的事情，只要妳善於綜合利用便可以獲得一切條件，周密計畫就可能輕易達到目標。每個人都想成功，而且希望盡快成功。最好的辦法，是用別人的銀子，做自己的生意，也不一定是借金錢，也可以是借聲借勢借人，做成自己的事。

在這方面，「從小老婆到知名女畫家」的潘玉良，給女性朋友留下了寶貴的啟示。

潘玉良，原名張玉良，出生在揚州一個貧民家裡，一歲時喪父，八歲時喪母，被舅舅收養。在她十四歲那年，為償還賭債，喪盡天良的舅舅把她賣給蕪湖的怡春院，玉良成了雛妓。

在她十七歲那年，海關監督潘贊化來蕪湖上任，當地鄉紳富豪為了討好他，特地選玉良唱曲助興。在接風宴席上，玉良輕撥琵琶，慢啟朱唇，唱了一曲《卜運算元》。

潘贊化原是桐城才子，早年留學日本，畢業於早稻田大學，後追隨孫中山參加過辛亥革命。那天聽到玉良辛酸悲涼的唱腔，不由得對眼前這位青樓女子細細打量起來，他試探著問玉良：「這是誰的詞？」

玉良一聲長嘆：「一個和我同樣命運的人。」

潘贊化又問：「我問的是她是誰？」

玉良像是回答又像是自語道：「南宋天台營妓嚴蕊。」

潘贊化暗暗點了一下頭，凝神看了她一眼：「嗯！妳倒是懂點學問。」

聽到誇獎的玉良有些靦腆，紅了臉答道：「大人，我沒念過書。」潘贊化感到意外的「啊！」了一聲，一縷惋惜憐愛之情油然而生：「可惜呀，可惜！」這不過是短短的一兩分鐘的對話，卻被商會會長看在了眼裡，盤算在心裡。

當晚，玉良被老鴇和商會會長逼上了車，作為他們孝敬總督的禮物送進了潘家宅邸，要她好生侍候總督大人。

當她戰戰兢兢的來到潘贊化的房門外時，潘贊化出乎意料的派人把她送了回去。為了照顧她的面子，他送了她一包銀子給老鴇交差，並約她第二天去看風景。

第二天，她如約出遊，在美麗如畫的蕪湖風景裡，她沉浸於潘贊化對名勝古跡的耐心講解中。敬仰和愛慕，使玉良不曾開啟的少女情懷如花般綻放。

夜幕又一次降臨了，玉良聽到了潘贊化吩咐車夫：「送張姑娘回去。」玉良「撲通」一聲跪在了潘贊化面前，淚水盈盈，懇求道：「大人，求求您，留下我吧！」

她的這一舉止使潘贊化有些吃驚，望著潘贊化不解的目光，玉良鼓足勇氣說：「他們把我當魚餌，想釣您潘大人上鉤，一旦您喜歡上我，就找您討價還價，給他們貨物過關行個方便，否則就以您留戀妓女不務正事，敗壞您的名聲！您若趕我回去，他們就說我無能，就會找流氓來害我，我知道大人是正派人，留下我對您不利，可我沒有辦法啊！」

聽到這一席話，潘贊化的臉上現出嚴峻的神色，他沒再說什麼，轉身走了出去。當夜，他將自己的臥室讓玉良住，自己在書房支了一個床鋪。

這一夜，玉良輾轉反側，很久沒有睡著，在這個冷酷的世界上，她早已沒有了親人，在她的心中，潘贊化就是她的親人，不知道在什麼時候他已經變成了她的唯一。她有些興奮，索性披衣而起，點亮了燈，找了一張紙，在上面畫起了她從小喜愛並熟悉的蓮花。

後來，她再一次請求潘贊化把她留下，這次她的真情打動了潘贊化。一九一三年，在陳獨秀的證婚下，玉良和潘贊化正式結成伉儷。新婚之夜，玉良改姓潘：一為顯示自己對丈夫的感激之情，二為表示自己新生活的開始。

婚後不久，潘玉良隨丈夫來到上海，嶄新的生活開始了。

有一天，潘玉良經過鄰居洪野先生窗前，發現洪先生在作畫，從此她就常常偷偷逗留這窗前，屏聲靜氣的觀看，後來被洪先生發現了。

洪野當時是美術大學色彩學教授，在見到了潘玉良自己臨摹的習作後，他大吃一驚：這哪裡像沒有受過正規教育的人的畫作？洪野產生了愛才之心。從此，家務之餘，潘玉良隨著洪教授學習繪畫。潘玉良天資聰慧，進步神速。

一九一八年，在丈夫和老師的鼓勵下，潘王良考取了美術大學。進入美術大學後，潘玉良十分珍惜這難得的學習機會，她勤奮刻苦，成績優異，經常受到教師和校長劉海粟的表揚和鼓勵。

劉海粟校長慧眼識才，他力勸潘玉良出國學習繪畫：「玉良女士，西畫在國內的發展受到很多限制，畢業後還是爭取到歐洲去吧！我來替妳找個法文教授輔導妳學習法文！」

在徵得丈夫的同意和支持後，一九二〇年潘玉良自上海起程，滿懷憧憬的踏出了她求學歐洲的第一步。

到達法國後，她先在里昂中法大學補習了一個月法語，就以素描成績優異考進了國立里昂美術學校。一九二三年，她又轉學插班到巴黎國立美術學校，師從西蒙．達仰教授。兩年後，其繪畫天賦得到羅馬國立美術學院繪畫系主任康洛馬蒂教授的賞識，直接升入該系三年級學習，成為該院的第一位中國女畫家。一九二八年，潘玉良自油畫專業畢業，隨後並進修了兩年的雕塑。

在即將舉行畢業儀式時，潘玉良與在歐洲遊歷的母校校長劉海粟不期而遇，她特地邀請老校長參觀了她和同學們的畫室。在老校長面前，教授把讚美之詞毫不吝惜的給予了潘玉良。異國教授和同學的推崇，使老校長為自己的學生感到非常高興和自豪。當下，劉海粟校長給潘玉良寫了聘書，聘任她任上海美術大學繪畫研究室主任兼導師。

一九二九年冬季，潘玉良學成歸國，結束了九年異國漂泊的艱辛日子，受聘於上海美術美術大學任西畫系主任。兩個月後，王濟遠先生為潘玉良舉辦了「中國第一個女西畫家畫展」。這次畫展共展出了二百多件作品，震動了中國畫壇。

一次成功的畫展，給剛剛回國的潘玉良帶來了極大的自信，隨後她再接再厲，一九三二年舉辦了第二次個人畫展。之後，為了充實和豐富自己的藝術素養，她走遍黃山、廬山、浮山、揚子江等地，以小學生的謙恭，廣拜名師，從石濤、沈石田，到齊白石、張大千、劉海粟、黃賓虹、林風眠等，採百家之長。

兩年後她展出了別開生面的新作，受到了人們的讚譽。她的第四次畫展在明復圖書館開幕，展出了百件近作，其中《我的家庭》、《瘦西湖之晨》、《白蕩湖》等引起了畫壇的轟動。參觀者車水馬龍，川流不息，把明復圖書館擠得空前熱鬧。

潘玉良能成就自己的事業，首先要歸功於她自己的繪畫天賦，但是，最重要的原因是她有心機，懂得借助他人的智慧使自己一步一步的完成從妓女到妾室再到名畫家的轉變。

笑裡藏刀的韜晦之術

「笑裡藏刀」之計不僅運用廣泛，也是一種無師自通的計謀。笑容，本是人類一種表示美好的表情，俗話說，拳頭不打笑臉人。然而笑裡藏刀之所以能夠成為一個百試不爽的計謀，就是因為「笑」是最好的偽裝，最好的迷彩，它擊中了人性中最常見的弱點，也最容易成功。

「笑裡藏刀」是一種表面上裝出謙恭敦厚，和藹可親，以假好人充當真好人，而實際上骨子裡卻無比陰毒，使對方在不知不覺中陷入自己預先設定好的圈套，暗藏殺機的謀略。可以稱得上是一種內剛外柔的韜晦之術。

春秋時期，魏王贈給楚王一位美女，楚王非常喜歡這個美女。可是，楚王的夫人是個有名的醋罈子，楚王正在思索該怎樣和夫人說這件事。然而出人意料的是，當楚王的夫人知道楚王十分鍾愛這個女子之後，她不但沒有吃醋生氣，反而比楚王更加喜愛這個女子，無論在任何事情上都記掛著這個女子，甚至很多事情不用楚王和美女張口，她都會準備齊全。楚王知道自己的妻子也十分鍾愛這個美女後，心裡很高興，說：「我的夫人知道我喜歡美女，所以，她的喜歡更勝於我，這如同孝子贍養雙親，忠臣事奉國君一樣。」此時，夫人意識到楚王並沒有發現自己懷有嫉妒之心，已經對自己完全放心，她心裡很高興。

一天，她來看望美人，對她說：「大王非常喜歡妳，但大王告訴我，他很不喜歡妳的鼻子。」

美人聽後，十分著急，說：「那我該怎麼辦呢？」

夫人聽後說：「別著急妹妹，為了使妹妹能長久地得到大王的寵愛，我想到了一個辦法，以後妳再見到大王的時候，就用手帕遮住鼻子，那麼大王就會長久的喜歡妳了。」

於是，美人聽了她的勸告，以後再見到楚王的時候，經常用手帕遮住自己的鼻子。楚王看到這種情況，感到很奇怪。

一天，他對夫人說：「美人看見了我常常遮住鼻子，這是為什麼呢？」

夫人回答說：「我不知道啊。」

楚王繼續追問她，在追問幾次之後，她說：「不久前，美人曾說過討厭聞到大王身上的氣味，所以就……」

楚王聽了勃然大怒的說：「我要割掉她的鼻子。」就這樣美人的鼻子被楚王割掉了。

兵書上說：「敵方的言語謙卑，而實際上是在加緊戰備，這意味著他將要進攻……沒有相約而主動來求和的，則是一種陰謀。」所以，凡是敵人花言巧語的行為，都是暗藏殺機的表現。楚王的夫人用花言巧語來矇騙美人，又用假意逢迎之計來矇騙大王，使之墜入了她的溫柔鄉中，對她失去了防備之心，結果美人的鼻子被割掉。從中可以看出「笑裡藏刀」之計的靈驗。

正如一些職場中地位高的人因為一件事與比自己地位低的人發生不愉快之後，地位低的人往往會裝出一臉笑意，說：「這不怪您，是我沒把事情辦好。」然而暗地裡卻伺機報復，而且往往這種報復還要毒辣很多，而這也正是運用了笑裡藏刀之計。

然而，無論是在任何場合、任何事情中，「笑裡藏刀」其實已經超越了性格養成的範疇。「有無相生，難易相成，長短相形，高下相傾，音聲相和，前後相隨，恆也。」也就是說對立的雙方總是相互依存而又相互融合。絕對的剛強和絕對的柔弱一樣，既不可能存在，也不可能持久。所以說，「剛」和「柔」並沒有絕對的界限，只是人們在做事情的時候，往往根據當時的環境來取捨兩者之間的多寡，因此，才有了對於一個人眾說紛紜、褒貶不一的說法。但如果將剛柔相濟用在「笑裡藏刀」這個計謀中，「柔」所占的分量更多一些，因為在「柔」施行了多次之後，施用此計的人才最終使用「剛」來收尾，當然仁者見仁，智者見智，但萬變不離其宗的就是此計中剛柔二者是合一的，正是因為有了「剛」和「柔」，才有了「笑」和「刀」。

臉皮厚點好辦事

俗話說：「臉皮厚，吃不夠；臉皮薄，吃不著。」今天看來不無道理。

在五千年文明歷史、兩千年儒家文化的薰陶下，讓我們腦中有了這樣的觀念：「寧可餓死、凍死，也不能讓人家戳脊梁骨。」這種強烈的自尊自強意識著實可嘉，但在新時代新形勢下，仍然抱此觀念不放，守著一張臉皮不放，那可就稱得上是迂腐之人。

古往今來，從東方到西方，有許多利用厚臉皮獲得成功的事例。他們之所以能夠成功，就是因為他們練就了刺不進扎不透的厚臉皮，保護著他們免遭旁人所有可能的非難和自己良心的譴責。

漢代的大辭賦家司馬相如，放任不羈，因為他很有文采，很多權貴都以結識他為榮。家有萬金、奴僕千人的臨邛富豪卓王孫，也想結識他以附庸風雅，於是他設宴邀請縣令王吉，並請司馬相如作陪。

司馬相如來到卓府，卓王孫一見其穿戴，心中就有瞧不起之意，心想自己是要臉面之人，來的卻是這樣一個放蕩無禮之輩。司馬相如全然不顧這些，大吃大嚼，只顧與王吉談笑，早把卓王孫冷落在一邊。

忽然，司馬相如聽到內室傳來琴聲，琴聲不俗。司馬相如一下子停止了說笑，傾耳細聽起來。

卓王孫原本被冷落在一邊覺得很是無趣，現在見琴聲吸引了這位狂士，於是誇耀的說這是女兒卓文君在彈奏。

司馬相如聽得如痴如醉，請求讓卓文君出來相見。卓王孫經不住王吉的慫恿，派人喚出卓文君。司馬相如一見卓文君，兩眼都直了：他萬沒想到俗不可耐的卓王孫竟有如此美麗高雅的女兒。於是他要過琴來，彈了一曲《鳳求凰》，向卓文君表達愛意。

卓文君心領神會，她愛慕司馬相如的相貌和才華，當夜來到司馬相如的住處，以身相許，兩人決定回成都。

卓王孫知道女兒與司馬相如私奔後，暴跳如雷：罵女兒不守禮教，罵司馬相如衣冠禽獸，發誓不准他們踏進家門。

卓文君隨司馬相如回到成都後才知道，她的夫君雖然名聲在外，家中卻很貧寒。萬般無奈，他們只好返回臨邛，硬著頭皮託人向卓王孫求一些資助。

不料，卓王孫破口大罵：「我不懲罰這個沒出息的女兒算便宜她了，還想要我接濟，一毛錢也不給！」

小倆口聽說父親的態度如此堅決，心都涼了半截，可是身無分文，日子可怎麼過呢？

卓文君尋思良久，終於想出了一個「絕招」。

第二天，司馬相如把自己僅有的車、馬、琴、劍及卓文君的首飾賣了一筆錢，在距卓府不遠的地方租了一間屋子，開了一個小酒店。

司馬相如穿上店員的衣服，捲起袖子和褲腿，像酒保一樣，又是擦桌椅，又是搬東西；卓文君則穿著粗布衣裙，忙裡忙外，招待來客。

酒店剛開張，就吸引了許多人來。這倒不是因為他們賣的酒菜物美價廉，而是大家都很好奇，想目睹這兩位遠近聞名的落難夫婦。

卓文君一點兒也不感到難堪，內心倒很高興，因為這正好達到了她的目的：給頑固不化的老爺子丟人現眼。

很快，臨邛城裡人人都在議論這件事，有的對這一對夫婦表示同情，有的責備卓王孫刻薄。卓王孫畢竟是一位有身份、有臉面的人物，十分顧忌這一時盛行的風言風語，一連幾天都沒有出門。有幾個朋友勸卓王孫說：「令嬡既然願意嫁給他，就隨她去吧。再說司馬相如將來一定會有出頭的日子，你應該接濟他們一些錢財，何必與他們為難呢？」

卓王孫萬般無奈，分給卓文君和司馬相如百名僕人，錢財百萬。司馬相如夫婦大喜，帶上僕人和錢財，回成都生活去了。

卓文君請求卓王孫接濟的方法，頗有幾分無賴精神，然而，他們已經到了走投無路的地步，還要那臉皮做什麼呢？由此可見，想要辦成事，臉皮厚一點也沒什麼不可以。

該用計時就用計

俗話說：「知人知面不知心。」人的內心世界最為複雜多變，難以揣測，可是，我們只要懂得了心理操縱術，就可以在瞬息之間，識破一個人的真偽，讀出一個人內心潛藏的玄機，就可以翻手為雲，覆手為雨，將別人的一舉一動掌控在股掌之中，使自己在人生的旅途中左右逢源，事事順暢。

在某大城市的一戶人家，有一位鄉下來的小保姆，由於性情實在，做事利索，給女主人的印象頗佳。但是，生性多疑的女主人還是擔心這位鄉下女孩手腳不乾淨，於是在試用期的最後幾天想出個辦法來試一試她。

一天早晨，小保姆起床要去做飯，在房門口撿到一百元，她想肯定是女主人掉落的，就隨手放在了客廳的茶几上。誰知第二天早晨，小保姆又在房門口撿到了一張五百元，這讓她感到很奇怪。「莫非是在試探我嗎？」小保姆產生了這樣的疑問。但她又很快打消了這個念頭，因為女主人是位剛從經理位置退休的體面人士，怎麼會做出這樣侮辱人的事情呢？

這樣想著，她就把錢放進了茶几底下，但心裡面還是留了個心眼。

到了晚上，小保姆假裝睡下，從臥室的窗戶窺看客廳中的動靜。正當她睏意襲來、準備放棄時，女主人竟真的悄悄走到茶几前取錢來了。小保姆澈底驚呆了，怒火沖上了她的心頭，怎麼可以這樣小看人！她咬了咬嘴唇，下定了一個決心。

第二天早晨，小保姆又在房門口發現了一張鈔票，這一次是一千元。她笑了笑，把錢裝進了自己的口袋。到了傍晚，她在女主人下樓去練氣功之前把這一千元錢悄悄放在了公共樓梯上，準備也測試女主人一番。果然不出小保姆所料，女主人之所以懷疑別人手腳不乾淨，正是因為她自己是一個自私而貪心的人，她在下樓時看見了那一千元，當時就眼睛一亮，然後趁著左右沒人把錢塞在了口袋裡。這一幕，全都被暗中偷窺的小保姆看到了。

當晚，女主人就像經理找下屬談話一樣叫來了小保姆，嚴肅而又婉轉的批評她為人不夠誠實，但如果能痛改前非，還是可以留用的。

小保姆故作懵懂地問：「妳是不是說我撿了一千元？」「是呀！難道妳不覺得自己有錯嗎？」小保姆搖了搖頭：「不，我不認為我做錯了什麼，因為我已經將那一千元還給您了。」女主人一臉詫異：「咦，妳什麼時候還我錢了？」小保姆大聲回答：「今天傍晚，公共樓梯……」

女主人一聽到「樓梯」兩個字，頓時像觸了電一樣渾身一顫，狼狽得一句話也說不出來……聰明的小保姆用「以毒攻毒」的方法，既為自己保留了尊嚴和面子，也揭穿了女主人虛偽的外表和小人的本性，可謂是「一石二鳥」、「一舉兩得」。

生活在內蒙古草原的狼，在千百萬年的進化中練就了能「單槍匹馬」的擒獲比牠跑得快的動物的本事，這是因為它牠清了這些食草動物的生活規律，在牠們最為鬆懈的時候下手；牠們也能組成強大的狼軍團，運用群體作戰的方法將獵物包圍一網打盡，狼的這些狡詐的伎倆來源於自然鬥爭的殘酷。而對作為萬物之靈的人類來說，社會的複雜程度要遠遠高於狼社會，這就要求人們在保留善良之心的同時，必要的時候也得學會「兵不厭詐」之術。

施與小恩惠，回報大實惠

小恩小惠是堅持財聚人散、財散人聚的觀點，從人情、人性的基礎出發，對待客戶、生意夥伴從生活、學習、工作、家庭等方面予以關懷。但需要指出的是，這種關懷只是適可而止。小恩小惠只能是作為一種手段，而不是作慈善。利用人們無功不受祿的心理，給別人施些小恩小惠，對方一定會對妳感激不盡，進而使妳輕鬆的達到目的，收獲大大的實惠。

實際上，平時的小恩小惠，花不了多少錢，主要是看妳是否有心。

一家紡織公司的董事長就是一個懂得用小恩小惠來拉攏人心的管理者。她公司有一個司機，經常胃痛。董事長知道之後，就常囑咐他多注意飲食。而每次公司讓他出車時，董事長都要他帶上一包餅乾，怕他半路上因飢餓而胃病復發。

董事長在公司，總是笑臉迎人。偶爾看到職員手頭緊、吃得差，還要「罵」他們幾句，並且會自掏腰包讓他們出去吃點好的。由於公司的午餐大家不太愛吃，所以，她乾脆專門派個人去飯店裡點菜，帶回來，大家一起在會議室裡聚餐。遇到因為忙於發貨而耽誤了用餐時，董事長都會事後請他們吃飯，還額外發給他們一些補貼。董事長的這種小恩小惠讓公司的氛圍非常融洽，公司的效益也是節節攀升。職員見了董事長都會親切打招呼聊上幾句。

有時候，小恩小惠也就是多說幾句好話或者客氣話的行為。可是如果平時不花精力去做這些事，那麼到了緊要關頭時，妳就只得端出遠遠高出小恩小惠數百倍的「高額懸賞」才能激勵他們。

因此，小恩小惠是絕對划得來的，即使在公司管理內部，這種方式也相當有效。

金宇哲是一家小企業的總經理，該公司長期承包那些大建築公司的工程。所以，金宇哲經常拉攏這些公司的重要人物，但她的更高明之處在於，她不僅奉承公司的重要人物，對年輕的職員也殷勤款待，經常施與小恩小惠。

在平時，金宇哲總是想方設法將那些大公司中各員工的各種情況做一個全面的了解。當她發現對方公司裡有個人大有可為，以後會成為該公司的要員時，不管他有多年輕，都會盡心款待。因為她明白，十個欠她人情債的人當中，有九個會給她帶來意想不到的收益。她現在是在為以後更大的利益做很划算的投資。

所以，當年輕的職員李建平升為科長時，她就專門找了個時間前去祝賀，並贈送禮物。等李建平下班之後，她還盛情邀請李建平到高級餐廳用餐。李建平自然對金宇哲的招待很感動。他認為，自己從未給過這位總經理任何好處，並且現在也沒有掌握重大交易的決策權，可見這位總經理是真的愛惜人才，是個好人！

更為高明的是，金總經理卻說：「我們的企業能有今日，完全是靠貴公司的幫助，而妳作為貴公司的優秀職員，我向妳表示謝意，是應當的。」總經理的這番話，給對方減輕了心理負擔。果然，沒過多久，李建平憑藉自己的實力，登上了這家大公司的經理職位。自然，金宇哲的小恩小惠就起了作用。在生意競爭十分激烈的時期，許多承包商倒閉了，而金宇哲的公司由於李建平的大力支持和幫助，仍舊生意興隆。

可見，平時的小恩小惠對自己的實質意義是多麼的重大。因為平時的恩惠，會讓別人覺得妳平時就是這樣，而不是做作、故意拉攏人心之舉。如果妳平時不注意對別人施與恩惠，只在關鍵時候拉攏別人，別人會不屑一顧。正因為小恩小惠有如此功效，因此，有些公司便利用這一點，在生意還未開始做的時候，先請客人吃頓飯，或者先送一點小禮品給客戶，以提高買賣成交率。而這樣做的效果也是非常明顯的。

欲取先予，不敗的博弈法則

沒有人會隨便的聽從妳的建議或意見，除非妳談論的是對方關心或者感興趣的話題，否則很難說服他人為自己辦事。但是如果在辦事時能夠先讓別人滿足，讓別人從中得到收益，那麼妳就能收得人心，同時也能讓自己得到滿足。

一家報社，有一次需要調換總編輯，但新來的總編輯在業務方面是一個生手，不僅沒有在報界擔任過任何職務，而且連一天的基層採訪工作都沒有做過，因為新總編輯的業界知識了解淺薄，因此很多有資歷的員工感覺不服氣、不看好她，如果想要博得大家的支持與認可，就必須想一個好辦法。於是她想到只要能站在大家的立場上去考慮問題，從大家的利益出發，為大家著想，那麼就一定會博得大家的支持和認可，可是她又想到，自己還沒有上任，對公司的各方面事情也不是很了解，怎樣才能做到這一點呢？晚上一個人看電視，她偶然間聽到電視中報導「打工族為花錢買房而煩惱」，此時，她的腦子一驚，覺得這是一個突破口，如果能幫大家解決住房問題，那麼事情也許會出現一些轉機。

於是，上班的第一天，她便在「就職演說」中微笑著對員工們說：「我今天剛剛來到本報社，我也知道自己的資歷有限，別說是做總編輯，就是當普通的資料查詢員，恐怕對我來說也不夠資格，因為我對資料的調查統計這方面只是略知一些皮毛，但是我希望大家給我一次機會，讓我體驗一下做記者的艱辛，那就是讓我坐一坐新聞記者的採訪車，讓我能有一次真正的新聞記者採訪體驗，同時也透過坐採訪車體驗一下同事們的艱辛，以便我將來去某個銀行請求與他們合作，替本報同事們爭取一下郊區購房分期付款問題。」

她的話一出，立刻贏得底下員工們的一致認可，大家都說：「這個總編輯人不錯，居然願意體驗我們做記者的艱辛，更重要的是她竟然對大家一直憂心的住房問題這麼熱心，不擁護這樣的總編輯，還能擁護誰呢？」接著台下響起了一陣熱烈的掌聲，就這樣，雖然她在這方面是一個生手，但是她的籠絡人心之術使她得到了員工們的支持。

可見，迎合別人的興趣會創造成功！在與人交往的過程中，無論什麼事其實都是對某種利益的追逐，而要在社會上獲得某種利益，又必須保持一種相對穩定的利益平衡關係。就是說，在利益問題上不能總是讓對方一味的付出，而要懂得讓對方在付出之前或之後能有所得。所以，正是基於這一利益平衡關係，人們才有了欲取先予的辦法。

那麼，女人該怎樣利用「欲取先予」這一法則呢？有心機的女人是這樣做的：

一、以善良的心辦事

女人的善良是人間最美麗的花朵。善良的女人不會與人為惡，不會為了占點便宜而不擇手段，不會為了獲取利益而丟掉原則。有心機的女人首先會讓自己做個善良的女人，用善良的心辦事，這是給他人的一個最好的禮物。

二、心胸寬廣，能容人容事

有心機的女人心胸寬廣，既能夠容得下人，也能夠容得下事。她們不會為一點蠅頭小利而錙銖必較。也正是因為她們從不與人計較得失，她們才能得到更豐厚的回報。仔細想想，生活中越是把利益看得太重的人，越得不到大利益；而那些並不看重利益的人，卻得到了更多的利益。

三、不對回報患得患失

有的女人在辦事的時候，也想用「欲取先予」的法則，但在做的時候，她們又充滿懷疑：「我給了他這麼多，他會為我辦事嗎？如果他不辦事，我是不是就有所損失了？」就是這樣的想法，讓她們遲疑著不肯給予，這卻讓她們在很多時候錯過了辦事良機。女人要有這樣的想法：「也許一次付出沒有回報，但經常的付出總會獲得回報的。」

善示弱的女人會辦事

自然界中有這樣一些生存現象：

海灘上藍甲蟹分為兩種：一種是較兇猛的，不知躲避危險，跟誰都敢開戰；一種是溫和的，不善抵抗，遇到敵人，便翻過身子，四腳朝天，任妳怎麼逗弄它、踩它，它都不理不動，一味裝死。

經過千百年的演變，出現了一種有趣的現象，強悍兇猛的藍甲蟹越來越少，成了瀕危動物。而較弱的藍甲蟹，反而繁衍昌盛，遍布世界上許多海灘。

動物學家研究發現，強悍的藍甲蟹一是因為好鬥，相互殘殺中首先滅絕了一半；其次是因為強悍而不知躲避，被天敵吃掉一半。而軟弱會裝死的藍甲蟹，則因為善於保護自己，反而擴大了自身族群。

而在女人承載半邊天的世界中，女性的柔韌與會裝死的藍甲蟹一樣是獨有的特質，由於女人與生俱來的生理和心理上的脆弱感，這種脆弱感是激進女權主義者和男人最鄙夷之處，柔韌又常常只是一種隱蔽的力量。女人必須喚醒它的威力，善加利用。用自己的敏感去覺察環境的危險，用自己的細膩去精心計劃並防禦與競爭者的鬥爭，再用自己的堅強去贏取最大的利益，包括名望、財富和愛情。

古代阿拉伯有一個叫列依的小國。人們都把列依王國的王后尊稱為「斯苔」。她是個十分善良、溫柔而又賢慧的女人，當國王駕崩以後，其子繼位，號為瑪智德．杜列。由於瑪智德年紀尚幼，只好由母后代為執政，就這樣過了十幾年。後來瑪智德雖然長大成人，但卻是叛逆不肖，不履朝政，整日只知同后妃們淫逸荒嬉，仍由他的母后執掌大權，周旋於列依、伊斯法罕和卡赫斯坦之間。

在這種情況下，強大的蘇丹馬赫穆德，派了一位使者到列依，向斯苔恐嚇道：「妳必須呼我萬歲，在錢幣上印鑄我的肖像，對我稱臣納貢。否則，我將率軍攻打妳的國家，將列依納入我們的版圖。」使者還遞交了一封重要的信件——戰爭的最後通牒。

列依王國的百姓得到這個消息後群情激憤，與敵人誓死血戰的氣氛籠罩著這個弱小的國家，但列依王后卻宣布與敵人講和。一時間權臣和百姓對王后的行為都百思不得其解，甚至有人誹謗她是「靠出賣身體換回權力的蕩婦」，大家都懷疑她與強大的蘇丹國王有曖昧關係。但是這個明智而堅強的王后卻寧願做「壞女人」，親自赴蘇丹的鴻門宴，為自己的祖國爭取和平的機會。蘇丹確實早就傾慕王后的美貌與鳳儀，而且宴會的地點還選在了國王的寢宮，不准王后帶一個隨從。這也難怪臣民不理解王后的行為，當然蘇丹的目的不言而喻，如果能得到列依王后，便也心滿意足。

可事實的真相到底怎麼樣呢？

王后被猜測成對蘇丹獻媚取寵的談話，其實內容簡單而深刻。在華麗的蘇丹床榻邊，盛裝高貴的王后用溫和、不卑不亢的語氣對蘇丹說：「尊敬的馬赫穆德蘇丹，假如我的丈夫法赫爾還活著的話，您可以產生進犯列依的念頭，現在他辭世歸天，由我代行執政，我心中思忖，馬赫穆德陛下十分英明睿智，絕不會用傾國之力去征討一個由寡婦主持的小國。但是假如您要來的話，至尊的真主在上，我絕不會臨陣逃脫，而將會挺胸迎戰。結果必是一勝一敗，絕無調和的餘地。假若我戰勝了您，我將向世界宣告，『我打敗了曾制伏過成百個國王的蘇丹』。而若您取得了勝利，卻又算得了什麼呢？人們會說：『不過擊敗了一個女人而已。』不會有人對您大加讚美。因為擊敗一個女人，實在不足掛齒。」強橫的蘇丹聽到這話感到很震撼，再看到她那恬靜無畏的表情，蘇丹澈底放下了手中的屠刀。在她執政期間，馬赫穆德蘇丹一直沒有對列依王國興師動武。

斯苔王后的高明之處就是很好地考慮了自己的性別角色，向強大的敵人展示了自己柔弱的一面，這等於向對手宣告：「好男不和女鬥，如果你還算一個有點胸襟的男人，就應該放棄對一個弱女子的攻擊。」這樣反而令對手恐懼，也就不好意思再爭鬥下去了。溫柔就是具有這樣強大的力量，它可以擊退千軍萬馬而不動一兵一卒。

所以，女人千萬不要小看自己柔弱的一面，這種柔弱可以調動男性的強勢意識，以獲得男性的保護，這也是以弱勝強的一種策略，是女性立身處世的最鋒利的武器，是只屬於女性的能制約男性的強大威力。

第五章　有「心機」的女人吃得開

第六章　好口才，需要靈活的「心眼」

好口才，需要靈活的「心眼」，心眼靈活了，伴隨著嘴巴也「活」了起來。精通說話之道的女人，深知「心眼」的妙用，因此，她們總能把話說得滴水不漏，把事辦得恰到好處。

語言是把雙刃劍

說話是一門藝術，它就像一把雙刃劍，既可以成就人，也可以毀滅人。而女人的一生正是在福禍的夾縫中，揮舞著這把劍開創自己的生活。會做人的女人深諳語言之道，謹言慎行，靈活從容，活出精彩的人生；反之，則禍從口出，置自己於困境，斷自己後路於無形。

某公司的總經理利用業餘時間出版了一本經營管理類的書。出版社寄來樣書時，總經理正在和一位女客人談生意。祕書進來送書的時候說：「您在企業工作真是一個錯誤的選擇，如果您專門研究經營管理，我相信您一定能成為商務管理的專家。」總經理聽完這段話後，看了看女客人，有些不滿的說道：「妳的意思是我不適合做總經理吧？難道我做生意有什麼不如人之處嗎？」

這位女客人見經理面有不悅之色，立刻接話說道：「我想這位祕書的意思是說您是個多才多藝的人，不僅本職工作做得好，其他方面也非常出色。」總經理這才露出了滿意的笑容。此後，這位女客人再來約經理談生意時，祕書總是熱情接待，總經理也對這位客人照顧有加。

從這個小故事中可以看出，祕書說此話的場合有些不恰當，因為有客人在場，評論總經理本就有些不合時宜，再加上說話又沒分寸，所以才影響了總經理的心情。而這位女客人適時接過了話語，又說得很有道理，既給祕書解了圍，又讓經理重新面露喜色，可見其說話非常得體。日後她能夠得到兩人的友善相待，也就成了預料之中的事。

要做一個受人歡迎的女人，就應當說話分場合，而且講究分寸，懂得什麼該說，更應該懂得話要怎麼說，否則就會因為不小心說錯了話，而給自己帶來麻煩。可以說，女性人際關係的成功與否，與她在交往中的語言是分不開的。

那麼，女人應該如何把握這些技巧呢？

一、不要用把握不準確的詞句

中文詞語浩如煙海，有太多的詞句可供選擇。女人實在沒有必要去冒險使用自己拿捏不準確的詞句。如果實在喜歡某句話，不妨回家查閱字典，弄懂了再用也不遲。對那些自己覺得似懂非懂、似是而非的詞句，千萬不要隨便在社交場合拋出，說不好，會讓人當成笑柄的。

二、學會恭維的方法

女人在交談禮儀中，適當的恭維與讚美他人是十分必要的，因為適當的恭維可令對方無限喜悅，對談話起到潤滑劑的作用。

三、多談對方少說自己

談話至少是要雙方或雙方以上都參與的語言行為，因此女人無論是與新相識會面，還是與故友重逢，談話的「重點」都應放在對方身上。這是交談禮儀的又一技巧。

四、藝術的表達「歧見」

歧見即不同的意見。當兩個人就一件事有不同看法時，女人就要學會藝術的表達「歧見」。但切忌一開始就全盤否定對方，那樣就等於是將對方逼到了妳的對立面。兩個對立的人，又怎能達成一致的見解呢？一般來說，最基本的表達歧見的藝術方法是：先肯定，然後提出疑問，最後再說提出自己的見解。

五、委婉的糾正他人的錯誤

人非聖賢，孰能無過，每個人的一生中都無可避免的會犯下這樣或那樣的錯誤。女人在社交場合發現對方言語有誤，就必須委婉的糾正他人的錯誤。

首先要看當時在場的人們的反應，如果大家都沒有聽出「問題」而談話者又談興正濃，那麼妳千萬不要急於糾正。可以等談話結束後，再悄悄指出對方的錯誤。如果每個人都發現了「問題」卻無人勇於糾正，那妳可以寫一張小紙條傳給談話者，將她的錯誤寫出來告訴她，她自然會懂得如何「自我糾正」。

如果談話時只有妳和對方兩個人，而你們又不是很熟悉，妳當然不便直接糾正她的錯誤。這時妳可以使用「重複糾錯法」，即有意識的重複她說錯的部分，在重複時當然是用正確的發音或措辭，這樣，她自然會心照不宣地接收到妳的「正確訊號」，從而改正錯誤。如果是親朋好友說錯了話，妳可以當即委婉的指出，而不要採用旁敲側擊的方法。

總之，在糾正別人的錯誤時，切忌採用說教和命令式的口氣。溫和委婉的態度，才是糾正別人錯誤的「最有效武器」。

我不是傻白甜

不演宮心計，也要懂點小心機

好口才的女人都有靈活的心眼，她將語言作為一種武器，去解決生活中的矛盾，與他人更好的溝通；而不善於此道的人，有可能會把一件並不難解決的矛盾複雜化，甚至造成更大的誤會，給自己的工作和人生都帶來許多不必要的麻煩。女人在與人交往中，一定要用好語言這把雙刃劍，在成功的道路上披荊斬棘。

幽默的女人心眼活

幽默是女人心靈的光輝與智慧的結晶。每當遭遇尷尬時，心眼靈活的女人會運用幽默來進行調劑。這不但會使她與周遭的人的氣氛輕鬆活躍，還能為她的生活帶來意想不到的收穫。

四川大財主金泰來是個有名的刻薄之人。袁世凱稱帝時，他竟想趁亂世之機，剋扣長工的工錢。某日，他擺了幾桌酒席，把長工、奴僕都叫來，他說：「今天請大家吃飯，只為袁大總統當了皇帝，咱們喜慶喜慶。」還說，「為了慶祝皇帝登基，我想賞在座各位每人兩百兩白銀，只是有個條件，每人要說一件我從來沒有聽過的事才行。說得好有賞，說錯了要罰一年的工錢。」

大夥兒一聽，心想，這哪裡是請客?分明是借刀殺人想扣工錢啊!但也沒辦法，只好一個個皺著眉頭想對策。

一個小丫頭說：「老爺，從前我家養了一只鴨，一天下七個蛋，其中就有三個『雙黃』的，四個……」沒等小丫頭說完，金泰來就擺手說：「別說啦，我家的鴨子，一天還下過十個蛋呢!把工錢扣掉。」

一個長工說：「老爺，我見過一隻狗，兩隻眼睛朝前，兩隻眼睛朝後，兩隻眼睛朝左，兩隻眼睛朝右。」

「這算什麼，長了六隻眼睛的狗，我都見過呢!哈哈哈，把他的工錢也扣掉。」

金泰來一口一個「把工錢扣掉」，便把長工們的血汗錢都吞了。這時，一個當奶媽的僕人站起來說：「老爺，奴家姓趙，聽我祖父說，他與你家曾祖父有八拜之交。論起來，你還得叫我姑奶奶呢。這事你一定聽說過吧？」

「胡說！」金泰來眼睛一瞪，吼道，「我怎麼從來沒聽說？」奶媽笑了起來：「老爺，既然你沒有聽說過，那就請快拿兩百兩白銀給我吧。」

金泰來這才轉過彎來，眾人面前，不好賴帳，只好拿了兩百兩銀子給了奶媽。奶媽把銀子分給大家，大家算了算，比原來的工錢還多出好幾倍！

一個靠著剝削過活的財主，從心底裡是看不起勞動人民的，一個長年侍候他的女僕怎麼會成為他的姑奶奶呢？奶媽看穿了這一點，機智的將它作為進攻的基點。她沒有正面問老闆「你沒聽說過嗎」，因為這種問話方式，前面長工、僕人們已經用過多次，很容易引起財主的警覺，奶媽巧妙地轉了一個彎，「你一定聽說過吧！」因為與眾不同，這樣的提問給金泰來的感覺是奶媽想和他套關係或是想丟他的面子，瞬間的衝動，使他最終中計。

正是這種既巧妙又幽默的周旋使得奶媽的進攻一舉獲勝。

那麼，怎樣才能讓自己變得幽默呢？以下是成功打造幽默女人的方法。

一、擴大知識面

幽默是一種精明智慧的表現，它必須建立在知識豐富的基礎上。一個女人只有有審時度勢的能力、廣博的知識，才能做到談資豐富、妙語成章，從而做出恰當的比喻。因此，要培養俏皮的幽默感必須廣泛涉獵，充實自我，不斷從浩如煙海的書籍中收集幽默的浪花，從名人趣事的精華中擷取幽默的寶石。

二、陶冶情操，樂觀對待現實

幽默是一種寬容精神的展現，要善於體諒他人。一個女人要使自己學會幽默，就要學會雍容大度，克服斤斤計較的毛病，同時還要樂觀。樂觀與幽默是親密的朋友，生活中如果多一點趣味和輕鬆，多一點笑容和幽默，多一分樂觀與俏皮，那麼就沒有克服不了的困難，也不會出現整天愁眉苦臉、憂心忡忡的痛苦之人。

三、培養深刻的洞察力，提高觀察事物的能力

培養機智、敏捷的應變能力，是提高俏皮幽默的一個重要修行。只有迅速捕捉事物的本質，用恰當的比喻和詼諧的語言表達出來，才能使人們產生輕鬆的感覺。

當然，在幽默的同時，還應注意，重大的原則是不能馬虎的，不同問題要施以不同的對待，在處理問題時要具有靈活性，做到幽默而不俗套，又不失謹慎，使幽默能夠為他人的精神生活提供真正的養分。

「捧」是女人的一件法寶

乍一接觸「捧」這個字，也許許多人會覺得不順眼，其實這只是心理作用，「捧」是拉近人與人的心理距離的重要手段，可以為求人辦事提供方便。捧是宣傳，宣傳是政治家所謂的「捧」；捧是廣告，廣告就是商人所謂的捧，不過商人的廣告，是「自己捧自己」。所謂捧，並不是瞎捧，也不是亂捧，要根據對方的實際情形來捧，因為每個人各有所短，也各有所長。普通人對於別人，只見其短處，不見其長處，且把短處看得很重大，把長處看得很平凡，所以往往有「欲捧而無可捧」之感。其實只要妳先存著「人無完人」的思想，原諒他的短處，而看重他的長處，可捧的地方多著呢！而且妳抬舉某人，並不代表欺世媚俗，只是要使大眾能更注意對方的長處，也讓對方因為自己的長處受到大家的注意而格外愛惜、格外努力，表現得比先前更好，所以妳捧人家是「成人之美」，反過來，受捧之人定會感激妳，那麼「成人」正是「成己」，可見捧是「利人利己」的工具，絕非卑鄙的行為。

從前有人以不隨意捧人為正直的標誌，這樣的人到底正直與否尚待討論，不過這種人眼高手低、心胸狹窄，這倒是不能否認的事實。眼界高、心胸窄的人必然無法十分得意，因為自己的不得意，對於一般人多少也有仇視妒忌的成分，所以越發不肯隨意去捧人。另外，年輕人不肯隨意捧人，一是認為捧人便是阿諛諂媚，有損自己的人格；二是自視清高，只要是一般人都不放在眼裡；三是擔心別人勝過自己，弄得相形見絀。年輕人必須剷除這種不健全的心理，而要用心研究捧人的方法，自然能體會出其中的奧妙。例如：

某文化公司要建一座現代化的辦公室。這一天，公司王經理在辦公，傢俱公司的李經理上門拜訪推銷辦公傢俱。

「哇，好氣派呀！我從來沒有見過這樣漂亮的辦公室。如果有一間這樣的辦公室，我這一生的所有心願就都滿足了。」李經理這樣開始了她的談話。她用手摸了摸辦公椅扶手，說：「這是紅木吧！」

「是呀！」王經理的自豪感油然而生，說罷，不無炫耀的帶著李經理參觀了整個經理室，興致勃勃地介紹設計比例、裝修材料、色彩調配，興奮之情，溢於言表。

不用說，李經理順利的拿到了王經理簽字的辦公室傢俱訂購合約。

還有位汪女士，認識許多學術界的泰斗，並且常常能得到他們的指點。問及他們之間的相識，也是緣於讚美運用得法。有很多人也曾拜訪過這些大師，但往往談不上幾句便無話可說，很快被趕了出來，而她竟成為大師們的座上客，其中的奧祕自不待言。

作為準備在學術領域有所建樹的汪女士，自然也很仰慕這些大師，她深知拜訪這些人不易。每當第一次拜訪某位專家時，她會先將這個人的專著或特長仔細研究一番，並寫下自己的心得。見面之後，先讚揚其專著和學術成果，並提出自己的想法。由於她談的正是大師畢生致力於其中的領域，自然也就能激起大師的興趣，使談話雙方有了共同話題。談話中，汪女士又會不失時機地提出自己不理解的地方，請求大師指點，在興奮之際，大師自然不吝賜教，於是汪女士既達到了結交的目的，又成長了許多見識，並解決了心中存在的疑惑，可謂一舉多得。

捧人是拉近彼此之間距離的一種重要的手段，可以為妳的說話辦事提供便利。

捧人的方法很多，一種是對著某甲一個人捧某甲。可是這樣做，大多數的人不會領受這個好意。另一種做法是當著大家的面來捧某甲，把他的長處作一次義務性宣傳，這樣某甲一定會很高興，而且只要捧得不過火，大家也不會覺得妳在拍馬屁。還有一種更奏效的辦法，就是在某甲的背後，大力宣揚他的長處，使聽到的人對某甲產生好印象，這樣事後間接傳到某甲的耳中，效果自然比當面捧他更有力，將來一遇上機會，某甲一定也會回報妳，找機會把妳大捧一番。

正所謂「我捧人一分，人捧我十分」。常言道：「有錢難買背後好」。可見一般人更重視背後讚譽，這也是人之常情。

捧人對於妳的家人、朋友同樣重要。俗話說：「家和萬事興」。家庭和睦，則萬事興旺，作為父母，適當的讚美自己的孩子，可以使孩子更具有自尊心和自信心，可以溝通家長與孩子的感情。而朋友之間相互讚美是增進友誼的前提之一，因為既然成為朋友，就一定有雙方相互欣賞的一面。

可見，愛美之心人皆有之，人總是喜歡別人讚美的。有時，即使明知對方講的只是讚美的話，心中還是免不了會沾沾自喜，這是人性的弱點。

換句話說，一個人受到別人的誇讚，絕不會覺得厭惡，除非對方說得太誇張了。

正常的情況下，一個人聽到別人的讚美話語，心中必定是非常高興，臉上也會堆滿笑容，雖然也許他口中連說：「哪裡有，我沒那麼好！」「妳真是很會講話！」但其實心中是無論如何都抹不去那份喜悅的。因此，說讚美話是每個人必備的說話詭計，讚美話說得得體，更堪稱是操縱他人的基礎手段。

讓批評變得悅耳

真誠是女人最大的優點之一，但這個優點會使女人在向自己身邊的親人、朋友、同事提出忠告和建議的時候，語氣過於生硬，責備多於勸慰，不僅不能給他人提供幫助，反而容易讓自己陷入尷尬的境地。而心眼靈活的女人則不會如此，她們懂得「忠言並不必逆耳」的道理，知道恰如其分的與他人溝通。

作為女人，如果妳希望妳的批評可以取得良好的效果，就要在批評方法上下工夫。一個人犯錯後，最難以接受的就是大家的群起而攻之，這樣勢必會傷害到他的自尊心。怎樣批評，實際是一種說話的技巧，是一門溝通的藝術。批評的目的意在打動對方，使對方能認識到自己的錯誤，回到正確的軌道上，而不是貶低對方。

雖說良藥苦口利於病，但在現實生活中，糾正錯誤的批評的確不如良藥那樣為人所樂於接受，甚至成了難以下嚥的「苦藥」。尤其是在企業內的批評更是並非易事，上下左右，利益利害，磕磕碰碰，枝蔓牽扯，批評幾乎真成了猶抱琵琶半遮面。批評得好，人家接受；反之，麻煩纏身，妳也成了「不受歡迎的人」。因此，批評要學會轉「害」為「利」，使硬碰硬變成軟著陸，即在「苦藥」上加點糖，嚐起來較為順口，但卻藥性依舊。

李敏進公司不到兩年就坐上了部門經理的位置，但是有個別下屬並不服她，有的甚至公開和她作對，錢聰就是其中的一位。自從李敏做了部門經理之後，錢聰經常遲到，一週五天，她甚至有四天都遲到。按公司規定，遲到半小時就按曠工一小時計算，是要扣薪水的。問題是，錢聰每次遲到都在半小時之內，所以無法按公司的規定進行處罰。李敏知道自己必須採取辦法制止錢聰的這種行為，但又不能讓矛盾加深。

李敏把錢聰叫到辦公室。「你最近總是來得比較晚，是不是有什麼困難？」「沒有啊，塞車又不是我能控制的事情，再說我並沒有違反公司的規定呀。」「我沒別的意思，你不要多心。」李敏明顯感覺到了對方的敵意。

「如果經理沒什麼事，我就回去做事了。」「等等，錢聰你家住在體育館附近吧。」「是啊。」錢聰疑惑的看著對方。「那正好，我家也在那個方向，以後你早上在體育館東門等我，我開車上班可以順便載你一起來公司。」沒想到李敏說的是這種事，錢聰反而有些不好意思，喃喃的說：「不，不用了……妳是經理，這樣做不太好。」「沒關係，我們是同事啊，幫這個忙是應該的。」李敏的話讓錢聰臉上突然覺得有些滾燙，人家李敏雖然當了經理，還能平等的看待自己，而自己的這種消極行為，實在是太不應該了。事後，錢聰雖然還是謝絕了李敏的好意，但他此後再也不遲到了。

在批評的過程中，適時採取先表揚後批評的方式，能使對方樹立改正錯誤的信心，樹立全新的自我形象。因為他從妳那裡得到的資訊是，自己是有優點的，即使有錯誤也能很容易的接受批評，並很快的改正。

批評是一種藝術，批評別人而要讓他心服口服，就要運用一定的技巧。批評和責備不等於劈頭蓋臉亂罵一通，批評、責備用得好便可收到良好的效果，否則就有可能發生激烈的衝突。那麼，怎樣才能做到恰到好處呢？

1 請教型批評。就是用請教的口氣包含批評的意思，給個台階讓別人下得了台。

2 暗示型批評。就是不從正面提出批評，而是採取隱晦、含蓄的方法把批評的意思暗藏在談話之中，巧妙的向對方發出某種暗號，讓被批評者自己去理解並接受，使他改變自己的行為，這是人與人之間相互影響的一種特殊方式。

3 安慰型批評。就是一面指出對方的錯誤，另一面又對他表示肯定的批評，讓犯錯者得到真正的安慰。

4 模糊型批評。就是用模糊的言辭代替直截了當的批評，雖沒有指名，但實際上已道了姓。

5 旁敲側擊型批評。就是在指責別人時，不從正面直接說明，而是從側面刺激，當發現苗頭不對，由於某種原因又不方便正面指出時，便可透過「對事不對人」的方式提出警告。這樣既可以點出問題讓對方心生警惕，又維護了對方的面子，給他們改正的機會。

金無足赤，人無完人。只要是人，就有可能犯錯誤。其實，任何有上進心的人都不願意犯錯。要批評一個人的錯誤時，最好讓對方意識到自己的錯誤。而妳的目的也是為了幫助對方，而不是為了貶低對方的品格。因此，批評以適可而止、給對方留有餘地的方式為好，會讓對方感謝妳的寬容。但是，批評的時候一定要明白，批評的是對方的行為，而不是對方的人格。

善打太極，以柔克剛

俗話說得好，「有理不在音量高」。說話有憑有據、咄咄逼人並非有分量。有心眼的人說話往往善於「打太極」，懂得用「軟語」去化解矛盾，達到「四兩撥千斤」的效果。

一家茶具店裡來了一位十分挑剔的女顧客，店員接連給她拿了好幾套茶具，她挑了半個鐘頭還沒選好，店員因為顧客太多而不得不接待別的顧客，這位女顧客覺得自己受到了冷落，就沉下臉來，大聲指責說：「妳這是什麼服務態度，沒看見我先來的嗎？快讓我先買，我還有急事！」

這時，店員安排好其他顧客後說：「請您原諒，我們店生意忙，對您服務不周到，讓您久等了。」店員的態度和話語真誠而謙讓，那位女顧客很受感動，幾分鐘之內就買了一套茶具走了。

火氣遇上和氣，從而引起對方的心理變化，自然就會降溫熄火。這位店員就是靠柔和的語言打動了過分挑剔的顧客，從而成交了一筆生意。

懇求就屬於「軟話」的一種。有很多時候，妳要想說服人，說「軟話」要比說「硬話」效果要好得多。然而懇求並不是低三下四的哀求，而是一種「智鬥」，是一種心理技巧。透過懇求的語言開導、暗示對方使對方按妳的意思行事。

一天，在某飯店，有一位美國人突然氣勢洶洶的闖進經理室：「妳就是經理嗎？我剛才在大門口滑倒摔傷了腰。地板這麼滑，連個防滑措施都沒有，太危險了。馬上領我到醫務室去。」

見此情形，女經理很客氣的說：「這實在抱歉得很，腰部不要緊吧？馬上就領您到醫務室，請您稍坐一下。」

美國人坐在椅子上，繼續抱怨不停。飯店經理見對方已經鎮定下來，便溫和的說：「請您換上這雙鞋，我已和醫務室聯絡好了，現在就領您去。」

早在美國人闖進來時，女經理已經看清他的腰部沒有多大問題。所以當美國人離開經理室後，經理就把換下的鞋悄悄交給一位服務員說：「這雙鞋後跟已經磨薄了，在我們從醫務室回來以前把它送到樓下修鞋處換上橡膠後跟。」

檢查結果果然如她所料，腰部未發現任何異常，美國人也完全冷靜下來，隨後一同回到經理室。經理說：「沒什麼異常比什麼都好，這我就放心了。請喝杯茶吧！」

美國人也感到自己方才太冒失了：「地板太滑，太危險，我只是想讓你們注意一下，別無他意。」

女經理說：「很冒昧，我們擅自修理了您的鞋。據鞋匠說，是後跟磨薄了才導致您滑倒。」

這位美國人接過剛剛修好的鞋，看到正合適的橡膠鞋跟時，對高超的技巧大為驚訝，便高興的說道：「經理，實在謝謝您的厚意，對您給予的關懷照顧我是不會忘記的。」於是，愉快的握手後，美國人再次向女經理道謝，方才走出經理室。經理送他出門時說：「請您將這件滑倒的事忘掉吧，歡迎您再次光臨。」美國人頻頻道謝，消失在人群中。從此，只要這個美國人到這個城市，必定會住進這家飯店並到經理室致意。

現實生活中，人們普遍存在著吃軟不吃硬的心態。特別是性格剛烈、很有主見的人，妳如果說

「硬話」，比如以命令的口吻，對方不但不會理睬，說不定比妳還要更硬，妳如果來「軟」的，對方反倒產生同情心，縱使自己有些為難，也會順從妳的要求。

不要一下掏心掏肺

俗話說：「逢人只說三分話，未可全拋一片心。」這句話常常用來告誡人們：「小心為上！」但現在此話又常常被人批判為「不夠忠誠」，其實，從立身行世的角度來看，這句話本身並沒什麼錯，甚至可以說是至理名言。

妳也許以為大丈夫光明磊落，事無不可對人言，何必只說三分話呢?仔細觀察熟於世故的人，的確只說三分話，妳一定認為他們是狡猾、不誠實，其實說話須得看對方是什麼人。對方若不是可以盡言的人，妳說三分真話已算不少。孔子曰：「不得其人而言，謂之失言。」對方倘不是深深相知的人，妳也暢所欲言，圖快一時，那對方的反應將是如何呢?妳說的話，若是關於妳自己的，對方願意聽嗎?彼此關係淺薄，妳與之深談，顯出妳沒有修養；妳說的話，若是關於對方的，妳不是他的好友，不配與他深談，忠言逆耳，顯出妳的冒昧；妳說的話，是關於國家的，對方的立場如何，妳還沒有明白，對方的主張如何，妳也還沒有明白，但妳偏偏高談闊論，輕言更易招惹怨恨呢！所以逢人只說三分話，不是不要說，而是不必說、不該說，與事無不可對人言並沒有衝突。精於世故的人，是否事事可以對人言是另一問題，他的只說三分話，是不必說、不該說的關係，絕不是不誠實，絕不是狡猾。說話本來就有三種限制，一是人，二是時，三是地。非其人不必說；非其時，雖得其人，也不必說；得其人，得其時，而非其地，仍是不必說。非其人，妳說三分真話，已是太多；得其人，而非其時，妳說三分話，正是給他一個暗示，看看他的反應；得其人，得其時，而非其地，妳說三分話，正可以引起他的注意，如有必要，不妨擇地再作長談，這才叫通達世故的人。

舌頭是極難馴服的野獸，如果未經馴服就放出牢籠，這只野獸便會狂奔亂竄，令妳追悔莫及。「逢人只說三分話，未可全拋一片心」，小心控制自己的言辭吧。

林萍在這方面就有過教訓。那時她在部隊當文書，連隊的幾個幹部都比較喜歡她，也願意與她交談，或讓她替他們辦一些私事。尤其是連隊的連長，對她極其信任，有時把與連隊上校之間的一些事情也講給她聽。

她們連隊有十幾個女兵，個別女兵為了考軍校都想方設法的接近部隊教官，連長對此十分反感。時間長了，林萍覺得非常苦悶，心中有那麼多的祕密不能傾訴。所以後來在與一個十分要好的朋友閒談時就把連長對她講的事情都說了。把祕密和別人一起分享后，心裡的壓力減輕多了。沒想到，她的那位好友為了讓自己能被推薦上軍校，就把她的話一五一十地告訴了連長，後來她這位好朋友如願以償的上了軍校，而林萍則在連長找她作了一番貌似肯定實則否定的談話以後，離開了文書職位，降職到其他分隊去了。

由此可見，心事不要隨便說出來，當別人看透或者知道妳的心事的時候，妳的脆弱就會暴露在別人面前。任何人若能在保守祕密這個問題上處理得當，就不會因洩露祕密而把事情搞得複雜化。

許多人都有一個共同的毛病：肚子裡擱不住心事，有一點點喜怒哀樂之事，就總想找個人談談；更有甚者，不分時間、對象、場合，見什麼人都把心事往外掏。

其實這也沒有什麼不對，好的東西要與人分享，壞的東西當然不能讓它沉積在心裡，要說可以，但不能隨便說，因為妳的每個傾訴對象都是不一樣的，說心裡話的時候一定要長點「心眼」，該說則說，不該說千萬別說。

處理心事要慎重，因為心事的傾吐會洩露一個人的脆弱面，這脆弱面會讓人改變對妳的印象，雖然有的人會因此欣賞妳「人性」的一面，但也有的人卻會因此而下意識的看不起妳，最糟糕的是脆弱面被別人掌握住會形成他日爭鬥時妳的致命傷，這一點雖不一定會發生，但妳必須預防。

另外，有些心事帶有危險性與機密性，例如妳在工作上承擔的壓力，妳對某人的不滿與批評，當妳毫無保留地向別人傾吐這些心事時，有可能他日被人拿來當成反駁妳的武器，妳是怎麼吃虧的連妳自己都不知道。那麼，對好朋友應該可以說說心事吧?答案還是：「不可隨便說出來。」妳要說的心事還是要有所篩選，因為妳目前的好朋友未必也會是妳未來的好朋友，這一點妳必須了解。

因此，不把自己的祕密全盤告訴給對方是處世的潛規則。不要親手為自己埋下一顆「炸彈」。切記在任何情況下，都要逢人只說三分話，未可全拋一片心。

引蛇出洞，誘敵上鉤

「引蛇出洞，誘敵上鉤」這一策略，在激烈的商業競爭中是完全可行的，運用得好，可使經營者在競爭中獲勝。

某工廠的業務部經理崔女士花費了半年工夫，才把產品打入南部市場。因為南部人素以豪爽、耿直、義氣和大方的個性出名，崔經理正是衝著這一點，才把貨發出的。然而，令崔經理沒有想到的是，自己遇到的這個臺南人卻例外，收了貨卻遲遲不肯付貨款。如此一來，債務問題變成了崔經理的一個難題。

崔經理在與對方聯繫了很多次後，見對方沒有什麼反應，仔細想了想後，便決定親自前往臺南去收款。可是，令人意外的是，崔經理來到臺南，並沒有馬上登門收款，而是徑直來到了該地電視台，並且請該電視台播放一條自己工廠生產的產品廣告。幾天後，電視台播出一條廣告，廣告只用一句話道出了產品的名稱，並配置了精彩的畫面。為了配合電視廣告的宣傳，崔經理印製了幾千份宣傳單，請人在各黃金地帶散發。

就在崔經理忙著這些事情的時候，欠款單位的負責人吳經理在街頭找到了崔經理。一見面，吳經理還裝作偶然的問：「崔經理，這次來怎麼沒到我們公司？」

「我這次來主要是搞一下宣傳，讓大家都知道我們工廠的產品。」崔經理說。

「怎麼，產品囤貨了？沒關係，我可以幫妳做代銷。」吳經理還想不花錢就拿貨。

「現在誰還生產囤貨產品！告訴你，你們這裡的百貨上個月去我們工廠聯繫業務，要求大量訂貨，起初也說代銷，我們沒同意，後來又說可以預付七成貨款。我們想，既然如此急著訂貨，一定是我們的產品在這裡暢銷，派人來調查，真是這樣。於是，我們決定設立辦事處，並委託一個信譽好的單位公司做我們的產品總經銷商。」崔經理解釋說。

「準備讓誰做總經銷商？」吳經理問。

「這事還沒最後確定，暫時還不能說。」

「中午我做東，照帶妳去吃海鮮。」吳經理覺得有機可乘。

「好意心領了，我實在走不開。」崔經理說。

「妳請我可以吧？我可是頭一次開口讓妳請客。」吳經理極力想與崔經理套上關係。

崔經理知道，說雖這麼說，到時候還是吳經理請客。可是，人家既然這樣說了，自己再不去便不好了，何況，這正是自己的目的。

就這樣崔經理眼看著吳經理一步一步走進了自己設下的圈套。

吃飯的時候，臺南人的豪爽、耿直、義氣又全部展現在吳經理的身上了。

「崔經理，我們已經是合作關係，我們做妳廠的產品總經銷是再合適不過了。」吳經理說。

崔經理就知道會有這句話，一切都在意料之中。

「不是沒考慮過，只是我們的帳還沒結清，在上級面前不好開口。」崔經理說。

「貨款的問題好辦，下午我就匯過去。妳把這事再拖幾天，回頭咱們簽個協議書。放心，少不了妳的好處。」吳經理一語雙關。

「你能解決欠款，我就作主跟你合作。」崔經理說。

吃完飯後，崔經理跟著吳經理來到他的公司。吳經理一邊去安排人匯款，一邊鄭重其事的和崔經理擬訂協議書。出納員回來了，款項已經匯出，協議書也擬好了。

晚上，吳經理為了進一步鞏固關係，再次去請崔經理赴宴簽約。

可是，按著自己原來的計畫順利收回欠款的崔經理早就已經離去。

從上面的案例中，我們可以看到，崔經理之所以能順利收回欠款，在於她很好地把握住了欠款人吳經理希望得到更多經濟利益的心理，讓吳經理認識到一旦自己能夠作為該地區的總經銷商後，所得到的利潤將是不可低估的。當吳經理的這種欲望和貪念被激發出來後，他便會為獲得更為可觀的利潤而答應崔經理提出的還款要求，因為他不想因為欠款而失去獲得更大利潤的機會。

人的欲望是永遠無法得到滿足的，如果稍微不注意，引發的貪念會讓我們做出錯誤的判定，以至於帶來許多不必要的損失。雖說我們大多都知道這是人性共有的弱點，並且刻意的去避開，但是又有多少人能真正的做到這一點呢？在收款的過程中，如果收款人能知道這一點，並且給對方描繪一個碩大的餡餅，刺激對方的欲望，引發對方的貪念，往往可以令欠款人主動還清欠款。

想讓別人的從口袋中將欠款掏出來，最有效的策略便是讓掏錢的人意識到他在掏出錢後，收獲的遠比從口袋裡面掏出的錢要多。在面對一些難纏且並不是因為經濟困難而擺明了想拖欠、賴帳態度的欠款人，收款員便可以採取這種方法，向欠款人描繪出一個他還款後所得到的利益遠比欠款要多得多的藍圖。在這個時候，欠款人便有可能會被打動，並且權衡之間的利益衝突，而爽快的結清貨款。

委婉含蓄是一種藝術

有一種以食魚為生的鳥，它吞魚的時候，把捕到的魚兒往空中一拋，讓那條魚頭朝下尾朝上落下來，然後一口接住咽下去，這樣的吃法可以使魚在通過咽喉時，魚的骨頭由前向後倒，不會卡在喉嚨裡。

可見，連鳥兒都懂得「把魚倒過來吃」的道理，聰明的人類又怎能赤膊上陣，硬碰釘子，讓「刺」卡在喉嚨中呢？人際交往是一種複雜的處世哲學，很多時候，為了更好地迴避人與人之間可能遇到的一些衝突，就應該想辦法繞個彎子，委婉含蓄的表達。

有這樣一個故事：

有一次瑪麗亞．斯克沃多夫斯卡過生日，丈夫皮耶．居禮用一年的積蓄買了一件名貴的大衣，作為生日禮物送給愛妻。當她看到丈夫手中的大衣時，愛怨交加，她既感激丈夫對自己的愛，又需要項丈夫說明不該買這樣貴重的禮物，因為那時的試驗正缺資金，她婉言道：「親愛的，謝謝你，謝謝你，這件大衣確實是誰見了都會喜愛的，但是我要說，幸福也是要衡量現實的，比如說，你送我一束鮮花祝賀生日，對現在的我們來說就好得多。只要我們永能遠一起生活、奮鬥，比你送我任何貴重禮物都要珍貴。」這一席話使丈夫認識到花那麼多錢買禮物實在欠妥。

那麼，女人該怎樣在辦事中運用委婉的表達藝術呢？

1　當與對方的意見發生了分歧，如果「實話實說」直接反駁就有可能傷了和氣，影響團結。這個時候就需要我們委婉表達自己的意見，因為這樣可能會避免一些麻煩。

有這樣一個故事：

某公司的業績不好，主管覺得業務員沒有能力，想要全面換人；但經理則認為是制度不完善，管理鬆散以及工作方法存在問題。這天，主管進來的時候，正好經理的手傷了，經理就借題說：「我這手總傷，乾脆剁掉算了。」

主管說：「妳這是怎麼了，傷的僅僅是手指而已。」

經理回道：「剁掉再長出來的，肯定就不容易受傷了。」主管站在那裡愣了一下，說：「我知道該怎麼處理了，謝謝！」

2　不方便直接說出來的時候。比如：生活中對跛腳老人，改說「您老腿腳不方便」；對耳聾的人，改說「耳背」；對懷孕婦女說「有喜」。

總之，在語言交流中應講究修飾，也就是「矮子面前莫說矮」，應做到「哪壺不開就別提哪壺」。女人在辦事中用這些委婉的語句，才不至於讓對方覺得妳不禮貌。

3　藏而不露的委婉表達。運用多義詞委婉曲折的表明自己要說的大實話。

林肯當總統期間，有人向他引薦某人為閣員，因為林肯早就了解到該人品行不好，所以一直沒有同意。

一次，朋友生氣的問他：「怎麼到現在還沒結果。」林肯說：「我不喜歡他那副『長相』。」朋友一驚道：「什麼，那你也未免太嚴厲了，長相是父母給的，也怨不得他呀！」

林肯說：「不，一個人超過四十歲就應該對他臉上的那副『長相』負責了。」朋友當即聽出了林肯的話中話，再也沒有說什麼。

自我解嘲是高招

人際交往中，在人前蒙羞、處境尷尬時，用自嘲來對付窘境，不但很容易找到台階下，而且還會產生幽默的效果，讓人更喜歡妳。

傳說古代有位石學士，一次騎驢時不慎當眾摔在地上，一般人一定會窘迫的不知所措，可是這位石學士不慌不忙的站起來說：「虧我是石學士，要是瓦的，還不摔成碎片？」一句妙語，說得在場的人哈哈大笑，自然這石學士也在笑聲中免去了難堪。

以此類推，一位胖子摔倒了，可說：「如果不是這一身肉保護著，那還不把骨頭摔折？」換成瘦子，又可說：「要不是重量輕，這一摔可就成了肉餅了！」

由此可見，自嘲時對著自己的某個缺點猛烈開火容易妙趣橫生。

在社交中，當妳陷入尷尬的處境時，借助自嘲往往能使妳從中體面的脫身。

在某俱樂部舉行的一次招待會上，服務員倒酒時，不慎將啤酒灑到一位賓客那稀少的頭髮上。服務員嚇得手足無措，全場人目瞪口呆，這位賓客卻微笑地說：「小姐，妳以為這種治療脫髮的方法會有效嗎？」在場的人聞聲大笑，尷尬局面即刻被打破了。這位賓客借助自嘲，既展示了自己寬廣的胸懷，又維護了自己的尊嚴，消除了恥辱感。

由此可見，適時適度的自嘲，不失為一種良好修養，一種充滿魅力的交際技巧。自嘲，能製造輕鬆和諧的交談氣氛，能使自己活得灑脫，能使人感到妳的可愛和人情味，有時還能更有效的維護面子，樹立形象。

從心理學角度來講，自嘲，是一種幽默的生活態度，是聰明人的智慧火花；自嘲，是幽默的最高境界。自嘲也是高尚人格和自信的展現，它表現的是自嘲者的低姿態以及良好的修養。自嘲實際上是當事人採取的一種貌似消極、實為積極的促使交談向好的方向轉化的一種手段，所以，自嘲者勇於拿自己「尋開心」，而不傷害到任何人。可以說，它既是一種幽默的說話方式，也是一種幽默的生活態度和心理調節方式，能增加生活的樂趣，能解除尷尬，能拉近人與人之間的距離，它表現出一種人生智慧。

一般說來，人人都不願意成為大家取笑的對象。知道了這一點，妳就能明白為什麼有的人很容易逗樂別人了。大家都有一種潛意識裡的優越感，在幽默者適度的自嘲中，人們感受到的是自己心裡那隱約的優越感。因此，不用擔心自嘲會讓人知道妳的短處，引來鄙夷的目光。他們會為妳的勇敢和風趣而折腰，因為妳不怕暴露自己，所以他們就會在心中對妳解除了防範，把妳當成自己的朋友。善於自嘲的人實際上是非常自信、明智的人。

王力平有一段論述幽默的文字，說得很精闢：

痛快淋漓的揭破或是調侃別人身上的瘡疤，那其實是一種冷嘲抑或熱諷。真正的幽默來自於主體的反躬自嘲。自嘲的前提是自醒，是對自我人生中的荒誕與荒謬的洞悉與俯瞰。而自醒的前提是人的主體意識的覺醒，沒有人的覺醒，就沒有幽默的口才。

所以，自嘲不僅僅是會說幾句俏皮話，它需要二分洞悉生活中的荒誕與荒謬的見識；二分勇於轉過臉來，把自己鼻梁上的那塊白粉示人的勇氣；二分空谷襟懷；二分冰雪聰明；再加上一分閒雲野鶴的超然，如風之清；一分舉重若輕的從容，如月之白；而後便是十分愜意的會心一笑。

自嘲的作用是多方面的，任何自嘲的形式都應該有各自的目的，因此在自嘲時應注意以下幾點：

1 自嘲要適度。自嘲僅僅是一種輔助性的表達手段，不可亂用，要避免引起別人的誤解或傷害他人。

2 自嘲所表現的意義一定要積極，給人一種啟發性，避免給人留下沒有道德、耍小聰明和嘴皮子的印象，那樣，只會讓人家覺得妳淺薄無聊，「一點兒也不正經」。

3 自嘲要看場合。在比較正式的場合，比如面試、開研討會等場合盡量不要使用自嘲的方式，而應直白且誠懇的發表自己的觀點。

4 自嘲態度要慎重，目的要明確，不要遇到什麼事情都用自嘲來解脫。比如消愁、逃避、譏諷，本著這樣的心態來自嘲，那麼最終只會使自己消沉下去。

其實不管妳是大人物還是小人物，自嘲都能讓妳備受歡迎。大人物自嘲可以減輕妒意而獲得好名聲；小人物透過自嘲渲染氣氛而顯得更可愛。

溫言軟語打動人

在人際交往中，女人要有靈活的「心眼」，多一點溫言軟語，會使人與人之間的關係更加融洽，人們的心靈更加貼近。

在美國經濟大蕭條時期，人們的就業非常困難。有一位十七歲的美國女孩，好不容易才找到一份在高級珠寶店做推銷員的工作。

在耶誕節的前一天，店裡來了一位三十歲左右的顧客，他衣衫襤褸，心情沉重，用羨慕的目光盯著那些高級首飾，女孩因為要去接電話，一不小心把一個托盤打翻，六枚精美絕倫的鑽戒落到了地上。她連忙撿起了其中的五枚，但第六枚卻怎麼也找不著。這時，她看到那個男子正向門口走去。頓時，她明白了戒指的去處——戒指就在這個男子的手裡。但怎麼樣才能把它拿回來呢？能硬向他要嗎？若他不給怎麼辦？去報警，可是店裡沒有其他人。再說，即使能這麼做，也勢必要驚動老闆，她的工作還能保的住嗎？怎麼辦？

當該名男子的手即將觸及門把手的那一刻，女孩柔聲叫道：「對不起，先生！」

那男子轉過身來，兩人相視無言，足足有一分鐘。

「什麼事？」他問，臉上的肌肉在抽搐。

女孩沒有開口。

「什麼事？」他再次問道。

「先生，這是我的第一份工作。現在要找到工作很難，是不是？」女孩神色黯然的說。

男子長久的注視著她，一絲柔和的微笑終於浮現在他臉上。

「是的，的確如此。我的處境還不如妳。」他回答，「但是我能肯定，妳在這裡會做得不錯。」說完他沉思了一下，慢慢向前一步，把手伸向她：「我可以祝福妳嗎？」

女孩也立即伸出手，兩隻手緊緊握在一起。她用很低的但十分柔和的聲音說：「也祝您好運！」

女孩目送著他的身影消失在門外，轉身走向櫃檯，把手中握著的第六枚戒指放回原處。

這是一起竊盜案，一般來說，人們通常的處理方法，不外乎是想方設法抓住盜竊者，追回贓物。但是這位會辦事的女孩並沒有這樣簡單處理，而是用一席彬彬有禮的話語達到了自己的目的。

就這個女孩而言，如果被盜走了一枚戒指的話，其後果不堪設想。就是抓住了盜竊者奪回戒指，張揚出去，被老闆知道事發原委，女孩也會因工作疏忽而被解僱。何況那個男子是一個落魄者，「同是天涯淪落人」，善良的女孩也不想因此而雪上加霜，傷害這個走投無路的失意者。

「對不起，先生！」女孩首先用禮貌的稱呼語，不慌不忙的叫住了這位男子。這樣既傳遞了資訊，又創造了一個相互尊重、和諧融洽的氣氛。如果當時女孩慌不擇語的話，定會使那男子如驚弓之鳥，三步並作兩步，消失在門外，那不是女孩所希望的。

當那個男子接連問兩個「什麼事」時，聰明的女孩從他的表情及其問話中肯定了自己的判斷，也洞察到他微妙的內心世界，她感到眼前這個男子不是那種慣偷，而是好人因為窮困所迫的一念之差。他很可能接受自己的處理方式。女孩決定繼續採用含而不露的暗示術動之以情，來達到目的——

「這是我的第一份工作」，暗示我也和你一樣，千辛萬苦找不到工作，現在是頭一回工作，咱們「同是天涯淪落人」，應該同病相憐才對。「現在找到工作做很難」，意在為前一句作補充，言外之意是如果你把這枚戒指拿走，那我就要失去這份差事，再找工作就很困難了，就像你現在一樣。這兩句話便把自己和那男子感情上的距離拉得很近。當男子傳達出願意歸還戒指的資訊時，女孩也不失時機的握住他的手，說上一句「也祝您好運」，撫慰了失意人感情上的失落和內疚。

故事中這個女孩的表現，可謂是「溫言軟語」的典範。談吐是女人的風度、氣質和女性美的載體，不僅僅包括言談的內容，也包括言談的方式、姿態、表情、速度、聲調等。女性的談吐是學問、修養、聰明、才智的流露，也是魅力的來源之一。女人的成功交談，既包括思想的交流，又有感情上的溝通，任何生硬、枯燥、粗俗的語言，都會使人感到厭惡。如果女人的談吐既有知識、趣味，又能用豐富的表情和優美的聲音來表達，將會有意想不到的效果。

善打圓場，替他人解圍

當別人遇到尷尬的事情，不知道該怎麼收場的時候，如果妳站出來，巧妙的幫對方解圍，她必定會對妳非常感激，從而成為妳人脈網中的一員。

某日，王薇和兩位上司到委託設計的客戶那裡，對方除了負責的一位董事外，還有兩位部長出席。當天是第一次見面，目的是打探客戶的意向。

雙方在會客室交換名片。這時，一位部長的名片夾裡有樣東西掉在桌上。王薇的視線立即掃過去，其他人的視線也跟上去。

突然，那位部長發出一聲「啊」的驚呼，一副狼狽的樣子，其他的人也屏息噤聲。原來掉在桌子上的東西，是一張美女裸照。

那位部長慌慌張張的撿起來，然後戰戰兢兢的窺伺董事和對方的臉色。

「哈哈，沒看到，沒看到。」王薇面帶微笑地說。之後，商討就在笑聲和親密感中進行。

儘管王薇的謊話沒有誰會相信，可在當時的情形下，卻起到了很好的效果。

為了照顧別人的名聲和面子，說點謊話，是沒有什麼大不了的，對方還會非常感謝自己。看來，幫他人打圓場絕不是件壞事。

遇到尷尬情況，應盡力以新話題、新內容轉移焦點，千萬別拘泥於當下，執著不放，弄得僵持不下，從而陷入更為難堪的僵局。

賀馨剛剛從美髮實習生升為初級美髮師，第一天正式上班。她給第一位顧客剪完髮，顧客照照鏡子說：「頭髮還是太長了。」賀馨不語。

店經理聽了，在一旁笑著解釋：「頭髮長使您顯得溫柔含蓄，很符合您的氣質。」顧客聽罷，高興而去。

賀馨給第二位顧客剪完髮，顧客照照鏡子說：「頭髮剪得太短了。」

賀馨一驚。店經理馬上解圍，笑著說道：「短髮使您顯得精神、俐落，讓人感到親切。」顧客聽了，欣喜而去。

賀馨小心翼翼的給第三位顧客剪完髮後，顧客邊交錢邊嘟囔：「剪個頭花這麼長的時間。」賀馨無語。店經理馬上笑著解釋，「為『首腦』多花點時間很有必要。您沒聽說：『進門蒼頭秀士，出門白面書生！』嗎？」顧客聽罷，大笑而去。

賀馨給第四位顧客剪完髮，顧客又是邊付款邊埋怨：「剪的時間太短了，二十分鐘就完事了。」賀馨心中慌張，不知所措。店經理馬上笑著搶答：「如今，時間就是金錢，我們的設計師用『頂上功夫』速戰速決，為您贏得了時間，您何樂而不為？」顧客聽了，開心告辭。

一個人要想替別人打圓場，必須學會變得老練聰明。與此同時，應變能力也反映著一個人的機智和修養。只有處世功底深厚的人才有可能在情況發生變化時化險為夷，化拙為巧，使自己擺脫尷尬境地，並在交際中取得良好的效果。

那麼，我們應該怎樣做呢？

首先，無論出現什麼情況，都要保持高度的冷靜，使自己不至於失態。如果妳不冷靜，情緒過分緊張或者激動，就很可能應付不了這個局面，接下來或者承認事實，或者憤怒爭辯，拼命否認，很可能在當時就不歡而散。但是如果妳很冷靜，可能很快就能找出理由，比如因價格低不保證退換維修，某一方面沒有運用新材料新技術，或者在付款形式、供貨期限、品質保固等方面有不同。

其次，打圓場要善用「吉言」。以「動聽」的話語來打動顧客，求得顧客的歡喜，這是賀馨的店經理成功「解圍」的首要訣竅。吉言順耳，愛聽吉言幾乎是人們共有的一種心理。上例中的店經理巧妙的利用人們的這種心理，在顧客抱怨時，有針對性的選擇其易於接受的話語來博得對方的歡喜。這樣，顧客的抱怨消失了，先前不快的心理得到吉言的「撫慰」，欣喜而去也就是很自然的了。

最後，在任何情況下，都要能夠「打圓場」，淡化和消解矛盾，給自己和對方找台階下，使氣氛由緊張變為輕鬆，由尷尬變為自然。在很多時候，替別人解圍比替自己掩飾更為重要，一方面表示自己對對方的理解和尊重，另一方面也給自己留下了餘地。

幫別人打圓場，無疑是為自己網羅人緣的最好方法，但必須時刻記得，打圓場不是不著邊際的奉承，也不是油腔滑調的詭辯，而要注意方式與方法，只有適時適度的幫助別人打圓場，才能收到理想的效果。

學會沉默，不戰而勝

大部分女人是感性的，所以也就喜歡用語言來表達自己，女人天生的好奇心也會讓自己什麼事情都想問個明白，講個清楚。如果一個女人整日喋喋不休，男人就會心生厭煩。因此，女人在掌握表達技巧的同時，還要學會在適當的時候保持沉默，有時無聲勝有聲。

有位著名的女談判專家替她的鄰居與保險公司交涉賠償事宜。

理賠員先發表了意見：「女士，我知道妳是談判專家，一向都是針對巨額款項談判，恐怕我無法承受妳的要價，我們公司若是只出一百美元的賠償金，妳覺得如何？」

女談判專家表情嚴肅的沉默著。根據以往經驗，不論對方提出的條件如何，都應表示出不滿意，此時，沉默就派上用場。因為，當對方提出第一個條件後，沉默暗示著他可以提出第二個、第三個……

理賠員果然沉不住氣了：「抱歉，請勿介意我剛才的提議，再增加一些，兩百美元如何？」

良久的沉默後，女談判專家開腔了：「抱歉，無法接受。」

理賠員繼續說：「好吧，那麼三百美元如何？」

女談判專家過了一會兒，才說道：「三百美元？嗯……我不知道。」

理賠員顯得有點慌了，他說：「好吧，四百美元。」

又是躊躇了好一陣子，女談判專家才緩緩說道：「四百美元？嗯……我不知道。」「那就賠五百美元吧！」

就這樣，女談判專家只是重複著她良久的沉默，重複著她的痛苦表情，重複著說不厭的那些拒絕猶豫的話。最後，這件理賠案終於以五百美元達成協議，而鄰居原本只希望能要到三百美元！

還有一位經營印刷業的女老闆，在經營了多年之後萌發了退休的念頭。她原來從美國購進了一批印刷機器，經過幾年使用，扣除磨損費應該還有二百五十萬美元的價值。她在心中打定主意，在出售這批機器的時候，價格一定不能低於二百五十萬美元。有一個買主在談判的時候，針對這批機器的各種問題滔滔不絕的講了很多，這讓這位女老闆十分惱火，但是，在她剛要發作的時候，突然想起自己所設定的二百五十萬美元的底價，又冷靜下來，一言不發的看著那個人繼續滔滔不絕的說話。最後，那人沒有了說話的氣力，突然蹦出一句：「嘿，大姐，我看妳這批機器我最多只能給妳三百五十萬美元，再多我們可真是不能要了。」於是，這位女老闆很幸運地比計畫多賺了一百萬美元。

沉默為什麼會產生如此大的「無聲效應」呢？因為沉默所表達的意義是豐富多彩的，它以言語形式上的最小值換來了最大意義的交流。沉默既可以是無言的讚許，也可以是無聲的抗議；既可以是欣然的默認，也可以是保留觀點不語；既可以是威嚴的震懾，也可以是心虛的流露；既可以是毫無主見、附和眾議的表示，也可以是決心已定、不達目的絕不甘休的標誌。當然，在一定的語境中，沉默的語義是明確的，就像樂曲中的休止符一樣，它不僅是聲音的空白，更是內容的延伸與昇華，是對有聲語言的補充。

與人相處時，特別是遇到問題產生不同看法時，適時的沉默，並不意味著膽怯、畏縮和無能，反而意味著理解、寬容和尊敬，更容易起到溝通感情和解決問題的作用。如在與人交談時，適時的沉默與作曲家認為兩音符之間的空白與音符本身同樣重要的道理是一樣的。適時的沉默，既能展現出個人的學識修養，也能避免說出效果不夠理想的言語，因為言多必失。當然，我們並不是主張回到那種萬馬齊喑的沉悶局面，那是對人們心靈的嚴重壓抑。而是認為適時沉默能使說話者變得冷靜，肩部和嘴部的肌肉放鬆，會更加心平氣和，言語流暢，是一種明智的行為。

所以，女人要學會適當保持沉默，這也就找到了擺脫煩惱的最好方法。許多時候，女人的沉默往往會給妳帶來益處。在某些場合，沉默不語可以避免失言。許多人在缺乏自信或極力表現的禮貌時，可能會不假思索的說出不恰當的話給自己帶來麻煩。

研究談話節奏的學者們認識到，有張有弛的談話在人際交往中至為重要。《談話的藝術》的作者、心理學教授格瑞德解釋說：「沉默可以調節說話和聽講的節奏。沉默在談話中的作用就相當於零在數學中的作用。儘管是『零』，卻很關鍵。沒有沉默，一切交流都無法進行。」

第七章　掌控職場，不動聲色成為「女王」

女人在辦公室裡求生存謀發展，自身的實力不可缺少，但僅憑實力卻不懂職場的為人處世之道，也很難立足。辦公室雖是彈丸之地，卻充滿競爭，導至鉤心鬥角、落井下石的情況並不少見，所以不耍點「詭計」是無法在職場上生存的。剛步入職場的「菜鳥」得學會如何與同事相處，如何與上司溝通，什麼時候要急流勇退，什麼時候要邀功請賞等等。即使已經混跡多年的「老鳥」也要掌握這些小詭計，不動聲色地成為「女王」。

多報喜、少報憂

喜怒哀樂為人之常情。而老闆的喜怒哀樂，卻往往與業務工作中的成功與失敗、盈利與虧損、績效與失誤、順利與挫折等企業運行狀況有著密切的關係。

毫無疑問，對於取得成績、經營獲利等企業營運良好的狀況，老闆自然感到由衷的欣喜，而對於工作中的失誤、經營上的虧損，老闆必定會感到不安與憂慮。

因此，向老闆報告工作中取得的成績，等於向老闆報喜，而要向老闆報告工作中的失誤、挫折之類的情況，就等於是向老闆報憂。員工在向老闆彙報工作時，正確的態度和做法應該是實話實說、有喜報喜、有憂報憂。這是一種對老闆、對企業、對工作負責的行為。

但是，這種實事求是、實話實說的行為，只能用於那些開明的、有胸懷的老闆，而對於那些心胸狹小、剛愎自用、吹毛求疵的老闆而言，弄不好就是一種罪過。因為，這類老闆由於自身的心理素養較低，往往自視甚高，以至於愛好別人的誇獎與吹捧。老闆的成就、工作業績，盡量誇大無妨，甚至還能討其歡心；相反，如果下屬或員工反映的是有關老闆工作的失誤和管理的缺陷，他往往難以聽得進去。如果妳不了解這類老闆的性格缺陷，就貿然實話實說，述說了老闆的不足和缺點或是工作的失誤的話，那妳可就要多加小心了，他很可能會找藉口報復妳。

實事求是、實話實說是一劑良藥，但只能用於那些清醒者和豁達者。在民間，人們都是歡迎喜鵲而討厭烏鴉的。其實大家也都明白是喜是憂都是客觀存在的，與報告者並無直接關係，但人們依然不由自主的喜聽吉言，厭惡凶訊。

當妳年復一年，日復一日，全身心投入工作中時，妳會突然發現，儘管自己累得半死，別人卻好像熟視無睹，尤其是上司，似乎從未當面誇獎過妳。這時，妳可能會怨天尤人，牢騷滿腹。但妳一定要懂得，這不完全是上司的過錯，試想想，公司上上下下、裡裡外外，有多少人要上司操心過問，妳的「被忽略」也情有可原。因此默默無聞固然好，但是也要讓上司知道妳的存在，這樣他才能夠發現和認識到妳的價值，才能對妳委以重任。

王雪在一家公司已經工作了很多年了，她為人比較內向，不善於和上司溝通，是一個只會做不會說的人。她工作時勤勤懇懇，埋頭苦幹，沒有怨言。但是不久後她發現，上司不但沒有發現她的工作能力，反而對一些工作能力不如她的人委以重用。因此她感到很苦惱。

其實，若想要上司注意妳，就應該與上司保持溝通，多報喜、少報憂。當妳完成了一項很棘手的任務後，首先必須得先向妳的上司彙報，讓他知道妳有一個好腦袋和快刀斬亂麻的能力，而不光會領薪水。但是應當注意，不要等出了紕漏才想到去找上司，做上司的都喜歡能幹的下屬，如果妳一貫報告的是精明幹練的成果，即使萬一幾次不小心惹了麻煩，上司也能夠寬大為懷，予以諒解。最怕的是，妳每次報告上司的都是工作沒做好的壞消息，這樣，妳在上司心目中的印象一定很糟糕。

向老闆「喜傳捷報」應當掌握一些靈活的技巧：

第一，開門見山，先說結論。不要把時間和精力用來描述妳做的事，而是首先直接把結果告訴他，上司們都很忙，用有限的時間，報告上司最關心的事，這是攻心的良策。

第二，如果時間允許，再進一步詳細說明過程。報告過程要盡可能簡明扼要，並且記住先感謝別人，再提自己的功勞。

第三，如果是書面報告，內容要詳盡。一定要簽署上自己的名字，不要洋洋灑灑，下筆千言，但如果忘了加上自己的名字，或者把直屬主管、上司的名字統統寫了上去，卻唯獨漏了自己的，那豈不是功虧一簣。

第四，不要急功近利。報告完了，切勿立刻求賞，只要給上司留下好印象即可。否則，上司可能會覺得妳太急功近利。只要妳一次次贏得上司的肯定，天長日久，功到自然成功，升遷晉級總會有妳的機會。

第五，榮耀不可獨享。一定不要忘了，有了佳績除了報告妳的上司，最好同時把好消息告訴妳的同事、部屬，讓他們分享，既完善了人緣，又製造了輿論，讓別人覺察到妳的優點。

在工作中，有了成績就要讓人知道。就像做蛋糕一樣，做完蛋糕要擠花裝飾，有了美麗的奶油花朵，蛋糕自然就會贏得人們的青睞。隨時不忘報告上司，就是在自己做的蛋糕上擠花、讓他人看到妳的光彩。

眼淚也是一種武器

「眼淚」一直以來都被看做是女人的專利，是弱者的象徵，只有無用之人才會動不動就「以淚示人」。其實這是我們對「眼淚」認識的一種誤區。同情弱者是人的天性，在事情陷入僵局的時候，以「眼淚」作為解決問題的方法，放下面子對人動之以情，再固執、再鐵石心腸的人也不會對眼淚無動於衷。

朱禮馨女士在華爾街的某公司上班後，與她一起被公司錄用的年輕同事麗麗，違反公司規定偷偷告訴她，她的薪水僅僅是麗麗的一半。「美國公司很歧視外國人。」她友善的說。朱禮馨幾乎要氣瘋了，於是她跟老闆們據理力爭。她對大老闆說：「妳也許不完全知道，與我一起徵來的員工都無經驗。而且這三個月以來，以我的成績最優秀，一共完成三個專案，其中一個是獨立完成的，給公司創匯七萬多美元，但被人搶了功。這您應該知道。」她加重語氣，「而且大家有目共睹我是多麼的努力，我的上司根本沒有耐心教我任何專業知識，卻把我的成績當做他個人的功勞，在公司獲取最高的待遇。在這種情況下，我的薪水還要少於他人，這很難讓我接受。我相信，這也難以讓您接受。如果誰因為我的種族而欺侮我、歧視我，我一定和他力爭到底！」她眼含淚水的說，「如果我是你們家庭的一個成員，你們的小妹妹，你們還會這樣待我嗎？」最終，朱禮馨得到公司的道歉，同時加薪百分之五十，並補足原來的金額。後來，大老闆告訴她，加薪的主要原因是因為她能捨命保護自己的權益。「一個能保護自身權益的人，就一定能保護公司的權益。」

在為人處世的過程中，採用「眼淚」作為一種迂迴戰術，用「眼淚」作為武器來打動人心，不失為一種詭計。雖然這樣做會讓自己的面子稍有損傷，但如果把握好了分寸，就不失為一個成就妳輝煌人生的絕妙詭計了。

剛柔相濟的職場策略

許多有成就的女性，尤其是被稱為「女強人」的女性，內心都有一種矛盾，就是擔心建立了自己的事業形象以後，會讓男人覺得她失去了女性的魅力。

作為一位白領女性，當男同事挑剔妳不懂溫柔的時候，妳應該怎麼辦呢？這應該視具體情況來做決定。當男同事對溫柔有著不正確的理解，錯把妳的溫柔當成了不解溫柔的時候，妳要耐心的向他講明女人溫柔的涵義，希望他能糾正不正確的觀念，真正理解妳。

溫柔不會妨礙妳在事業上的進取。一個好女人，儘管在事業上成績顯赫，到了家裡卻仍能變成了一個溫柔的妻子。她們在事業上有著拼搏衝殺的男人氣概，在愛情中有著女人「柔」的一面，剛柔相濟，往往能夠促使妳的愛情和事業共同發展。要讓男人感到自己的溫柔，職業女性應根除專橫、潑辣的惡習。試想，哪個男人願意娶一個比他更加有「男人味」的妻子呢？所以，白領女性應該用細膩的感情來體貼男人，帶給他溫暖和柔情，他才能發現妳的溫柔可愛。

佳欣是一個相貌平平但卻十分能幹的女子。但在公司裡，同事們尤其是男同事們特別不願意與她共事。

後來，佳欣給公司拉來了好幾個大客戶，覺得這樣就能揚眉吐氣了，但是男同事們除了認為她能幹以外，還是對她不冷不熱。為什麼會這樣呢？她反思了好幾天，終於有所領悟，是不是自己只知道一味工作卻忽視了和大家的交流呢？她想以一種方式去改變大家對她的看法。一天早晨，她早早來到辦公室，買來了一大束鮮花，她希望這些美麗的鮮花能給每一位同事帶來溫馨。整個辦公室因為有了鮮花而香氣四溢，同事們上班時都讚美這些美麗的鮮花，並且因為有了這些鮮花的陪伴，一整天都精神十足，大家都被這溫馨的花香感動了。

佳欣透過一束鮮花使同事們感受到了她的溫柔可愛之處。

一個外表漂亮的職業女性，如果臉上總是帶著冷漠的表情，使人感到好像拒人於千里之外，說話的時候總是帶著刺，總是拿她的好惡來對付別人，這樣的女人男人往往不會接近，因為哪個男人願意碰得一鼻子灰呀。

所以，女人應該學會利用妳的溫柔，征服妳的男同事。因為，男性多半都是喜歡溫柔的女人。同時，女人在社交手腕上要多用妙方，剛柔相濟之法是其中重要的一種。女人們完全可以在社交中靈活運用「剛」與「柔」的手腕，用「柔」的心靈、「柔」的微笑、「柔」的語言和「剛」的自主意識、適時的「剛」的態度，使自己的舉止「柔」中有「剛」、「剛」中融「柔」，這樣就會使自己魅力無窮。

「女性化」不表示脆弱、沒有主見、絕對服從，或承認能力不如男性。「女性化」首先是要妳認識到妳是個女人，行為「女性化」。在工作上，把女性的特質適當的配合事業上男性化的特徵，進而得到男人的合作和支持。從前，很多女人為在事業上爭得一席之地，常要模仿男人變得非常果斷、剛硬，但現在，女人在事業上盡量發揮「女性化」的魅力，便能以柔克剛、以弱治強，保持剛柔平衡，成為成功的職業女性。

在與男性交往中還要注意以下幾點：

一、不要傷害他的自尊心

男人是自信驕傲的，他的自尊心脆弱而敏感。如果妳的言行威脅到他的自我時，他會立即產生抗拒。因此我們要察言觀色，關鍵時刻維護他的自尊，並適時的誇獎他，讓他感受到妳獨有的溫柔、體貼。利用女人的天性本能，我們可以輕鬆自然、不留痕跡的在與他和睦相處的同時，也維護我們的自尊。培養愉悅的性格和友善的態度，發揮「女性化」的魅力，這是職業女性應該表現的特質。

二、要與他建立一個共同點

男人面對職業女性有時會顯得手足無措，因為妳既是一個能幹的同事，又是一個女人。因此要想與他相處得舒服、坦然，就要建立一個共同點，最好能產生共鳴。可以先了解他的喜好，再對症下藥。培養與別人建立共同點的本領可以幫助妳與他人建立隨和的友情，對妳事業的發展大有裨益，也能尋找到交換意見的空間，同時還能消除他的敵意和戒心。

三、對他發出適當且由衷的讚賞

在適當時機，發出真誠的讚賞，這不但會使他對妳的防線崩潰，而且於妳自身也會受益無窮。英文有句俗語：「奉承可使妳通行無阻。」只要我們是發自內心的讚揚，一定會使雙方身心愉悅。比如，看到同事或者上司帶了一條新領帶，妳可以問他在哪裡買到的，讓他感覺到妳的鑑賞力，從內心首肯妳的讚許。在儀表方面，男人自視是專業人員，也感覺穿著得體非常重要，因此妳的適時讚美會讓他心情極佳。當然，讚美時謹記不能太露骨。注意，在有些人面前，妳可以讚賞他的事業成就，但是不能讚揚他的儀表和衣著，否則會使別人誤解妳對他有意思，並令他尷尬。

四、恰到好處的徵求他的意見

其實這也是一種變相的讚賞，因為這顯示了妳重視他的見解和經驗，讓他覺得自己很重要，同時感覺到妳非常的有女人味。但徵求意見時，不要讓他感覺妳事無鉅細都問一遍，從而覺得妳毫無判斷力。

五、敏銳覺察他的情緒變化

這是女性敏感細膩的特質，如果發揮好這一特質，妳會是一個可以傾訴、依靠和信賴的對象。在辦公室，當妳發現某位同事氣色不好或精神不佳時，要及時適度的給予關切的問候，讓他感覺到妳的細心體貼，妳是可以隨時為他提供幫助的，妳是最善解人意的。

六、要放慢語速，語氣柔和

有的女性為了吸引別人的注意，說話時咄咄逼人。但我們不要忘記，這是男人不甘示弱的作風，如果女人也這樣，就犯了「與男人同化」的禁忌。妳最多只會讓他敬而遠之，絕對不會獲得他的垂青。因此，講話時應音色委婉，語調輕柔，時常面帶笑容，為自己樹立溫柔可親的「女性化」形象。

七、穿著得體

職業女性不必穿得刻板，應懂得根據自身的特點揚長避短，打造精緻美麗的形象。如果妳有一個令人豔羨的胸圍尺寸，那妳的上衣就應該時刻展示妳的優美曲線；如果妳練就了結實的腰肢，那就讓貼身襯衫和低腰窄管褲展示妳的健康活力；如果妳有一雙修長美麗的小腿，就應以裙裝和淺色絲襪盡情詮釋女性的萬種風情……總之，妳要發揮女性身體的特質，將自身的優勢恰到好處地展現出來。

八、保持健康亮麗的妝容

妳也許終日緊張而忙碌，但無論如何，妳都不要忽略以健康亮麗的精神面貌開始一天的工作，妳的妝容尤為重要。妳要盡力使自己的皮膚看起來光潔、富有彈性，不妨施些淡妝。

上班妝容切忌濃豔，要讓人感覺舒適清爽。身為女性，特別要了解自己臉上最生動的細節，並把它的優勢展現出來。如果要妳的眼睛明亮動人，那麼每天早晨塗睫毛膏是必不可少的一道工序，一雙明眸勝過千言萬語；如果嘴唇是妳的驕傲，那妳一定要多備幾支口紅，讓動人的唇彩為妳加分。

人際關係儘管複雜，卻不能望而生畏、止步不前，培養良好的習慣不僅會對妳的交際大有助益，而且會使妳的交際異彩紛呈，增添不少亮點，為妳的成功奠定堅實的基礎。

做老闆最好的助理

助理這一頭銜在現代的企業管理中越來越常見，什麼總裁助理，總經理助理，主管助理，不一而足。那麼，為什麼要設這樣一個職銜呢？顯然是要為主角分擔一些輔助性工作，或者協助主角的部分工作，有時候甚至是代表分身乏術的主角參加某些活動。因為主角與助手的關係是一體的，所以工作起來協調性更好，成效也更為突出。

露寶是微軟公司總裁比爾蓋茲的第二任女祕書，也是他生活和工作中的得力助手。露寶忠誠於公司，忠誠於老闆，兩度受命挑起重任，為微軟帝國的發展壯大立下了汗馬功勞。

露寶初到微軟時已經四十二歲了，她對年僅二十一歲的董事長比爾蓋茲倍加關心。蓋茲通常中午才開始上班，然後一直工作到深夜，露寶根據這一作息規律安排蓋茲在辦公室的起居飲食，就像母親照顧孩子似的。蓋茲因此對露寶十分感激。

露寶的工作很繁雜，比如發放薪水、記帳、接訂單、採購、列印資料、安排出行等，她簡直像一個後勤總管。然而，露寶總能協調安排各項事務，使公司有條不紊、秩序井然。蓋茲有露寶的幫助，省去了許多麻煩和後顧之憂，專心致力於公司的發展。

不出幾年，微軟就發展得相當驚人了，此時蓋茲決定把公司遷往西雅圖，以追求更大的發展。令蓋茲遺憾的是，露寶因為其家庭原因，不能和他一同前往。

此後三年，蓋茲一直努力尋找合適的助手，然而，總未能稱心如意。在一個霧氣朦朧的冬夜，正為此事苦惱的蓋茲突然發現了曙光：原來，對微軟忠心耿耿的露寶也放不下年輕的公司，放不下年輕的董事長，所以說服丈夫舉家遷到了西雅圖。露寶的到來，給蓋茲和整個公司帶來了活力。蓋茲予以露寶更多的信任，對她十分依賴；露寶則不辜負董事長的信任，竭盡全力為蓋茲分憂、為公司效勞。微軟在蓋茲的悉心經營下，一步步發展壯大起來，而這位忠誠實幹的女祕書露寶也迎來了事業上的巨大成功。

由此可見，做老闆最好的助理，也是成功征服職場的一個不錯的選擇。

別替老闆作決定

身在職場，要想真正成為老闆靠得住、信得過、離不開的得力助手，就必須把握好辦公室工作的特點，找準自己的位置。和老闆溝通最重要的一條：獻策，而非決策。代替老闆作決定，這是做老闆的人最忌諱的。

懂得在辦公室為人處世的藝術極其重要，特別是說話。說話誰都會說，但把話說得動聽，透過說話給別人留下良好印象，卻未必是每個人的專長。在和老闆相處的過程中，更要懂得如何去說話。

老闆在公司裡是最高的決策者，掌握著生殺予奪的大權。如何正確把握和老闆說話的分寸，相信是職場中人都要思考的。這其中，最重要的一點就是不要代替老闆作決定，而是要在老闆的同意下，針對其工作習慣和時間對各種事務進行酌情處理。

韓燕燕年輕幹練、活潑開朗，進入企業不到兩年，就成為核心人員，是部門裡最有希望晉升的員工。一天，公司經理把韓燕燕叫了過去：「小韓，妳進入公司時間不算長，但看起來經驗豐富，能力又強。公司要開展一個新專案，就交給妳負責吧！」

受到公司的重用，韓燕燕自然歡欣鼓舞。恰好這天要去彰化談判，韓燕燕考慮到一行好幾個人，坐巴士不方便，人也受累，會影響談判效果；計程車一輛坐不下，兩輛費用又太高；還是包一輛車好，既經濟又實惠。

主意定了，韓燕燕卻沒有直接去辦理。幾年的職場生涯讓她懂得，遇事向上級彙報是絕對必要的。於是，韓燕燕來到經理辦公室：「老闆，我們今天要出去談判，這是我做的工作計畫。」韓燕燕把幾種方案的利弊分析了一番，接著說：「我決定包一輛車去！」彙報完畢，韓燕燕滿心歡喜的等著讚賞。

但是卻看到經理板著臉生硬的說：「是嗎？可是我認為這個方案不太好，你們還是買票坐火車去吧！」韓燕燕愣住了。她萬萬沒想到：一個如此合情合理的建議竟然被駁回了。韓燕燕大惑不解：「沒道理呀，傻瓜都能看得出來我的方案是最佳的。」

其實，問題就出在「我決定包一輛車」這句自作主張的話上。韓燕燕凡事多向上級彙報的意識是很可貴的，但她錯就錯在措辭不當上。在上級面前，說「我決定如何如何」是最犯忌諱的。如果韓燕燕能這樣說：經理，現在我們有三個選擇，各有利弊。我個人認為包車比較可行，但我做不了主，您的經驗豐富，您幫我作個決定嗎？經理若聽到這樣的話，絕對會做個順水人情，答應她的請求。

時刻不要忘記，老闆才是公司的最高決策者，無論事情的大小都有必要聽取他的建議，絕不可擅自作決定。

員工的工作歸根結底是為了公司的利益，也完全圍繞著企業的管理者展開。因此需要了解老闆的工作風格、工作方式、工作重心及緊急程度，了解老闆的人際網路，理解他的工作壓力。切忌急躁粗暴，要多傾聽和徵詢老闆的意見和建議，少做一些不容辯駁的決定和爭論。即便妳可能是對的，即使面對能力不強的上司，同樣要保持尊重，不要擅自行動和作決定。想要和老闆保持良好的溝通，就要對老闆的地位及能力永遠表示敬意。

老闆也是人，老闆也有自己的性格。對待不同性格的老闆，妳都要保持耐心與寬容，把妳的決定以最佳的方式傳遞給他，讓自己從主動的提議變成被動的接受。這樣才能讓老闆感受到下達指令的樂趣。

維護上司的面子，就是鞏固自己的飯碗

人生在世，有些時候，為爭一時之氣而拼個妳死我活，這是大忌。因為這於己於事都毫無任何益處。試想泰山壓頂，先彎一下腰，就會有再站起的機會，如果硬挺著不低頭，折斷了腰就永遠斷了。

假如妳和上司產生了衝突，論力量，妳是雞蛋，而對方是石頭，妳該怎麼辦？是像頭腦簡單的拼命三郎那樣以卵擊石，白白送命呢，還是避其鋒芒，等自己變成變成比對方更大的石頭再有所圖謀？

其實君子藏器於身，待時而動。對待上司，有時委屈自己是一種美德。作為老闆都十分注意自己在公開場合，特別是有其他老闆或者眾多下屬在場的時候的權威，這絕不僅僅是因為文化的潛意識在作祟，更在於這是老闆從行使權力的角度出發，維護自己權威的需要。對於員工來說，老闆可以決定自己員工的命運，因此，處理好與老闆的關係至關重要。

現實生活中，有一些人無意的不給老闆留面子，損害老闆的尊嚴，刺傷老闆的自尊心，最後可能會勞苦一生，也沒有求得發展的機遇。然而，在生活中老闆的面子更是傷不得，他們似乎很在乎下屬的態度，往往以此作為考驗下屬對自己尊重不尊重、懂不懂禮節的一個重要標準。

有一名研究生，畢業之後就到一家外企的銷售部工作，現在已經做了五年，一直沒有得到提升，而當時與她一起進入這家外企的其他研究生都當上了部門經理。這是什麼原因呢？

原來，三年前的一天，經理和公司董事長一起來檢查工作，當來到她的辦公室時，這位研究生為了表現自己，於是對經理說：「經理，我想提個意見，我發現公司的內部管理比較混亂，有時候連一些客戶的訂單都找不到。」董事長就在身邊，經理的臉色立刻大變。從此以後，經理對這個研究生採取不理不睬的態度。儘管她很有才能，卻一直沒受到重用。

從這個例子中，妳學到了什麼？經理是妳的上級，他的尊嚴不容冒犯。妳不給上司面子，當眾出他的醜，他又怎麼會給妳「裡子」呢？要知道上位者的自尊心最強，如果妳毫無保留，一味的和上司對抗，上司會覺得尊嚴受損，權威受到挑戰，在面子上感到狼狽不堪，這會使他把事情看得很嚴重，最終妳的發展機會也只能是遙遙無期。

公司裡新招了一批職員，老闆抽時間與大家見了個面。在點名的時候，老闆叫道：「汪蕊。」全場一片寂靜，沒人應答。老闆又念了一遍。一個女孩站了起來，怯生生的說：「我叫汪芯，不叫汪蕊。」

人群中發出一陣低低的笑聲。老闆的臉色有些不自然。

「報告經理，對不起，是我把字打錯了。」一個精明的女孩站起來說道。

「太馬虎了，下次注意。」老闆揮揮手，接著念下去。

沒多久，這位自認錯誤的女孩被提升為公關部經理，叫汪芯的那個員工則被解僱了。

在下屬面前，上司的尊嚴很重要。雖然為了照顧上司的面子而犧牲別人、犧牲真理是錯誤的，但是在不影響事實處理的前提下，顧全上司的面子是有必要的。這是下屬必須考慮到的。因為，無論做什麼事情，我們都要從長遠考慮，事情的開始無論是多麼的不如意，或者針鋒相對，但事情過後，上司依然是領導者。如果妳懂得了這個道理，也許妳就懂得了人人都是講顏面、講尊嚴的。

那麼如何照顧上司的面子呢？

一、平時多了解上司的工作習慣、工作方式

正所謂「知己知彼，百戰不殆」，職場如戰場，了解上司的工作習慣和工作方式，這樣妳才能更好的達到上司的要求，工作起來才能更加遊刃有餘，才可以成為上司的得力愛將。

二、要多和上司溝通，幫上司解決屬於他們的事情

想要做到這一點不難，但是要記住，自己是下屬，以建議的口吻最好，因為要照顧到上司的面子。即使上司的決策有誤，作為一個普通的員工能否與上司一爭高下？我們無從回答，但是有一點需要每一個員工記得，與上司有不同意見的時候，千萬不能馬上講事實擺道理，這樣就違反了職場中的潛規則。

三、多向上司請教

對於上司職責範圍內的事情，無論妳本人多麼有能力，也絕不可擅自作主，私下處理，漠視了上司的面子。

從今天起，妳就應該做出改變，盡量的發問。一個未臻成熟的部下，向成熟的上司請教，是理所當然的，並不可恥。

有心的上司，都很希望他的下屬前來詢問請益。下屬來詢問就表示他（她）在工作上有不明之處，而上司能給予解答，這樣妳的上司會很有成就感，而且可以減少錯誤，上司也才放心。當然凡事無論大小都向上司請示的做法也是不明智的，上司的主要精力是用來管理大事和把握方向的，請教他無關緊要的小事會讓他產生權威被降低的感覺。向上司請示的問題必須是關鍵性的、有價值的，這樣才能使上司感受和體會到自己的權威。

四、不要在背後詆毀上司

有些人對上司不滿，雖然不敢當面發洩，卻在背後說三道四，有意詆毀上司的名譽，殊不知，世上沒有不透風的牆，早晚會被上司知道。得罪上司可不比得罪朋友、同事，因為在某些時候上司對妳的職位有生殺予奪的權力，也許只需上司動一點心思，妳便挫折不斷，甚至職位不保，因此我們對此不能不小心謹慎的避免詆毀上司。

五、永遠對上司恭敬

任何一個上司都希望和下屬之間保持一種良好的、和諧的關係。但絕不允許超越他們之間上下級的關係，也就是說，他必須要保持自己特有的尊嚴和威信。

與上司打好關係應該掌握好「度」，不能與上司太親密，否則會對妳不利。與上司交往，最妥當的方法是走中庸之道：既不要轟轟烈烈也不要默默無聞，讓上司感覺到妳的存在，但不要讓他覺得妳無處不在。

六、在公共場合給上司提意見時，一定要注意給上司留有面子

如果在公開場合，上司的自尊受到傷害，這是最傷人感情的，它觸動了人最為敏感的地帶。使得人們不禁對他個人的能力乃至人格產生了懷疑。因此，無論是誰，身處此境，最先的反應肯定是怒火中燒，而不是理智的對意見內容進行合理的分析。那麼，此後的一系列舉動肯定都是很情緒化的。所以，下屬在公共場合給上司提意見時，一定要非常注意給上司留有面子。

當然，我們提倡在公開場合提意見要注意給上司留面子，並不是鼓勵下屬「見風使舵」，做個老好人。我們是非常贊成對上司多提出具有建設性的寶貴意見的。但提意見要注意場合、分寸，要講究方式、方法。不要為了顯示自己一時的嘴上功夫，而導致自己終身被埋沒。默默無聞固然對於某些人來說是上上之選，但也要默默無聞的有價值。因此，為了自己將來的發展，一定要切記，上司的面子傷不得。

巧用心計，上司也能被妳操縱

曾讀到過這樣一個故事。

王霞在一家公司做銷售，為了自己的發展，需要在公司裡找個「靠山」。她發現銷售主管對她很有好感，很器重她的樣子，王霞便決定攀附他。

有了這個想法以後，她經常去找主管請教問題、彙報工作。主管似乎對她也是高看幾分，總是有意無意地暗示她，讓她好好做，自己會在適當時機提攜她。王霞很聰明，對於主管的暗示心領神會。

其實，這位銷售主管能力並不強，他能爬上這個位置，完全是憑藉走後門的關係。看到王霞能力很強，又有攀附自己之心，他覺得自己可以好好利用王霞一下。本該由他撰寫的銷售方案，他全交給王霞；王霞取得的突出業績，他全劃歸到自己名下；公司有個難纏的客戶，誰都不願去處理，他在老闆面前接下案子，最終卻將這「燙手山芋」交給了王霞，王霞費盡心力的吃掉這塊燙山芋後，功勞卻全是他的，跟王霞沒有任何關係。

王霞有時也會懷疑，自己是不是跟錯了人？可銷售主管一番「苦口婆心」的話讓她覺得自己錯怪了對方。主管對她說：「妳現在根基不牢，不能太出風頭。否則，很容易招來別人的嫉妒。我這樣做是在掩護妳，等妳歷練成熟了，我自然會在老闆面前舉薦妳！」於是，王霞取得的「果實」一次次的被主管摘走，而她除了主管的「誇獎」，什麼也沒得到。

然而，一年後，主管因為業績突出，被調往分公司當經理。王霞呆住了，她頓時明白，自己完全被利用了，心中非常氣憤。

讀了這個故事，也許很多人會說，職場就是這樣，員工就是上司升遷的墊腳石，其實任何事情都不是絕對不變的，只要妳懂得操縱妳的上司，那麼上司也可以被妳所「利用」，成為妳謀求發展的一棵大樹。

在職場裡，妳要記住，妳不爭取自己的利益，是沒人會自動給妳的。有的人會說我要是從上司那裡爭奪利益，那不是找死嗎？他可是操縱著我的命運啊，若得罪了他，那真是不想活了。的確，誰都知道得罪上司不是一件好事，但是妳要知道，上司不是妳的父母，公司也不是妳的家庭，妳沒有必要將自己的切身利益奉獻出去。要記住，妳要想在這個社會中生存，就要懂得操縱他人。只有學會了操縱他人，才能保障自己，才有可能保障自己的家庭，保障自己的未來。

那麼如何操縱上司來謀求自身的發展呢？

一、利用自己的價值

俗話說，靠山山倒，靠河河乾。誰都靠不住，最靠得住的就是自己。任何靠山都有貶值的時候，而妳的能力只會升值，永遠都不會貶值。有靠山的人那是先天條件好，在職業生涯的前期，他們占盡了先機。到了後期，一旦靠山沒了，他們就會敗下陣來。職場的無數事實證明，有靠山的人往往止步於中層，很難更進一步；坐到高層的人，一般都是有真本事的人。

畢竟任何老闆都不希望自己的下屬是個有靠山、沒有能力的草包。因為，企業要想創造出更多的價值，就需要依靠有能力的人。

二、利用上司的喜好

在人際交往中，要想成功的利用上司，就必須時刻留意上司的興趣、愛好，明白上司的意圖，理解上司的心思，這樣才能投其所好「對症下藥」。然而，上司的意圖往往捉摸不定，善逢迎者必須下工夫掌握上司的心意，揣摩上司的心理，然後盡量迎合他。迎合了他的心理，妳在上司那裡才能獲得高分，上司才可能在工作中指點妳、幫助妳，督促妳事業上的發展，為妳提供心理諮詢，在人際矛盾中幫助妳排憂解難，從而對妳的晉升助上一臂之力，而這也是妳晉升最快的途徑。

三、籠絡關鍵人物

心理學家曾對地理、化學、解剖學等七個領域做過研究，研究的結果是：各領域底層百分之五十的人所做貢獻的總和，抵不過最有貢獻的百分之十的人的所做出的貢獻，這個結論同樣適用於公司的管理。公司中的關鍵人物包括重要的管理人員、業務菁英，同時更應包括「非正式領袖」。

所以，如果妳想得到上司的肯定，那麼妳就不可跳過關鍵人物這一關，只有把關鍵人物籠絡好了，妳才能了解上司的工作習慣、工作原則、對員工的要求等，這樣妳的工作才能得心應手，才能得到上司的肯定。

四、讓上司幫妳背黑鍋

一個員工犯了錯，上司必定有兩個選擇：一個選擇是大義滅親的把妳犧牲掉以保全自己；另一種方法是與妳綁在一起，共同面對。而這時候，如果妳想保全自己，妳必須讓上司和妳犯的錯誤發生關係。

當上司與錯誤發生關係後，新一輪上司間的爭鬥便開始了，而此時，錯誤的焦點卻已經不在妳身上，妳可以安然從職場危機裡脫身。這是一個讓上司來幫妳背黑鍋的職場技巧，但要注意的是，妳必須非常小心的暗示，而不能讓上司感覺到，是妳在故意陷害他。

巧妙對付職場中難纏的人

作為上班族，每天和妳在一起時間最長的人是誰?不是妳的親人，也不是妳的朋友，而是妳的同事!他們和妳在辦公室面對面、肩並肩，同勞動、同吃喝、同娛樂。但當我們有了「私人空間」後，我們同樣不能忽視合理的社交空間和公共空間。辦公室裡的距離如何把握，並不是那麼簡單的事。同在一個公司，或者就同在一個辦公室，打好同事間的關係是非常重要的。關係融洽，心情就舒暢，這不但利於做好工作，也有利於自己的身心健康。倘若關係不和，甚至有點緊張，工作起來就沒滋沒味了。

徐文麗曾經在一家廣告公司當客戶主任，組內共有六名下屬。起初，她與其他組的同事和同級職員關係良好，有說有笑，但當她漸漸融入這個公司時，便發覺這裡的辦公室文化是「玩功利主義，只看成果，不重道德」。不久，老闆立了個新規矩，要求各組互相競爭，促進整體的營業額。自此，組與組之間的關係漸趨緊張，儘管大家表面上看來相安無事。有時候，徐文麗路過他們身邊，他們本來正在交談，看到她就會忽然靜下來。她的下屬也曾對她說，別組有些同事會向我組的新同事探口風，刺探軍情。曾經，他們組找到一位目標客戶，但別組同事不知何故竟然也找上這位客戶，並遊說（欺騙）對方與他們合作：「大家同屬一家公司，和哪邊合作都一樣啦。」最過分的一次，徐文麗無意中發現有人在翻看她桌上的文件，而那人居然狡辯說想借文具而已。

可見，職場中難纏的人確實存在，不知道什麼時候，他們便會向妳突施冷箭，讓妳猝不及防。

因此，身在職場的女人一定要學會辨識、提防難纏的人，不讓他成為自己職場的「絆腳石」。

下面教妳幾招，巧妙搞定難纏同事，女性朋友一定要記住喔！

難纏類型一：推卸責任的同事

第一，請他們協助工作時，目標必須明確，時間、內容等要求要講清楚，甚至白紙黑字寫下來，以此為作為證據。

第二，不為他們所提出的藉口而動搖，請溫和的堅持原來的決議，表達妳知道工作有其困難性，但還是必須在一定範圍內完成的期望。

第三，如果他們試圖把過錯推給別人，不要被他們搪塞過去，妳只需堅定地說明那是另一回事，現在要解決的是如何達成原定的目標。

第四，如果他們真的遇到問題，除非真有必要，妳不用主動幫他們解決，防止他們養成繼續對妳使用這招以推卸工作的習慣。

第五，請主管在不影響整體工作的情況下，重新協調工作分配，以達成工作目標優先的目的。

難纏類型二：沒能力還喜歡發脾氣的同事

在職場上，有人喜歡抱怨，有人喜歡發脾氣，有人喜歡八卦，有人背地裡出賣同事……這些職場行為，可能直接影響了他人的身心健康和私人生活。面對這些難纏的同事，關鍵在於保持心平氣和，並且要盡量學會去改變自己的行為，而不是迎合這類同事。在職場上，要學會運用「暫時逃避」

的哲學，因為距離產生美感，距離有助於妳保持平靜的心態。

難纏類型三：自私自利但老闆卻賞識有加的同事

自私是人的本性，職場上既然存在競爭，自然就存在利益關係，那麼同事和同事之間就可能存在爭鬥。在妳的公司中，你們所討厭的同事用自己的自私維護著自己在公司的一席之地，在他看來，這些正是他維護自己職場地位的有效方式。其實生活中，我們每個人都有優缺點，俗話說「十個指頭伸出來還不一樣長」嗎，和同事相處要盡量去發現他的長處。

另外，在工作中，最好不要和別人經常聊天，因為妳若認定你們很多同事都不喜歡這個自私的工作夥伴，可能是因為你們常交流才會得出這樣的結論。所以需要提醒的是，在辦公室裡最好少講工作以外的話題，尤其不要議論自己的同事，不要讓自己成為各種辦公室八卦新聞的傳播站。如果有同事散布妳的是非，最好當面質問傳話者，而當別人跟妳談論他人的是非時，最好用「別人的事情我們沒有必要操心」這類的話回絕。

難纏類型四：支配狂

第一，了解他們對工作的要求水準，讓他們知道妳其實是可以信賴的。

第二，隨時告知他們工作的進度與狀況，必要時詢問他們的意見，讓他們知道工作正由其他人在大家都滿意的狀況下進行。

第三，如果妳不小心犯了錯，也要讓他們知道妳會從這個錯誤中學習，不會重蹈覆轍。

第四，詢問他們事情最糟的狀況是什麼，可以幫助妳了解到結果通常不會像想像的那麼糟。

難纏類型五：專愛挑剔別人的同事

有時我們會遇到苛刻的同事或上司，此時不妨先考察一下，挑剔背後的動機是什麼？是他本身對自己、對工作的要求就很高，還是想要借此來打壓別人？遇到要求很高的領導，不妨欣然接受對方的批評和建議，視他為鞭策自己成長和進步的「貴人」。如果實在被對方逼得喘不過氣來，也不妨適度表達一下自己的感受。例如：「您的標準真高，我們都達不到。」意思是提醒對方，別總是追求完美。職場上有矛盾衝突很正常，讓矛盾衝突得到解決是一個好辦法，但有一個尺度要把握，不能因此而反目成仇，最好是建設性的解決問題。因為妳的同事是妳的競爭對手，但更多的時候你們是團隊合作者的關係，有時妳需要說服他，有時他需要說服妳。

難纏類型六：愛發牢騷的同事

同事的牢騷，隨便聽聽就好，不用太認真，更不可附和，否則對方將會把妳當做發洩情緒的垃圾桶，一有不滿就想往妳身上「倒垃圾」。妳應該勸誡他，負面情緒無益於解決問題，與其滿腹牢騷，不如正面去解決問題，才是正本清源之道。盡量跟愛抱怨的同事保持距離，不要讓他們的話影響工作情緒。就算無法躲開，也千萬不要隨便附和，以免被對方斷章取義，引用妳的話，去向主管表達他的不滿。

難纏類型七：情商差的同事

王女士的鄰座同事，脾氣不好，情緒控制力很差，經常因為一點小事大發脾氣，對別人大吼大叫，毫不顧及他人的感受。每當這位同事發脾氣，王女士都會情緒低落，覺得受到了傷害，認為他是沖著自己來的。其實，面對這種情商差的火藥桶，最好的處理方式就是冷靜、冷靜、再冷靜。不妨學學西方人，運用「暫時離開」的哲學，禮貌地說一句：「對不起，我想去趟洗手間，等一下我們再談。」也可以說：「對不起，我現在跟人有約，可否待會兒再談？」總之，及時離開現場，可以讓妳遠離風暴、平復心情。

難纏類型八：興風作浪的同事

職場上那些喜歡講是非、傳八卦、中傷他人的同事，往往讓人防不勝防。雖然講八卦、傳八卦反映了人的天性，可以滿足窺探別人隱私、評點他人長短的欲望，但八卦講久了，很容易讓自己陷入是非之地。因此，最好少跟愛講八卦的同事在一起聊天、交換資訊。一來不讓自己成為八卦轉運站，二來也不會讓個人的隱私傳播出去。如果有同事散布妳的是非，最好當面質問傳話者，這樣可以有效的撲滅流言和中傷：「聽說，你說我什麼……不知道是不是個誤會？」一方面給對方解釋的機會，另一方面也為自己澄清事實。

難纏類型九：口蜜腹劍的同事

對這種同事，最簡單的應付方式是裝作不認識他。每天上班見面，如果他要親近妳，妳就要找理由馬上閃開。能不做同一件工作，就盡量避開不和他一起做；萬一避不開，就要學著寫日記，留下工作紀錄。

難纏類型十：吹牛拍馬屁的同事

當此類人是妳的同事時，妳就得小心了。不可與他為敵，沒有必要得罪他，平時見面還是笑臉相迎，和和氣氣。如果妳有意孤立他，或者招惹他，他就可能把妳當做往上爬的墊腳石。

難纏類型十一：有雄才大略的同事

有雄才大略的同事，如果大家利害一致，大可共創一番轟轟烈烈的事業。如一山不能容二虎的話，也可各取所需，各享盛名，各得其利。如果以上都行不通的話，妳就全心全意的幫助他成功，自己多少也留下個識才的美名。

難纏類型十二：挑撥離間的同事

這種人做了妳的同事，妳除了謹言慎行、和他保持距離外，最重要的是妳得聯絡其他同事，建立聯防及同盟關係，將他孤立起來，他向任何人挑撥和離間，都不要為之所動、受其影響。

難纏類型十三：喜歡傳播謠言的同事

散播謠言是不當的行為，並且有損一個人的形象。有心人會誘使妳加入散播謠言的陣容，將來追究責任時，他們也會昧著良心將責任推到妳身上。要避開這種陷阱的辦法是轉移此類話題到正經事上，或是乾脆對他們說「我真的不想談這種話題」，「我不想聊這種道聽塗說沒有根據的事……」

他們不僅可能就此打住，也許內心還佩服妳的個人修養呢。

難纏類型十四：關係惡化的同事

當妳感受到自己與某位同事的工作關係，已經惡化到妳無法處理的地步，就該尋求調解協助。這並不是要找出誰對誰錯，只是希望借助外力求個和平共存。如果妳有一個善解人意的老闆，也許可以請他出面協助你們兩位解決這個問題；或者妳可以採取主動，建議對方也許調到別的單位或部門工作會比較快樂一點。但千萬不要把場面弄得像是非要攤牌不可，而是以站在對方利益的角度，提出解決的方案。

難纏類型十五：尖酸刻薄的同事

尖酸刻薄型的人，是在公司內較不受歡迎的。他的特點是和別人爭執時往往挖人隱私不留餘地，同時冷嘲熱諷無所不至，讓對方自尊心受損，顏面盡失。

這種人平常以取笑同事、挖苦老闆為樂事。妳被老闆責罵了，他會說：「這是老天有眼，罪有應得。」妳和同事吵架了，他會說：「狗咬狗一嘴毛，兩個都不是好東西。」妳去糾正部下，被他知道了，他也會說：「有人惡霸，仗勢欺人，這是什麼世界？」

尖酸刻薄型的人，天生伶牙俐齒得理不饒人。由於其行為離譜，通常在公司內也沒有什麼朋友。他之所以能夠生存，是因為別人怕他，不想理他。但如果有一天遭到眾怒，他也會被整治得很慘。

如果不幸這類人是妳的上司，妳唯一可做的事就是換部門或換工作。但在事情還沒有眉目及定案時，不要讓他知道。否則，他的一輪人身攻擊，妳恐怕會承受不了。

如果他是妳的同事，和他保持距離，不要惹他。萬一聽到一兩句刺激的話或閒言碎語，就裝沒聽見，千萬不能動怒，否則，是自討沒趣，惹禍上身。

如果他是妳的部下，妳得多花時間在他身上。有事沒事和他聊聊天，講一些人生的善良面，告訴他做人厚道自有其好處。妳付出的愛心和教誨，有時會替公司帶來意想不到的收穫。

博得上司賞識的妙計

俗話說，蘿蔔青菜，各有所愛。男上司不同，喜歡女下屬的類型也不同，因為每個人的想法和眼光都不同。但不論是什麼樣的上司，都掌握著對妳的「生殺大權」。如果妳讓他領教自己的才學精深，體會妳的忠貞不二，享受妳的崇敬之意，迅速成為他的知己，那麼，妳的事業坦途就開始了。

一、舉止優雅的女下屬

男上司對女下屬的看法往往會走極端，要不是特別欣賞，就是深惡痛絕，而女下屬的行為舉止會在很大程度上左右上司的看法。妳的穿衣打扮，妳的談吐，妳的坐姿，甚至妳說話聲音的大小，微笑的表情，待人接物的態度，都會影響上司對妳的判斷。有的女性錯誤的認為，男人都喜歡漂亮、前衛、性感的女人，所以就打扮得花枝招展、濃妝豔抹。其實是大錯特錯。工作以外，可以盡情打扮得豔麗、純情或者很性感，但在辦公室裡必須有所收斂，要衣著端莊，允許穿出一些個性，或者再加一點上司的喜好，但不能過於招搖。談吐要張弛有度，坐姿要穩重、含而不露，站姿要優美，笑起來要生動，最好不要邊說邊笑，嘻嘻哈哈，待人接物要熱情、周到、細緻、有禮貌。

二、做精明能幹的女強人

男上司是一個部門的領導，部門工作的好壞直接關係到男上司的政績。因此，工作能力強弱是男上司對下屬的一個評判標準。

男上司一般都很賞識聰明、機靈、有頭腦、有創造力的下屬，這樣的人往往能出色的完成任務。有能力做好本職工作是使男上司滿意的前提，一旦被人認為是無能無識之輩，既愚蠢又懶惰，便很危險了。

但我們完成工作之後，要學會把功勞讓給男上司。很多成功人士在講自己的成績時，往往會先說一段客套話：之所以取得這樣的成績，是上司和同事們幫助的結果。這種客套話雖然很乏味，卻有很大的妙用：顯得妳謙虛謹慎，從而減少他人的嫉妒。

好的東西，每一個人都喜歡，越是好吃的東西，越是捨不得讓給別人，這是人之常情。要是妳有遠大的抱負，就不要斤斤計較於成績的獲得妳究竟占有多少分，而應該大大方方的把功勞讓給妳身邊的人，特別是讓給妳的男上司。這麼做的話，妳會感到喜悅，男上司臉上也有光彩，以後，少不了再給妳更多的建功立業的機會。否則，如果只會打眼前的算盤，急功近利，則會得罪身邊的人，將來一定會吃虧。

三、女人要學會在工作中表現自己

常言道，疾風知勁草，烈火煉真金。在關鍵時刻，男上司會真切的認識與了解下屬。人生難得機遇，不要錯過表現自己的極好機會。當某項工作陷入困境之時，職場女性若能大顯身手，肯定會讓男上司格外器重妳。當男上司本人在思想、感情或生活上出現矛盾時，妳若能妙語勸慰，也會令其格外感激。此時，切忌變成一塊木頭，冷漠無情，畏首畏尾，膽怯懦弱。這樣，男上司便會認為妳是一個無知無識、無情無能的平庸之輩。

但需要注意的是，讓出功勞一事不能在外面或同事中張揚，否則還不如不讓的好。對於讓出功勞的事情，讓功者本人是不適合廣為宣傳的，自我宣傳總有些邀功請賞、不尊重男上司的味道，千萬不能做。宣傳妳讓出功勞的事情，只能由被讓功者來做。雖然這樣做有點埋沒了妳的才華，但妳的同事和男上司總會一有機會便設法還給妳這筆人情債，給妳一份獎勵的。因此，做善事就要做到底，不要讓人覺得妳讓出功勞是虛偽的。

四、野心勃勃的女下屬

女下屬要有強烈的進取心，好學，上進，勤奮，工作有拼勁。多數男上司都有這樣的想法，就是女人和男人終歸不同，女人比較重感情，一旦認定了哪個男上司，就會很忠誠，再苦再累也不叫屈，攆都攆不走。而男人就不同了，即便委以重任，也時常會心猿意馬，不知哪天會遠走高飛另謀高就。有些男上司因此會把一些比較重要的工作交予有「野心」的女下屬，培養、提拔、重用她。居家型的女下屬，男上司多數不喜歡，因為他們看不到希望。

五、成為男上司的「貼己人」

男上司對下屬最看重的一條就是是否對自己忠心耿耿，忠誠對老闆來說更為重要，比如一些公司的司機都是男上司的「貼己人」，如果不是「貼己人」，一些在車上的談話、所辦的一些私事若被說出去，會造成影響。因此，要成為男上司的「貼己人」，就要經常用行動或語言來表示妳信賴、敬重他，男上司在工作中出現失誤，千萬不要持幸災樂禍或冷眼旁觀的態度，這會令他極為寒心。能承擔責任就擔責任，不能承擔責任也可幫他分析原因，為其開脫。此外，還要幫他總結教訓，多加勸慰。

持指責、嘲諷的態度更容易把關係搞僵，使矛盾激化。那樣，妳就再不要指望男上司喜歡和器重妳了。

六、熱心參加公司活動

借著公司大小活動加深上級主管對妳的印象，也可多與其他部門主管及人員交流。

七、規劃好自己的事業

妥善規劃自己的事業發展方向與步驟，記住：這是妳自己的事業，得自己掌控。

那麼，如何做一個讓男上司喜歡的人呢？第一，要忠於男上司，多向男上司請教，才意味著「孺子可教」，決不能在男上司面前吹牛，與男上司計較個人的利益得失。第二，要在關鍵時刻為男上司挺身而出，把功勞讓給男上司，而且不可張揚妳對男上司所做的善事。第三，與男上司交談時，不可鋒芒畢露，更不要在背後議論男上司的長短。

職場女性，入局要有術。女性在職場與男上司相處，最關鍵的一點是要博得男上司的信任，設法獲得他的青睞，如果做到了以上這些方面，那麼，男上司自然會對女下屬欣賞有加，妳的前途也會一路平坦。

發揮女人優勢，找到職場貴人

算命先生常說「妳命中缺乏貴人」或「妳今年會遇到貴人」，這當然是一種迷信，不過在職場打拼，妳確實需要「貴人」相助。步入職場的人，面對激烈的競爭，經常會前行緩慢甚至舉步維艱，這時候，如果能得到貴人的幫助，那麼妳就會在職場的道路上疾馳，抵達妳夢想中的職場佳境。

那麼貴人到底是什麼？而哪些人又能成為我們職場中的貴人呢？通常我們所說的「貴人」是指某位身居高位的人，也可能是職業技能、經驗、專長等各方面比我們略勝一籌的人。但有一個很有趣的理論說，世界上任意兩個人之間，只要透過六個人就能聯繫上。如果我們不侷限於把「貴人」定義為位高權重的人，就會發現職場之上，貴人範圍很廣，只要有心，幾乎可以說是處處有貴人。他們也許是老闆，也許是同事或朋友，甚至有可能是下屬。因此，要想得到貴人相助，平時在與人相識相處之時，千萬不要帶著勢利眼和功利心，廣結善緣，讓大家喜歡，這是培養貴人的前提條件。

是的，貴人是需要培養的，是需要自己去爭取的。要說在以前，職場裡的貴人是可遇不可求的，如果有人肯在職場裡提攜妳一程，這概率就跟中丘比特之箭差不多。可自從進入後伯樂時代，如果還用守株待兔式的方式等待貴人上門發掘妳，這顯然是過於被動了，於是有人開始主動出擊，在職場裡尋找自己的貴人。

在男性主導、冷冰冰的科技世界裡，王雪紅卻闖出一番天地。

這位罕見的女創業家、投資家，在華人世界裡幾乎無人能出其右，即便在美國，科技產業內也少見事業具有一定規模的女企業家。

王雪紅一手創立的威盛集團，其二〇〇三年的營業收入已衝破六百億元。從積體電路設計（威盛、威騰、威瀚）、半導體封裝測試（立衛、威宇）、硬體製造（宏達、國威），一直到資訊通路（全達、建達、旭耀電通），產業上中下游，她均有重兵部署，一條鞭垂直整合，這還不包括許多以個人名義的投資。她的事業版圖積極延伸到世界各地。

龐大的企業王國，更讓才五十多歲的王雪紅多年蟬聯臺灣女企業家首富。雖然是臺灣塑膠大王王永慶的女兒，早期創業也得到父親的支援，但是王雪紅早已跳脫父親的光環，自創新局。

王雪紅光芒四射，究竟她是怎樣走向成功的呢？

善用他人的智慧，是她成就大事業的基礎，說到底就是懂得借勢。

王雪紅於一九八一年畢業於柏克萊大學，拿到經濟碩士學位。現在她的手下是清一色的男性專業經理人，並且有許多是能力非凡的工程師，他們甘願為她效力。這些得益於她高超的識人用人之道，並且真正做到授權，充分發揮手下每一個人的聰明才智。

威盛的陳文琦、林子牧是加州理工學院電機碩士，他們自創公司卻與股東理念不合，失意時被王雪紅所接納，加入她購買的一家美國公司。陳文琦規劃策略，王雪紅負責市場，林子牧在美國掌管研發，鐵三角打造了今天的威盛。

張朝深和王雪紅共事多年，她說：「雖然王雪紅是出資者，是老闆，但我可以和她大聲說話，她從不生氣，給我很大的空間，其實這更讓人佩服。」張朝深觀察王雪紅的手下，許多都是大年初一還會來上班的死忠分子。

「她從小就非常大方，不愛計較。」王雪紅的表哥、建達執行長高英聰說。他認為這來自於家庭教育，「她母親（王永慶的二太太）也非常寬厚慷慨。」

上大學時，父親王永慶就時常寫信給她，一週三封信，一次就好幾張信紙，談得最多的是經營管理理念。學生時代的王雪紅雖然一知半解，卻也埋下她對經營事業的敏銳。

如今威盛在英特爾的全面封殺下危機四伏，獲利、股價全面受重挫，但是集團裡卻有宏達創造佳績。許多人說，王雪紅看得遠、看得深，布局精細又廣泛，和她的父親最像。

王雪紅在創業前，曾經在姊姊、姊夫（簡明仁）的大眾電腦負責國際市場，當時也正是大眾的全盛時期。從那時開始近二十年對科技的觀察、浸潤，使她對市場頗有深究。

隨著一個接一個的企業創立，王雪紅事業的版圖清楚成形，而她是如何掌理這個王國的？她雖然授權，但是會看報表、對數字非常精準。並且，資金不會一次到位，會分階段給出。另外，用印還是要到威盛，威盛有專業精明的財務團隊，那是王雪紅得力的左右手。

王雪紅就是這樣充分發揮貴人的智慧，成為今天的臺灣女首富。

王雪紅的貴人當然是得力戰將陳文琦、林子牧等人，他們之所以能鼎力支持這位女強人，離不開王雪紅的用人智慧，更離不開一個女人的魅力。

尋找貴人就要多創造和貴人接觸的機會。除了積極參加各種活動，拓展人脈之外，日常的溝通也必不可少。最直接的辦法是多見面，見面是增進人與人之間了解的最好方式，另外還可以多與對方通電話、傳訊息，有時一句問候、一聲祝福也是非常溫暖人心的。如果這些妳都做到了，那麼就算只見過一兩面的人，也會保持著對妳的好印象。說不定將來哪一天，就在一個關鍵的時刻成為妳的貴人。

尋找貴人要求我們在拓展人脈的基礎上，也要有所選擇，要多和優秀的人在一起。要被人賞識，需要讓貴人了解妳這個人。所謂日久方見人心，要維護好一段關係，讓人對妳有所了解，是需要投入時間的。而一個人的精力與時間的分配都是很有限的。所以，最好是先想清楚自己的發展方向，再關注這個行業或這個方向上的優秀人才，去重點接近和學習。

當然了，在尋找「貴人」的階段，除了人際關係處理技巧外，更重要的還是內涵。不知妳是否想過，貴人為什麼願意幫妳？他們憑什麼幫妳？如果妳無德無能，他們還會欣賞妳嗎？如果妳無才，他們會重用妳嗎？如果妳不誠實，他們會選擇與妳合作嗎？顯然這是不可能的。所以，一定要認識到貴人之所以幫助妳，他們的出發點有很多。除了真正是基於愛才、惜才，為貴人自己的未來經營人脈之外，一般而言，貴人出手幫妳多少都帶有些私心，這裡有「伯樂與千里馬」的味道，往往是愛恨交織，既期待成功，又怕受傷害。但這種關係也往往是積極向上的。

如果妳現在正打算尋找「貴人」，以下幾點是妳爭取到自己職場「貴人」必須要記住的小詭計。

詭計一：選一個妳真正敬仰的人，而不是妳嫉妒的人

絕不要因為別人的權勢而想搭順風車。當然，貴人相助時，也得摸清「貴人」幫助妳的動機。

有些人專門喜歡找弟子為他做牛做馬，用來彰顯自己的身份。這種貴人還是離他遠點吧。

詭計二：真心與人相處

卡內基訓練大中華負責人黑幼龍曾經說：「完整的人際關係包含三個階段，發掘人脈、經營交情、出現貴人。」其實說起來，等待「出現貴人」的階段，除了人際關係處理技巧外，更重要的還是內涵。貴人可能是妳的上司、妳的同事，甚至是妳的下屬。因此，絕對不要小看妳身邊的人。未來的貴人，其實無法一眼就看出，因此認識人還是不要從太功利的角度出發。廣結善緣、讓大家喜歡，是培養貴人的第一步。

詭計三：把專業做到最好

很多機會其實就潛藏在妳身邊，坐這山望著那山高，眼高手低一定會錯過貴人的賞識。如果妳在專業領域裡足夠優秀，又何愁沒有貴人青睞呢？

詭計四：與人交往一定要多花時間

人際交往不是短線投資，而是一段需要投入交流的過程，只有付出時間，才有機會讓貴人看到妳。急功近利往往會讓妳錯失與貴人結識的機會。

詭計五：不要利用他人

沒有人喜歡被人利用。貴人幫助妳，多少也都希望能獲得適當的感謝。「投之以桃，報之以李」，感恩是為人的基本準則。懂得感恩，學會感恩，是職場人士應該具備的基本品格。站在貴人的角度，感恩回報也是必需的。貴人與妳原本素不相識，他們絕對不會無緣無故的去付出；有些看似無私的付出，其實也只是回報的形式與途徑不同罷了。

感恩也不是送禮、拍馬屁。貴人之所以幫助妳，是因為他看好妳，希望看到妳美好的未來，也證明自己的眼光。真正的感恩是要學會換位思考，多為自己的上司著想。當貴人遇到職場危機時要努力站出來；當自己離職時不要拍拍屁股就走人，要多考慮一下曾經幫助過、提攜過自己的上司；當妳的上司有家庭、有孩子的時候，盡量努力為其分擔工作；同事是暫時的，貴人是永遠的，當貴人無法幫助妳再次突破的時候，千萬不要過河拆橋、將他遺忘……

詭計六：妳能為別人做什麼

得到職場貴人幫助最為關鍵的一點是妳能否給對方帶來價值。「先不要問別人能為我做什麼？要先問自己能為別人做什麼？」這是作家凱思．費拉齊摸索得出的最重要的結識貴人之道。凱思．費拉齊從一個勞工家庭出身的球場桿弟，一路成為頂尖企業的領導人，憑藉的就是這個方法。

詭計七：不被自己的身份困住

如果妳平凡普通、身無長物，也不要在那些成功人士面前被自己的身分困住，失去應有的自信。妳只有保持本色，不卑不亢，積極主動得出擊，貴人的目光才能被妳的真實本色及獨特個性吸引。

詭計八：積極參加各種活動拓展人脈

專家建議，每個經理人至少應該參加兩個以上的非正式組織：一個與專業相關，一個與專業無關。一些沙龍聚會，往往是認識貴人的最好機會。職業圈外也很可能遇到妳的貴人。

摸準上司的心思

除了最高層領導人外，每個員工都有其上司。也許妳的工作完成得很好，業績也不錯，但妳的上司卻有可能不喜歡妳。因為妳只知道埋頭做自己的工作，卻不注意上司怎麼看妳。所以，不管妳是什麼樣的職員，都要知道怎樣讓妳的上司喜歡妳，器重妳，提拔妳。

在人際交往中，要想贏得上司的好感，就必須時刻留意對方的興趣、愛好，明白上司的意圖，理解上司的心思，這樣才能投其所好，「對症下藥」。然而，上司的意圖往往捉摸不定，善逢迎者必須下工夫掌握上司的心意，揣摩上司的心理，然後盡量迎合他，滿足他的欲望，甚至還能搶先一步，將上司想說而未說的話先說出了，想辦而未辦的事先辦好了，把上司樂得美滋滋的。自然，上司給妳的回報也會是沉甸甸的。

在日常生活中，待人處事也應做到知己知彼，對不同的上司運用不同的交往手段，隨機應變，才能事事順遂。比如，在和上司相處時，就要根據上司的性格特點和其好惡，對自己的為人處世方式作一些必要的修正，以便迅速贏得上司的好感，建立起一定的感情。在此基礎上，上司才會有興趣深入了解和考查妳的才幹，並使妳「英雄有用武之地」。

王雪為人熱情大方，很善於與各種各樣的人打交道，在調到一個新部門後，她首先想到的是如何贏得上司的好感和賞識。在作了一番調查後，她得知上司為人保守，就毅然捨棄了捲曲的長髮、破洞的牛仔等時髦裝束，而以循規蹈矩的新形象出現在上司面前。

在初步贏得上司的好感後，王雪就想發揮自己熱情、樂於助人、慷慨大方的優點，主動與上司交往，建立友誼。不料，上司為人孤僻多疑，喜歡獨處，對王雪的熱情頗不習慣。王雪碰了幾次壁後，就決心改變策略，去順應上司的性格特點，不再經常圍著上司轉。

後來，王雪發現上司有一個最大的愛好——打桌球，於是她就苦練了一段時間的球藝，然後頻頻在上司常去的一家球場露面，並每次都和上司在一起對陣、切磋球藝。此舉果然奏效，在球來球往中上司漸漸放鬆了心理防衛，與王雪成為朋友。

經過一番交往，上司水到渠成地了解了王雪身上的優點和才幹，在工作中對她予以重用。王雪投其所好，出色地把自己推銷給上司，從而贏得了事業上的成功。

由此可見，投其所好、曲意逢迎不僅是一種職場的手段，更是一門高超的做人手段。

相當大部分的上司都喜歡以「婆婆」的姿態出現，事無鉅細他都要親自過問，並插手去干預，他的一切言行就是命令，這樣的上司實際上已到了過分專制的地步。

倘若妳的上司是這種類型的人物，妳一定會時常感到精神總是處於緊張狀態，很難在工作中獲得成就感。所以，妳必須努力爭取自己的權益，以真誠坦率的態度對上司說出心中的話，嘗試向朋友般的誠摯相待，看看他究竟有什麼憂慮，或是什麼原因總是對下屬缺乏信任。妳應該相信，妳的上司也是一個普通的人，很多時候也需要人家的肯定，肯定他的人生價值與成就。倘若他對任何一件事都表現出放心不下的態度，妳要盡量想辦法讓他感到安心，而最好的方法莫過於主動向他報告妳的工作進展情況，讓他對一切明瞭如鏡。

上司的心中往往有些疑慮：下屬每天好像都很忙，但又不知道他們在忙些什麼。因此下屬一定要主動報告自己的工作進度，讓上司放心，不要等事情做完了再講。有時小小的一點錯誤，發展到後面就會變得很大，所以最好早早的向上司彙報妳的工作進度，一旦有錯誤，他可以及時地糾正妳，避免犯大錯誤。

作為一個下屬，妳有多少次主動向上司報告妳的工作進度？須知道，經常向上司報告，讓上司知道妳的工作進度，讓他放心，才能讓他繼而對妳產生好感。對上司來說，管理學上有句名言：「下屬對我們的報告永遠少於我們的期望。可見，上司都希望從下屬那裡得到更多的報告。」

因此，下屬越早養成這個習慣越好，相信妳的上司一定會心情舒暢許多，而對妳再也不是那樣虎視眈眈，妳與上司的合作一定會漸趨於輕鬆、愉快、自然。

無論是哪種行業、哪一個單位的上司，無論他的職位有多高，但他畢竟是人不是神，所有正常人的七情六欲、喜怒哀樂都會在他的身上展現出來。正如《孫子兵法》上所說的那樣：「知己知彼，百戰不殆。」假如妳對自己的上司的秉性有了充分的了解，就為妳以後的行動打開了方便之門。因此，妳有必要對自己的上司的品行特徵做點必要的總結歸納，從而成為自己與之相處的指南。

搞定與自己為敵的人

女人的做人心計之所以寶貴，一方面是因為它有利於成就事業，另一方面是因為它能讓女人成為職場交際高手，搞定與自己為敵的人。

美麗優雅的李娜成功應聘了一家公司，她掩飾不住自己內心的興奮。畢竟她是透過重重考試才爭取道了這家公司公關部經理的位子。第一天上班，上司引她到她日後工作的辦公室，並向全公司的同事宣布了她正式走馬上任的消息，還指著一位中年女性說：「這就是妳的助理王妍，以後有什麼不清楚的，妳就諮詢她。」

待上司離開辦公室後，李娜就走到王妍身邊，恭敬的向她請教些公司裡的事情，誰知王妍很不客氣得說道：「實在是抱歉，我今天有很多重要的事情要做，所以沒有太多的時間和妳聊！」說完之後，又一頭埋進了工作中。

李娜發現，除了王妍，辦公室的其他同事也都對她投來敵意，那副做派，就像李娜不是他們的上司，而是來給他們打雜的似的。

李娜很冷靜，她沒有用同樣的態度來還擊周邊的同事，她知道有果必有因，於是她開始暗自調查事情的真相。原來是由於這幾位資深的同事為公司效力不少，而每個人也都以為自己有條件坐上公關部經理的職位，豈料這個好事卻讓李娜給搶走了。李娜心裡很清楚，知道這幾位同事也並非有意刁難她，只是有點不滿公司的決策罷了。於是她開始改變態度，用友善、熱情的方式對待每一位同事。經過幾次以德報怨的交鋒，大家最終為李娜的友善之舉所折服，並心甘情願地接受了她這個年輕上司。而李娜也得以在這和諧的職場上大展才華，創下了不凡的業績，給公司帶來了可觀的收益。

人在社會中闖蕩，並非妳懷著滿腔的熱情就能抵擋住敵意的惡箭，我們除了不喪失一顆與人為善的心外，還要能與敵人共舞。

善待自己「敵人」的人是站在主動地位的人，所採取的行動是主動的，是「制人而不受制於人」的。妳採取主動，不只迷惑了對方，使對方搞不清楚妳對他的態度，也可以迷惑第三者，使其弄不清楚妳和對方到底是敵人還是朋友，甚至認為曾經是敵人的你們已經「化敵為友」了。當然，是敵人還是朋友，只有妳自己最清楚。

一間小雜貨店的對面新開了一家大型的連鎖商店，這家商店即將擠垮雜貨店的生意。雜貨店的老闆憂愁的找朋友訴苦。朋友建議她：「每天早上站在商店門前祈禱妳的商店生意興隆，然後轉過身去，也同樣地祈禱那家連鎖商店生意興隆，也就是當眾擁抱妳的對手。」

一段日子後，正如這個老闆當初所擔心的，她的商店關門了，但她卻被聘請成為了那家連鎖店的經理人，而且收入比以前更高。

如果妳在心裡說：「我絕不會善待自己的敵人，那會顯得我沒有骨氣。」那麼好吧，妳就等著吃虧吧！要知道妳的主動，除了可以在某種程度之內降低對方對妳的敵意之外，也可避免惡化了妳對對方的敵意。換句話說，為敵為友之間，留下了一條灰色地帶，免得敵意過於鮮明，反而阻擋了自己的進路與退路。地球是圓的，天涯無處不相逢。

當然，善待與自己無關的人還比較容易，善待敵人就顯得難多了。難道他打我左臉，就該把右臉送過去挨打嗎？當然不是。善待敵人，在他們困難時拉他一把，不要落井下石；在他們步入歧途時告誡一句，不要在旁邊幸災樂禍……如果窮寇仍追，遭到敵人反噬一口，倒楣的就是自己了。而善待敵人，也許可以化干戈為玉帛，多一個朋友總勝於多一個敵人，善待妳的敵人，這也是有「心計」的女人處世的一條法則。

第八章　幸福有訣竅，快樂我支招

現實生活中，很多女性感到生活很平凡、單調，她們每天從同一個起點用同一速度沿直線行走到終點，日復一日，於起點終點間往返，每天所走的路不相差五十公尺，見到同樣的人們，做著同樣的事情，說著意義差不多的話，因為日子過得單調，她們變得麻木、遲鈍，感受不到幸福。其實，生活中酸甜苦辣樣樣有，只有懂得用幸福小詭計去調節生活，品味和享受生活的女人才能感到生活的樂趣，人生的幸福。

沒事常走路，不用進藥鋪

凡是曾經讀過《瓦爾登湖》的人，都不會忘記它的作者梭羅。梭羅一生追隨自然，崇尚自然，提倡簡單生活，他的重要著作大都源於對大自然的心靈感應。梭羅晚年曾寫了一本薄薄的散文集——《心靈散步》，從多個側面闡述了自己對「散步」的觀點。

梭羅認為，散步可以使人的身心充分的享受到來自大自然的快樂。他曾寫道：「步行所帶來的悠閒、自由與獨立，不是任何財富能買得到的……房屋，關不住我，腳不出門踩踩泥土，我不會快樂。」所以，「一個新的景觀便是一個新的心情，每一個午後，我都找得到這樣的樂趣。你所看到的任何景物，都顯現出某種難言的和諧，而隨著四季的變換，路人的更換，你會感到時時刻刻都是新意。」梭羅散步的快樂，猶如原野的遼闊，如同山蔭道上的風景，層出不窮，處處新穎。

在梭羅眼裡，散步就是一門高尚的藝術。他說：「我所謂的散步，跟運動完全無關……當然，光是指揮我們的腳走向森林是沒有用的，要是不把我們的靈魂也帶去的話。」借助散步，梭羅已把自己的歡樂與自然水乳交融了。散步，與梭羅理想化、藝術化的生活方式也幾乎畫上了等號。

有些時候，妳會發現很難找到時間來放鬆，那麼我們就來散步吧！

散步是對女人有益的一種鍛鍊方式，它可以降低過高的血壓、燃燒過多的卡路里、釋放壓力、鍛鍊肌肉。散步的時候，我們可快、可慢；可雅緻的走，也可世俗的走；可在微風中走，也可在細雨中慢行；可在霧中穿梭，也可在飄雪的日子享受一份浪漫……種種姿態與心境達到一種極致的和諧，有利於身心健康！

俗話說得好：「飯後百步走，活到九十九。」「沒事常走路，不用進藥鋪。」散步是傳統的健身方法之一，歷代養生家們都認為「百練不如一走」。早在《黃帝內經》中就指出：「夜臥早起，廣步於庭。」這裡的「廣步」就是散步的意思，所提倡的就是人們早晨起床後應到庭院裡走一走，散一散心。此外，唐代大醫學家孫思邈也提倡「行三里二里，及三百二百步為佳」，「令人能飲食五百病」。還有，在《紫岩隱書》中也曾提到：「每夜入睡時，繞室行千步，始就枕。」

這些都說明了用散步健身的方法已是歷史悠久，是一種人們所喜愛而又簡便易行的健身方法。如果妳已經決定把散步列入自己的健身方案，那麼這裡還有幾種步行鍛鍊方法供妳參考：

一、散步的要領

散步前，全身應自然放鬆，調勻呼吸，然後再從容散步。若身體拘束緊張，動作必定僵滯而不協調，影響肌肉和關節的活動，達不到鍛鍊的目的。所以，在散步時，步履宜輕鬆，狀如閒庭信步，周身氣血方可調達平和、百脈流通。散步時宜從容和緩，不要匆忙，百事不思。如此一來，悠閒的情緒、愉快的心情，不僅能提高散步的興趣，也是散步養生的一個重點。

散步須注意循序漸進，量力而為，做到形勞而不倦，否則過勞耗氣傷形，達不到散步的目的。

二、散步的速度

快步：每分鐘約步行一百二十步左右。既能興奮大腦，振奮精神，又能使下肢矯健有力。要注意的是快步並不等於疾走，只是比緩步的步履速度稍為快一點。

緩步：每分鐘約步行七十步左右。可使人穩定情緒，消除疲勞，亦有健脾胃、助消化之作用。這種散步的方式對於年老體弱者尤為適用。

逍遙步：是一種走走停停、快慢相間的散步，因其自由隨便，故稱之為逍遙步。這種方式的散步對於病後需要康復者非常有益。

三、散步的時間

食後散步：養老寶典《老老恆言》裡說：「飯後食物停胃，必緩行數百步，散其氣以輸於脾，則磨胃而易腐化。」說明飯後散步能健脾消食，延年益壽。

清晨散步：早晨起床後，或在庭院之中，或在林蔭大道等空氣清新、四周寧靜之地散步。但要注意氣候變化，適當增減衣服。

春季散步：春季的清晨進行散步是適應時令的最好養生法，因為春天是萬物爭榮的季節，人亦應隨春生之勢而動。

四、散步後的保養

白領女性可能因為工作原因，不得不終日與高跟鞋為伍，但要注意皮鞋尤其是鞋底一定不可以太硬，鞋不能擠腳。散步後回到家，最好就地打赤腳，澈底放鬆。洗澡時注意用溫水泡泡腳，可以緩解足部疲勞。洗完澡後，坐在床上，放鬆兩腿，用手由下至上按摩，能幫助促進新陳代謝，排除毒素。

游泳是女性最好的健美方式

炎炎夏季來了，游泳的人又開始多了起來，相信會有很多女性想透過游泳來達到健美的目的。

游泳是一種全身性運動，不但可以提高妳的心肺功能，還能鍛鍊道人體幾乎所有的肌肉。人在水中活動的阻力比在陸地上大十二倍，兩臂划水同時兩腿打水或蹬水，全身肌群都參與了活動，可促使全身的肌肉得到良好的鍛鍊。

游泳時，由於水的密度和傳熱性比空氣大，所以消耗的能量比陸地上多。游泳時人的新陳代謝速度變得很快，三十分鐘就可以消耗四百八十大卡左右的熱量，而且這樣的代謝速度在妳離開水以後還能保持一段時間，所以游泳是非常理想的減肥方法。對於比較瘦弱者，游泳反而能夠讓體重增加，這是由於游泳對肌肉鍛鍊的作用，使肌肉的體積和重量增加的結果。

日光與空氣也是在游泳時讓人變得健美的主要因素。適當的陽光，可以活動皮膚中的膽固醇，促使其變成維他命D，充分的維他命D可促進骨骼的正常生長發育，防止軟骨病。此外，日光還可以增加人對疾病的抵抗力，使血液殺菌力強，增加新陳代謝，促進睡眠。新鮮的空氣會使人的精神振奮，體力充沛。同時，在水中人的骨骼得到了充分的放鬆，能有效減輕長時間站、坐對椎間盤造成的壓迫和損耗，使人有機會「伸一下懶腰」，這對於保持挺拔的體形很有好處。

但要想獲得良好的鍛鍊效果，還需要有計畫的進行鍛鍊。初練者可以先連續游三分鐘，然後休息一到二分鐘，再遊兩次，每次也是三分鐘後休息。如果不費很大力氣便能完成，就可以進入到第二階段：不間斷勻速的游十分鐘，中間休息三分鐘，一共進行三次。如果仍然感到很輕鬆，就可以開始每次游二十分鐘……直到增加到每次游三十分鐘為止。如果妳感覺強度增加的速度太快，就可以按照妳能夠接受的進度進行。另外，游泳消耗的體力比較大，最好隔一天一次，給身體一個恢復的時間。

女性游泳必須注意以下三點：

一、**忌飯前飯後游泳**

空腹游泳影響食慾和消化功能，也會在游泳中發生頭昏乏力等意外情況；飽腹游泳亦會影響消化功能，還會產生胃痙攣，甚至嘔吐、腹痛現象。

二、**忌劇烈運動後游泳**

劇烈運動後馬上游泳，會使心臟負擔加重；體溫急劇下降，會導致抵抗力減弱，引起感冒、咽喉炎等。

三、**忌月經期間游泳**

月經期間女性生殖系統抵抗力弱，游泳易使病菌進入子宮、輸卵管等處，引起感染。

靜坐使女人釋放心靈

女人不能總是忙碌，還需要享有一分寧靜，其最佳的有效方法就是靜坐。

靜坐，是傳統養生學中的寶貴遺產。透過靜坐，可使人體陰陽平衡，經絡疏通，氣血順暢，從而達到益壽延年的目的。

練習靜坐的名人，當推華人文壇巨匠郭沫若。郭老於一九一四年留學日本，由於學習緊張，用腦過度，得了嚴重的神經衰弱症，徹夜不眠，整天沒精打采，多方醫治無效。一九一五年在一次偶然機會在舊書店中購得明代理學家《王陽明全集》，內有「靜坐」一章，郭老便每天照本練習，兩週後便出現奇跡：整夜酣然入睡，頭昏心悸消失，記憶力恢復正常，頑疾竟獲痊癒。

關於靜坐，其理論主要來源於東方兩大文明古國——中國與印度。自古以來，凡是打坐、吐納、行氣、氣功等，都離不開靜坐，其鼻祖很可能就是遠古時代的著名養生家彭祖，以後才傳入到了儒家。據《列仙傳》載述：「彭祖，殷醫生也。歷夏至殷末，八百餘歲，常食桂芝，善導引、行氣。」八百多歲當然是極為誇張的說法，但他肯定是位高齡老壽星，這是無庸置疑的。此外，在印度，靜坐是瑜伽的一種練習方法，靜坐瑜伽是印度古代哲學的一個學派，也是閉目端坐，全身放鬆，控制呼吸，達到人靜狀態，與中國的坐忘具有異曲同工之妙。

實踐證明，靜坐對腦力勞動者防治神經官能症、頭痛、失眠、高血壓、冠心病及排除心理障礙等，均有良好的作用。近年來有人提出，靜坐還有增強消化功能、耐寒能力及潤澤肌膚的美容功效。

第八章　幸福有訣竅，快樂我支招

練習靜坐首先要心和，排除一切私心雜念。找一個舒服的且無人干擾的地方坐下，手放在大腿上，閉上雙眼，調節呼吸，感受空氣進入和離開妳的身體，感覺妳的身體坐在墊子上，感受妳目前的狀態、能量的提升，在靜坐中觀察自己，去傾聽圍繞妳周圍的任何聲音和妳所處的環境，盡可能安靜的閉目坐著，不要有任何動作，僅僅感受著呼吸和妳的存在。此時此刻沒有任何事物來干擾妳，靜靜享受這一刻所帶給妳的喜悅和平靜。這樣，靜坐所帶來的能量及美好感受就會貫注到妳的全身和心智。

在靜坐時一定要注意以下幾個方面：

一、靜坐的目標

在靜坐時，目標就是迅速使身心平靜下來，一則使身體立刻獲得休息，二則減緩因生活壓力帶來的焦慮。

二、靜坐的四大要領

1　靜坐的內外環境均須安靜，內環境指個人的心境，外環境則指自身所處的物理環境。

2　靜坐時心須專注一個目的物，該目的物可以是重複的一個單字或一種聲音，也可以是一個抽象的圖形。

3　靜坐時必須保持被動的心態，摒除一切雜念，心如止水，無所思，無所欲，靜候心靈波動的自然起伏。

4 要保持身心安適。靜坐者在心中要永遠遵循八字訣：輕鬆、舒適、安靜、自然。

三、靜坐的六個步驟

1 在安靜的房間內，盤腿坐在軟墊上。房間的燈光必須柔和，不宜太亮。

2 閉上眼睛。

3 盡量放鬆全身肌肉，嘗試先從腳開始，然後由下而上，一直放鬆到頭部。

4 用鼻子呼吸，並使自己感覺到空氣從鼻孔出入。在每次呼氣時，心中默數。如此進行二十分鐘，自覺停止。睜開眼睛看看時間（預計每次二十分鐘），但切記不要用鬧鐘。停止後，再配合眼睛休息一到兩分鐘，再進行一段練習，即告完成。

5 要堅持練習，不可急於求成，不要擔心是否有進步。身心一時不能隨心所欲達到深度放鬆的目的，也不要著急。只要持續練習，繼續遵守八字訣，最後終會獲致靜坐的效益。

6 每天練習一到兩次，但練習時間必須在飯後兩小時。

懂生活的女人愛音樂

「音樂是一種享受，也是一種人生態度。」這句話說的一點都不假。因為在音樂中人們能感受到最純的聲音，使人在其中忘卻一切。

清代醫學家吳師機說過：「聽曲消愁，有勝於服藥者矣。」音樂的魅力無窮無盡，或如梅花三弄婉轉纏綿，或如二泉映月哀婉曲致，或如梁祝淒美動人，它能觸動女人的心靈，帶給心靈至美的享受，讓女人舒緩情懷，滌淨心靈。在女人悲傷的時候，音樂輕輕擦乾女人的淚水；在女人痛苦的時候，音樂讓女人得以超脫；在女人煩惱的時候，音樂緩緩為女人排解憂悶。音樂舒緩的旋律、節奏、音調，對女人的身體是一種良性的刺激。

匈牙利鋼琴家李斯特說：「音樂是人類的萬能語言，用這種語言可以和任何人溝通。」的確，音樂不僅像一股潺潺的清泉，陶冶性情，使受傷的心靈得到撫慰，而且還在古今養生領域具有醫藥無法替代的價值！蒲松齡在年輕時，就注意到了音樂的這個特殊價值，不但創作了《抱病》、《病足》、《病中感賦》等三十多首養生詩歌，還在《聊齋志異》中寫了反映音樂使人健康延壽的《粉蝶》等多篇小說。

如今，在國外音樂療法已經相當普遍，如口腔科用音樂療法代替麻醉藥給患者拔牙，外科利用音樂鎮靜安神來進行手術等，但更多的是應用音樂來治療人們的心理疾患。而且，在日本的文部科學省，兩年前當地政府便制定了「創造親腦街」計畫，並付諸實施。

在日本滋賀縣彥根市商業街「四號街廣場」聚集了五十家店鋪，一踏進該地區，妳便能聽到熱帶雨林裡樹葉沙沙，鳥鳴婉轉。原來該地區店鋪門口、顧客休憩的長椅下，都安裝了揚聲器，並且整天播放著錄有熱帶雨林的天籟之聲。聽著揚聲器傳來的天籟，使人彷彿置身熱帶雨林，舒心放鬆。

馬克思說：「一種美好的心情，比十付良藥更能解除人們心理上的疲憊和痛楚。」因此，對於一個心理健康的、成熟的人來講，是不會拒絕音樂給他帶來的好處的，不管是在「只可意會，不可言傳」的狀態中感知，還是與音樂的感情內涵相互交融，發生共鳴，我們都會在不斷的品味欣賞中使精神得到昇華。

現代物理學、生理學、心理學與醫學科學研究的成果表明，心理治療所用的音樂按特點可分為鎮靜性、解鬱性和興奮性等。

一、鎮靜性的音樂

鎮靜性的音樂舒緩婉轉，像班德瑞系列音樂、帶有大自然天籟之音的熱帶雨林音樂，還有蕭邦、舒伯特等人的小夜曲系列、貝多芬的《月光奏鳴曲》等，中國古典音樂如古琴獨奏《佩蘭》、《流水》、《醉漁唱晚》、《平沙落雁》，笛子獨奏《姑蘇行》、《鷓鴣飛》、《梅花三弄》等，都具有消除緊張、安神定志的作用。

二、解鬱性的音樂

解鬱性的音樂曲調輕鬆，節奏多變，西樂有《春之聲》、《藍色多瑙河》、《溜冰圓舞曲》等系列圓舞曲，旋律輕快活潑，充滿了勃勃生機；國樂有《喜洋洋》、《豐收鑼鼓》、《喜相逢》、《金蛇狂舞》等，聽了讓人情不自禁情緒高漲，喜上眉梢。

三、興奮性的音樂

興奮性的音樂高亢有力，振奮人心，像貝多芬的第九交響曲《歡樂頌》和第五交響曲《命運》、德弗札克的《自新大陸》、韓德爾的《哈利路亞》、蓋希文的《藍色狂想曲》、冼星海的《黃河大合唱》等，都能從不同程度上緩解人們的低落情緒。

懂生活的女人愛音樂，音樂能讓女人更美麗、更健康。

幸福沒有標準，不要過於強求

什麼叫幸福？幸福有沒有標準？怎麼樣才能幸福呢？有人認為錢多肯定幸福；房子大、地位高也會很幸福。其實，幸福並沒有標準。

有一所高中裡，有一個女同學長得不算漂亮，但卻有一種沉靜的美。身邊從來不缺追求者，但她一直喜歡的卻是國中時的同桌男生，只是兩人都沒有說破而已。畢業後，她沒有考上大學，卻也挺用功，去讀了夜校。

幾年後，在同學會上遇到了她，她一點兒也沒有變，還是那份沉靜，還是那樣的好脾氣。唯一變的，就是她結婚了，而且是和一個在她父母眼中門不當戶不對的男人。

好友相見，自然是無話不談，我們問她還記得以前的那個小男生嗎？她笑著反問，還記他做什麼？而且，她在大家面前提到丈夫的時候，她的眼睛都是亮的。並且，她的老公也沒有讓她失望，是比較勤奮的那種人，經過幾年的努力，終於有了自己的小公司。而她也在一家大企業裡上班，朝九晚五規律的生活，讓人覺得女人就應該像她這個樣子——有一份穩定的工作，有一個愛她的丈夫。

在此之後，朋友們從來都沒有懷疑過她的幸福，但直到最近一次遇到她……

她的丈夫還是那樣的對她好，那樣得愛這個家。而她在談到她丈夫的時候，除了眼中的亮光還在閃動外，其中妳還能看到另一種奇怪的表情。說不上是對自己的不滿，還是一種無奈……

她一直在想，我真的幸福嗎？直到有一天，看到了這樣一個故事：

第八章　幸福有訣竅，快樂我支招

從前，有一座圓音寺，每天都有許多人上香拜佛，香火很旺。在圓音寺廟前的橫梁上有隻蜘蛛結了張網，由於每天都受到香火和虔誠的祭拜的薰陶，蜘蛛便有了佛性。而且，經過了一千多年的修練，蜘蛛的佛性增加了不少。

忽然有一天，佛祖光臨了圓音寺，看見這裡香火甚旺，十分高興。離開寺廟的時候，不經意間抬頭看見了橫梁上的蜘蛛。佛祖停下來，問這隻蜘蛛：「妳我相見總算是有緣，我來問妳個問題，看妳修練了這一千多年來，有什麼真知灼見。」蜘蛛遇見佛祖很是高興，連忙答應。佛祖問：「世間什麼是最珍貴的？」蜘蛛想了想，回答道：「世間最珍貴的是『得不到』和『已失去』。」佛祖點了點頭，離開了。

又過了一千年的光景，蜘蛛依舊在圓音寺的橫梁上修練，牠的佛性大增。一日，佛祖又來到寺前，對蜘蛛說道：「妳可還好，一千年前的那個問題，妳可有什麼更深的認識嗎？」蜘蛛又說：「我覺得世間最珍貴的是『得不到』和『已失去』。」佛祖說：「我會再來找妳的。」

又過了一千年，有一天，刮起了大風，風將一滴甘露吹到了蜘蛛網上。蜘蛛望著甘露，見它晶瑩透亮，很是漂亮，頓生喜愛之意。蜘蛛每天看著甘露很開心，牠覺得這是三千年來最開心的幾天。突然，又刮起了一陣大風，將甘露吹走了。蜘蛛一下子覺得失去了什麼，感到很寂寞和難過。這時佛祖又來了，問蜘蛛：「這一千年來，妳可好好想過世間什麼才是最珍貴的？」蜘蛛想到了甘露，對佛祖說：「世間最珍貴的是『得不到』和『已失去』。」佛祖說：「好，既然妳有這樣的認知，我讓妳到人間走一遭吧。」

就這樣，蜘蛛投胎到了一個官宦家庭，成了一個富家小姐，父母為她取了個名字叫蛛兒。一眨眼，蛛兒到了十六歲，已經成了個婀娜多姿的少女，長得十分漂亮，楚楚動人。

這一日，皇帝決定在後花園為新科狀元甘鹿舉行慶功宴。來了許多妙齡少女，其中也包括蛛兒，還有皇帝的小公主長風公主。狀元在席間表演詩詞歌賦，大獻才藝，在場的少女無一不被他折服。但蛛兒一點也不緊張和吃醋，因為她知道，這是佛祖賜予她的姻緣。

過了些日子，說來很巧，蛛兒陪同母親上香拜佛的時候，正好甘鹿也陪同母親而來。上完香，拜過佛，兩位長者在一邊說上了話。蛛兒和甘鹿便來到走廊上聊天，蛛兒很開心，終於可以和喜歡的人在一起了，但是甘鹿並沒有表現出對她的喜愛。蛛兒對甘鹿說：「你難道不記得在十六年前，圓音寺的蜘蛛網上的事情了嗎？」甘鹿很詫異，說：「蛛兒姑娘，妳很漂亮，也很討人喜歡，但妳想像力未免太豐富了吧。」說罷，就和母親離開了。

蛛兒回到家，心想，佛祖既然安排了這場姻緣，為何不讓他記得那件事，甘鹿為何對我沒有一點感覺？

幾天後，皇帝命新科狀元甘鹿和長風公主完婚，蛛兒和太子芝草完婚。這一個消息對蛛兒來說如同晴空霹靂，她怎麼也想不通，佛祖竟然這樣對她。幾日來，她不吃不喝，窮究極思，靈魂即將出竅，生命危在旦夕。太子芝草知道了，急忙趕來，撲倒在床邊，對奄奄一息的蛛兒說道：「那日，在後花園眾姑娘中，我對妳一見鍾情，我苦求父皇，他才答應。如果妳死了，那麼我也就不活了。」說著就拿起了寶劍準備自刎。

就在這時，佛祖來了，他對快要出竅的蛛兒靈魂說：「蜘蛛，妳可曾想過，甘露（甘鹿）是由誰帶到妳這裡來的呢？是風（長風公主）帶來的，最後也是風將它帶走的。甘鹿是屬於長風公主的，他對妳不過是生命中的一段插曲。而太子芝草是當年圓音寺門前的一棵小草，他看著妳三千年，也愛慕了妳三千年，但妳卻從來沒有低頭看過它。蜘蛛，我再來問妳，世間什麼才是最珍貴的？」

蜘蛛聽了這些真相之後，好像一下子大徹大悟了，她對佛祖說：「世間最珍貴的不是『得不到』和『已失去』，而是現在所能把握的幸福。」剛說完，佛祖就離開了，蛛兒的靈魂也歸位了，睜開眼睛，看到正要自刎的太子芝草，她馬上打落寶劍，和太子緊緊抱在了一起……。

故事結束了，那個她已明白了其中的道理，就是蛛兒最後說的那句話——世間最珍貴的不是「得不到」和「已失去」，而是現在能把握的幸福。因此，她是一個智慧女子，就是這種智慧讓她守住了已有的幸福。

減壓不如抗壓

人類要生存，就必須面臨生存的壓力。女人所面臨的各種生活壓力，比男人更大，特別是職業女性。緊張的生活和工作，雖然使職業女性成為了家庭與事業的雙贏者，但職業女性也往往忽略了緊張的壓力對健康的威脅。對於現代的職業女性來講，緊張是生活的常態——工作中應付各種會議、報告、談判、訂單和複雜的人際關係，下班還要照顧孩子、老公和做家事……。

是啊，生活的壓力的確讓人喘不過氣來，引發了女性的多種疾病。為此美國國家兒童健康發育研究所曾做過一項課題研究專案——「心理壓力也許會增加女性患婦科病的風險。」

在這項研究中，共涉及了三千六百名年齡在十五到四十四歲間的女子。這些女子均未懷孕，也未長期接受過抗生素治療，她們的免疫系統也都很正常。這項實驗要她們在一年的時間裡接受四次骨盆檢查，以便更科學、更客觀的得出心理壓力與婦科病之間的確鑿關聯。

研究人員解釋說，壓力可能會影響到人體免疫系統，從而導致婦女患上陰道炎。他們還推測說，慢性壓力可能與局部免疫缺陷有關，但這還需要進一步研究確認。他們表示，這項研究還會繼續下去，他們還會繼續收集研究對象的衛生習慣、性行為習慣及抽菸、酗酒和吸毒的情況，以對細菌性陰道炎的致病因素做出更好的研究。

現代社會，生活節奏加快、競爭加劇，減壓似乎成了一個時髦的話題。白領在減壓，學生在減壓，連全職太太也在減壓。突然之間，大家都意識到了壓力的可怕。

法國文壇巨匠維克多．雨果一生勤奮創作，留下了二十二部詩集、十二部戲劇、二十四部長篇小說和若干散文等珍貴作品。

然而這位文學大師在四十歲時就患了心臟病，且因反對拿破崙三世的政變而被放逐達十九年之久。當時，雨果「面色鐵青，喉嚨發出沉重的喘息聲」。人們嘆惜「這顆巨星就要隕落了」。然而，雨果並未畏懼和退縮，他堅信自己一定能戰勝病魔。在醫生的指導下，他積極進行做體操、跑步和游泳等體育鍛鍊。頑強的意志和信念使雨果逐漸恢復了健康，並能夠重新揮筆寫作。此後，在其六十歲時創作了《悲慘世界》，七十歲時著成長篇小說《九三年》，八十歲時寫出了戲劇《篤爾克瑪》，享壽八十四歲。

雨果這種憑著堅強的信心同疾病抗爭的意志，得益於他有效地調動身體內部的免疫力量，從而促進了自身的早日康復。

作為現代女性，應對壓力首先要學會分析壓力，尋求解決的辦法。壓力是一種認知，一件事對個體造成的壓力有多大，是由每個人的心理抗壓能力所決定的。一個人感到的壓力可能是真的，也可能是假的，如果是真的，要想辦法化壓力為動力，如果是假的，就要克服自己的主觀思維模式。

其次，壓力也有好壞之分。好的壓力可以使人振奮，可以使腎上腺激素快速上升，讓妳處於一種應急狀態，從而高效率的完成任務。壓力能給妳積極的力量，有助於創造力和執行力的發展。適度的壓力可以較好得促進妳的免疫系統運行，保持一種健康的活力狀態。不同的人會有不同的壓力，關鍵是要有一個積極的心態。

最後，理解壓力，容忍壓力的存在。壓力與生命相連，只要活著就有壓力。同樣的事情，抗壓能力強的人會感到壓力較低，抗壓能力弱的人則會感到壓力較高。對待壓力要善於處理負面想法，凡事要以積極的心態與具有建設性的行為去對抗壓力，控制局面，而不是讓局面控制自己。

有專家指出，患病後具備心理免疫力的人，之所以能戰勝疾病獲得康復，是因為其積極的心理狀態能增強身體的抗病能力。大量事實證明，在病魔面前，心理防線一旦崩潰，則很可能成為疾病的犧牲品。對於病人而言，應力求增強自己的心理免疫力，充分發揮自身精神世界的主觀能動性，科學的認識和對待疾病。

我們不能改變環境，但能改變自己，使自己更好得適應環境，實現自己的追求和價值。

拋棄煩惱，擁抱快樂

人的一生中，煩惱幾乎伴隨著生命的整個過程，而名利欲望過重則是導致煩惱的重要原因。例如，少年人曾對人生問題百思不得其解；青年人曾對人生方向的確立與選擇而困惑；老年人曾對人生目標的力不從心而感到無奈；還有不可盡數的人生細節、生活瑣事，都可能成為煩惱。

也許我們懂得，煩惱來自我們的主觀世界，來自我們自身，來自我們自己的人生欲望。人生短促，容不得我們有多少時間與煩惱糾纏，不能讓煩惱伴隨著自己去迎接嶄新的太陽。

要做到淡泊名利。我們常常為了欲望而感受到人生之累，為欲望而慨嘆人生之短促。名譽、官位、財產、身體等欲望成為人們煩惱的主要來源。欲望給予人一個個焦灼痛苦的花環，使妳陷入無底的深淵。我們應該以淡泊的心境看待人生，即使自己的既定目標沒有實現，也不要太傷感，因為「謀事在人，成事在天」，只要付出了努力，曾經打拚過、奮鬥過，就會擁有充實、幸福的經歷。淡泊給予妳蒼白的外表，卻讓妳擁有了一個充實、坦然、意蘊深厚的人生，它將絢麗多彩的欲望拒於心靈的天空之外，讓自己的靈魂在寧靜的家園中安然入睡，受傷的心就會意外的得到修補。

甘於淡泊，以超然的心態把握人生，就超脫了世俗凡境，能夠品味大自然的瑰麗奇景和多彩的人生風景。

要使自己快樂，就要排遣無端的悲緒和寂寞，有人抽菸，有人借酒消愁，有人尋找刺激……這些都是使用錯誤的方式在填補內心的空白。要使自己快樂無憂，請參考下面這些盡快消除憂慮的方法。

1 每天在同一時刻想使妳憂慮的事，這雖然很困難，但一旦妳漸漸能控制住憂慮的情緒，它們就不會突然湧上心頭。

2 可以解決的事情，就馬上動手努力想辦法去做，化憂慮為力量，即使事情不能完全好轉，也可以部分控制，也可以獲得快樂。

3 用各種方法分散精力。例如找人聊天、聽音樂、看電影、讀小說、吃東西等。

4 要多讀書。多讀書會使妳空虛的心靈充實起來，使我們從狹小的天地駛向廣闊無垠的知識海洋。

5 要廣交朋友。好的朋友總是相互幫助，相互勉勵，在妳遇到挫折時開導妳；在妳情緒低落時激勵妳；在妳春風得意時提醒妳；在妳空虛寂寞時拜訪妳。

6 要立定志向。心靈空虛的人，往往沒有追求，沒有遠大志向。而有理想、志向的人，會非常珍惜生活的每分每秒。

7 要多工作。把注意力轉移到具體工作上，而不沉溺在幻想的世界裡。

要做一個快樂的有「詭計」的人，就要以輕鬆的心態去迎接生活。好心情是自己創造出來的，奔波之餘給自己留點閒暇，尋找和發現生命中的美好。有句很有哲理的話說道：「爬山時別忘了欣賞周圍的風景」，每個人都有自己對「周圍風景」的理解和讚美，不必求同，不講形式。請妳記住，妳是妳自己，只有妳自己才能讓自己的心態好起來。

加班費與失眠夜

上班族因為年齡和心態的不同，在本職工作上所下的工夫也有多寡之分。對很多年輕人而言，加班是常有的事。尤其是資訊科技、房地產等行業，加班根本就是家常便飯。

最讓人感覺奇怪的是，加班之後工作不是越來越少而是越來越多，心情不是越來越輕鬆而是越來越鬱悶。在工作節奏和生活節奏日益加快的今天，我們不妨靜下心來問一問自己：是否能做到每天按時下班？還是日復一日的加班不止？

白玲芳，二十八歲，在一所教育諮詢機構上班，只是一名很普通的諮詢員。據白玲芳說，諮詢公司的工作總是讓人感覺很緊張，剛開始時還覺得自己能勝任有餘，那時加班也不會太晚，回到家一般都能睡得香甜。但是隨著工作量的增加，睡眠就開始出現問題了，經常性的失眠，感覺心理壓力也加重了，每天要凌晨二點多才能睡著，睡著了也覺得睡得不好，頭腦昏昏沉沉的，始終在做很累、很兇險的夢，要不然就是夢見又回到辦公環境，老闆對自己的工作不滿意，正在教訓自己。

專家了解了白玲芳的情況後表示，白玲芳因為加班導致平日裡的睡眠規律被打亂，生物時鐘紊亂，再加上工作上的壓力累積，失眠也就自然產生了。從目前情況來看，白玲芳的情況還在惡化，需要及時治療。

現在，每天加夜班的上班族不在少數。之所以會加班，最主要的原因就是時間分配不當，才會把原來合理的工作量越積越多，還有很多的人，本來可以在白天做完的事，卻特別喜歡在晚上來完成，認為晚上進行工作似乎是一種樂趣，這些做法的結果可想而知，他們不但疲於奔命，而且被迫經常超時工作，睡不夠也睡不好，天天精神不振、狼狽不堪。

很多時候，人一到四五十歲以後，才驚覺自己身體的重要性。但是要想挽回已經有些晚了，才突然覺得愧對自己、愧對家人。但此時的悔意是難以用失去的光陰來抹掉的。對此，有的人會說，我不拼命工作行嗎？我不敬業行嗎？人不是應當有所追求、有所成就嗎？的確，我們是需要努力工作，但也要學會生活，學會珍惜自己的生命！因此，從現在開始，合理安排自己的上班工作，按時上下班，保證自己有一個健康而充足的睡眠！

培養樂觀心態

舉世聞名的成功學及心理學大師拿破崙．希爾曾為我們講述了這樣一個故事：

塞爾瑪陪伴丈夫駐紮在一個沙漠的陸軍基地裡。丈夫奉命到沙漠裡去演習，她一個人留在陸軍的小鐵皮房子裡，躁熱的天氣熱得讓人受不了，也沒有人可以交流談心，因為她住的地方只有墨西哥人和印第安人，而他們不會說英語。在這樣的環境裡，塞爾瑪非常難過，於是就寫信給父母，說要丟開一切回家去。

數日後，她接到了父親的回信，信上只有簡短的兩行字。而這短短的兩行字卻永遠留在她心中，完全改變了她的生活。

父親給她寫了什麼呢？父親寫給她的是這樣一句話：「兩個人從牢中的鐵窗望出去，一個看到了泥土，另一人卻看到了星空。」

塞爾瑪一再讀這封信，覺得非常慚愧，她決定要在沙漠中找到星空。此後，塞爾瑪開始熱情的和當地人交朋友，他們的反應使她非常驚奇，她對他們的紡織、陶器表示興趣，他們就把最喜歡但捨不得賣給觀光客人的紡織品和陶器送給了她。塞爾瑪研究那些引人入迷的仙人掌和各種沙漠植物、生態，又學習了有關土撥鼠的知識。她觀看沙漠日落，還尋找幾百萬年前留下來的海螺殼……原來難以忍受的環境變成了令人興奮、流連忘返的奇景。

事實上，沙漠沒有任何的改變，印第安人也沒有改變，是塞爾瑪心態的轉變，是她對生活燃起的熱情使她發生了巨大的轉變。重燃的生活熱情使她把原先認為惡劣的情況變為一生中最有意義的冒險。她為發現新世界而興奮不已，並為此寫了一本書，以《快樂的城堡》為書名出版了。她從自己造的「心牢」裡看出去，終於看到了「星星」。

二〇〇六年曾獲得美國心理學會頒發的傑出科學貢獻獎的馬丁．賽里格曼先生，用歸因風格的概念來區分樂觀和悲觀，將樂觀風格歸納為三個簡單的要素：持久性、普遍性、個性化。他認為樂觀是指人們對已發生的事件進行解釋時，對好事件作持久的、普遍的和個人的歸因，而對壞事件作短暫的、具體的和外在的歸因。這種對事件的解釋方式是後天獲得的，人們可以透過學習，將悲觀的歸因方式轉為樂觀的歸因方式，這就是獲得樂觀。而上文中的塞爾瑪女士心理的轉變就屬於這種。

此外，心理專家還說，樂觀的情緒有益於女性體內的激素平衡，尤其能抑制壓力激素分泌，不僅能幫助細胞對抗衰老，讓妳保持年輕活力，更能增加妳的女性魅力。要知道，真正的魅力並不在於外表，而是在於妳的自信以及妳所展示出來的樂觀精神狀態。此外，最新研究還發現，人的性格並不像過去認為的那樣無法改變，性格並不僅僅形成於青春期，而是隨時可以發生潛移默化的變化。

那麼，如何使女性擁有樂觀的心態呢？心理學家給出了以下的一些答案。

一、告別焦慮

耶魯大學的一位心理學教授說：「當妳情緒焦慮的時候很容易在思考中迷失自我，並且往往難以從這種無謂的思考中跳脫出來，會陷入一種猶豫、不安的狀態，失去進取心和改造當前生活的動力。」所以，當妳情緒焦慮的時候，一定要停止無謂的胡思亂想，可以去做些妳感興趣又能讓妳投入進去暫時不去胡思亂想的事。

二、積極暗示自己

一位心理學教授說：「有些時候，騙騙自己也是一種樂觀的生活態度。」的確，在某種情況下，常常對自己說一些這樣的話，「情況一定比我看到的要好」，「我所做的一定比我預想的完美」，「這件事讓我更快樂、更健康，甚至更成功」。常說這樣的話，即使我們所經歷的每一件事並不如我們所想像的那麼如意，但當妳給予自己積極的暗示時，妳通常會做出比較積極的選擇，而這種選擇往往會把事情導向有利於妳的方向發展。

三、客觀分析現實

消極情緒會讓妳對一些小事的後果做出過於嚴重的揣測。專家提醒說，如果妳發現自己有類似的情況，一定要學會提醒自己客觀分析現實情況。就像忍不住吃了薯條可樂，就承認，好吧，我是個貪吃的傢伙，不過我今天晚上雖然吃了炸薯條，明天一定會恢復健康的飲食。心理專家說：「這不是要你盲目樂觀，而是樂觀的認清現實的情況。」

四、學會自我辯解

如果妳面對過失時通常都是把責任直接攬到自己身上，那麼妳應該嘗試用心理學家們所說的「自我辯解」法來調節一下。比如，合作談砸了之後不要一味的埋怨自己，而是想「這次的合作確實不太容易搞定，我應該想想別的辦法了」。找到導致失敗的一些外在原因能夠讓妳覺得失敗並不是因為自己能力差，這樣妳才能夠有信心和足夠樂觀的心態去繼續追求成功。

五、懂得自我欣賞

這個是和「自我辯解」法對應的一種方式，適用於妳取得成功或成績時。比如老闆誇獎妳時，不要低著頭，不要總是說「沒有什麼」、「其他人做也會這樣」等這類謙虛的話，大方得接受老闆的稱讚，學會欣賞自己的成績，確保自己在向對方微笑，全身都散發出一種「我很棒」的資訊。這不是要妳去炫耀什麼，而是因為這樣能向別人傳達一種信號——妳很自信、很性感！

六、不要總與強過自己的人比較

如果妳的不開心源於把自己與那些強過妳的人做比較，轉念想想還有很多不如妳的人，和他們相比，妳其實過得不錯。這並不是叫妳用一種幸災樂禍的態度去看待他人，而是幫妳發現周圍還有一些人過得不如妳，甚至需要得到妳的幫助。這一切會讓妳覺得能夠擁有目前的生活是幸運的，同時妳還能透過幫助他人來讓自己變得更加積極和樂觀。

七、愛自己

女人常常會從某個部位片面的看待自己，比如有的人嫌大腿不夠細，有的人則抱怨胸部不夠豐滿。心理學家說，其實妳更需要把自己的身體想做一個整體、一個藝術品，試著多想想妳的身體有哪些優點，妳的心臟、肌肉、每一個細胞都怎樣在一直努力工作以維持妳的生命。這樣想，妳就會開始學會欣賞自己的身體。

動一動，健康又美麗

美國著名的健美學家曾經說過：「所有的女人都有潛在的美的魅力，訣竅在於如何將它呈現出來。」什麼訣竅呢？那就是生命在於運動，運動使妳健美，使妳青春常駐。

現代都市女性有一句時尚宣言：「女人不運動就過時。」運動的目的也不再是「減肥」一詞就能概括的。緊張的生活節奏、匆忙的都市生活，預示著她們要有灑脫的個性、自信的微笑、敏銳的能力迎接每一天。於是，越來越多的女人加入到運動得行列。

運動起來的女人最美。美麗與漂亮是有區別的，一個女人是否美麗，也許不能全看臉蛋長得美與醜。真正的美麗，是一種光彩，是一種自然而然的流露。運動著的女人時時散發著美的氣息。

運動起來的女人最快樂。職業女性成天埋首於死板的工作內容裡，拿開會、加班、應酬當成一日三餐，睡眠時間少到幾乎在透支生命。飛快的生活節奏、巨大的工作壓力以及激烈的社會競爭，都快把白領麗人變成一顆只能不停旋轉的陀螺了。都說有事業的女人最幸福，誰知道忙於事業的女人的辛苦！但忙歸忙，可不能就此虧待自己，不妨忙中偷閒用運動寵愛一下自己。穿著緊身的衣服在寬大的房間裡使勁的蹦來蹦去，看著鏡子裡的自己一副青春的模樣，也就暫時不去計較辦公室裡的煩心事了。因為流汗的時候心情會感覺很酣暢，好像一週的壓力和辛苦也一起從身體裡衝出來了。再細心的注視著身上的健美線條，這份開心與成就感，就更不用細說了。

運動中的女人最時尚。現代女人的口味尖刻而挑剔，她們需要激情和新鮮感，就像遊戲需不停升級一樣。當她們厭倦在跑步機上單調慢跑和「一、二，一、二」的健美操口令聲時，她們的健身方式也需要不斷升級。三年前，時髦的女孩都去跳踏板操了；兩年前，她們在健身房玩器材；而今，她們又愛上了新的運動：腳踏車、瑜伽、身體按摩……也許它們僅僅是變換形式的健身操，但由此帶來的新奇和趣味以及深入其中的身心愉悅，卻讓「喜新厭舊」的女人們樂此不疲。

有運動習慣的女人體態棒。看一個人生活品質的高低，就先看看他（她）的肚子。因為如果他（她）有一副勻稱的身形，就說明此人必定有高品質的生活水準和良好的生活習慣。據說，時尚體形重塑最早出現在日本。一九七〇年代到一九八〇年代間日本的經濟高速發展，高品質、快節奏的生活使很多日本中產階級患上了由於營養過剩和缺乏運動而引起的一系列諸如肥胖、高血壓、神經衰弱等現代疾病。同時，由於社會競爭激烈，更多的年輕人意識到良好的體態和幹練的氣質，能使自己給對方留下一個很好的第一印象，從而獲得更多機會。於是很多都市忙碌一族開始關注自己的身材。

運動，已經成為現代都市女子的自覺追求。體育鍛鍊作為現代女性的愛好，完全符合其本身的需要。俗話說，愛美是人的天性，更是女子的天性。哪個女子不想擁有勻稱健美的體態、精力健康的生理機能、端莊而又充滿活力的外表和富有生氣的精神面貌？誰不嚮往具有靈活適應各種工作和生活環境的能力？

體能鍛鍊能使妳的這些願望得以實現。堅持體能鍛鍊，能夠提高女性的免疫能力，能夠減肥、降低血壓和膽固醇的含量。

堅持體能鍛鍊，能使女性的呼吸、循環等系統的功能得以加強，其結果會使女性的肌膚細膩，容顏滋潤。

堅持體能鍛鍊，能延緩女性的衰老進程。尤其是女性到了中年期，由於體內激素的變化，體形逐漸發胖，透過運動可以避免這種變化傾向。

總而言之，體能鍛鍊給女性帶來的這些功效，是世界上一切藥物所不能代替的。實踐證明這是十分正確的。生命在於運動，運動在於妳的堅持。如果妳想延年益壽，永保青春，就應該堅持體能鍛鍊。

展開健美鍛鍊的目的本來是使身體強健、體形優美，但是有些人鍛鍊時不注意要領，造成了損傷身體的後果，實在是令人遺憾和惋惜。

所以，在運動鍛鍊時要注意以下幾點：

一、目的明確，方法得當

有些人參加健美鍛鍊是想使自己的肌肉健壯發達，就像健美比賽中那些表演者，全身有一塊塊豐滿堅韌的肌肉塊；有些人則是因為自己身體過於肥胖，想透過健美鍛鍊減肥；有些人因為兩腿過粗或過細，想透過健美鍛鍊使雙腿健美；有些人因為胸部扁平，想透過健美鍛鍊使胸部豐滿等等。目的不同，選擇的鍛鍊方法也不同，應該根據自己的目的去選擇適當的方法。

二、循序漸進，負荷得當

無論哪種體育項目，都應該逐步適應、循序漸進，不能急於求成。一般應該注意由低到高、由輕到重、由短到長的逐步進行訓練。動作應由低難度做起，熟練後再進到高難度。重量訓練應先由羽量級練習起，適應後再逐漸加重到重量級。要注意，超負荷的鍛鍊反而會損害身體。

三、全身配合，全面訓練

人體健美要求體形勻稱，因此，進行健美鍛鍊時身體的各部分都要同時配合，全面訓練。比如，不能只鍛鍊胸肌，而不管背部和兩腿，否則就會造成身體的部分肌肉過分發達，而使體形不勻稱。當然，個別的人為了矯正缺陷而加強練習某一缺陷部位的情況例外。

四、姿勢正確，動作優美

健美的人體不但要求身體靜止時可以給人以美感，還要求身體在活動時也能給人以美感。因此，在進行健美鍛鍊時要注意做到姿勢正確、動作優美。如果只追求把身體練得肌肉發達、胸部寬闊、雙腿修長，而不注意練習時的姿勢和動作，用力時不善於控制表情，不懂得正確地呼吸，甚至齜牙咧嘴，亂吼亂叫，就會給人留下不雅的印象。

五、形式創新，不要盲從

每個人的年齡、體質和鍛鍊水準是有差異的，同一種練習內容和方法不可能適合所有的人。何況，每個人的練習目的也不相同，有些人是為了健美，有些人則是為了防病治療，而有些人僅是為了休閒娛樂。因此，各人應針對性的選擇適合自己的練習內容與方法。如體質較好的女性可利用空餘時間參與打網球、練健美操、跳體育舞蹈等娛樂性較強的項目；而體質較差的女性可以利用晨練的機會練氣功、打太極拳、跳有氧舞蹈、慢跑、散步等。在練習的強度——運動量方面，也應按照自己的體質與鍛鍊水準，做到合理控制，強度適宜，一般以每分鐘脈搏控制在一百四十次左右為宜。

參加體能鍛鍊並不是機械操作或人為模仿，否則，鍛鍊到一定的程度就會興趣減退，效果也隨之下降。如一些女性經過一段時間的健美操鍛鍊，體質、美感等方面均收到明顯效果，而以後的進展就不會像初學時那麼明顯。如繼續參加創意性不強的練習，鍛鍊的自覺性與積極性就會下降，效果也會逐步消退，而當妳進入創編與競賽的領域，那感覺就完全不同了。那時，妳會激發出新的熱情，練習興趣高漲，效果自然提高。

第八章　幸福有訣竅，快樂我支招

官網

國家圖書館出版品預行編目資料

我不是傻白甜：不演宮心計，也要懂點小心機 / 俞姿婷，何超群著 . -- 第一版 . -- 臺北市：崧燁文化事業有限公司，2020.11
面；　公分
POD 版
ISBN 978-986-516-507-9(平裝)
1. 成功法 2. 生活指導 3. 女性
177.2　　109017018

我不是傻白甜：不演宮心計，也要懂點小心機

臉書

作　　者：俞姿婷，何超群　著
發 行 人：黃振庭
出 版 者：崧燁文化事業有限公司
發 行 者：崧燁文化事業有限公司
E-mail：sonbookservice@gmail.com
粉 絲 頁：https://www.facebook.com/sonbookss/
網　　址：https://sonbook.net/
地　　址：台北市中正區重慶南路一段六十一號八樓 815 室
Rm. 815, 8F., No.61, Sec. 1, Chongqing S. Rd., Zhongzheng Dist., Taipei City 100, Taiwan (R.O.C)
電　　話：(02)2370-3310　　　傳　　真：(02) 2388-1990
總 經 銷：紅螞蟻圖書有限公司
地　　址：台北市內湖區舊宗路二段 121 巷 19 號
電　　話：02-2795-3656　　　傳　　真：02-2795-4100
印　　刷：京峯彩色印刷有限公司（京峰數位）

定　　價：420 元
發行日期： 2020 年 11 月第一版
◎本書以 POD 印製